Fachwissen lebendig vermitteln

Juliane Meyerhoff • Christoph Brühl

Fachwissen lebendig vermitteln

Das Methodenhandbuch für Trainer und Dozenten

4., überarbeitete Auflage

Springer Gabler

Juliane Meyerhoff
Frankfurt
Deutschland

Christoph Brühl
Ingelheim
Deutschland

ISBN 978-3-658-09624-3
DOI 10.1007/978-3-658-09625-0
ISBN 978-3-658-09625-0 (eBook)

Die Deutsche Nationalbibliothek verzeichnet diese Publikation in der Deutschen Nationalbibliografie; detaillierte bibliografische Daten sind im Internet über http://dnb.d-nb.de abrufbar.

Springer Gabler

Lektorat: Ulrike M. Vetter

Springer Fachmedien Wiesbaden ist Teil der Fachverlagsgruppe Springer Science+Business Media
(www.springer.com)

Vorwort von Claudia Monnet

Fachtrainer sind meistens Profis. Sie kennen ihre Materie nicht nur aus Büchern. Zu Lehrenden wurden sie fast immer erst nach langjähriger Erfahrung in der Produktion oder in anderen direkten Wertschöpfungsprozessen ihres Unternehmens. In jedem Fall kennen sie die Mechanismen, Techniken, Verfahren, Anwendungen, die sie vermitteln, aus praktischem Tun und nicht nur theoretisch. Das Gute an Fachtrainings ist: Im Gegensatz zu Soft Skills ist die Brauchbarkeit des fachlich Gelernten oft so einfach überprüfbar wie der Gebrauch eines Toasters: Das Ergebnis ist eindeutig vorhersagbar. Unter klar definierbaren Umständen greift ein Verfahren, klappt ein Prozess, wird der metaphorische Toast also goldbraun geröstet. Das ist zutiefst befriedigend. Als Pragmatiker liegt es Fachtrainern daher auch eigentlich im Blute, jede Theorie durch Anleiten zum eigenen Tun zu lehren, im experimentellen Aufbau, mit Schmierfett an den Fingern oder wie auch immer konkret.

Eigentlich. Denn es gibt auch das Schlechte, genauer: das Schwierige, an Fachtrainings: Die zu vermittelnden Verfahren, Techniken, Prozesse sind nicht ganz so schlicht konstruiert wie ein Toaster (Hersteller von Haushaltsgeräten mögen mir nachsehen, dass ich die technischen Finessen ihrer Geräte jetzt ein wenig zu sehr abwerte). Die Stofffülle in Fachtrainings ist oft immens; die zu beachtenden Bedingungen und Umstände zahlreich, die Ausnahmen von der Regel komplex usw.

Viel Stoff in wenig Zeit, das sich daraus ergebende klassische Dilemma, scheint nur die zwei folgenden Konzeptionsansätze zu eröffnen:

Ansatz 1: Simplex-Methode anwenden

Ansatz 2: Druckbetankung durchführen

Für Ansatz 1 können sich nur Soft Skill-Trainer entscheiden. Es funktioniert oft genug auch heute noch, ein holzschnittartiges Kommunikations-/Verkaufs-/Motivations-/Sonstwas-Modell als heilversprechend zu vermitteln und die Teilnehmer mit dem vagen Auftrag zu entlassen, das „Gelernte" irgendwie in ihr Verhalten zu implementieren.

Der Einsatz eines solchen Simplex-Verfahrens ist Fachtrainern nicht möglich: Bei naturwissenschaftlichen oder technischen Themen ist noch während der Trainingszeit jedermann ersichtlich, dass dieser Ansatz zu nichts (oder fast nichts) führt, ja, sogar neue Probleme erst schaffen kann. Nur bei Soft Skills kann eine gut verpackte Simplex-Methode zum Glauben an allgemeingültige Tricks verführen, so dass sich erst im Alltag zeigt: „[Sie] basiert auf falschen Versprechungen – genauer gesagt: auf verschwiegenen Voraussetzungen"[1].

Fachtrainer bleibt daher auf den ersten Blick nur Ansatz 2: die „Druckbetankung", vorzugsweise mittels einer Kombination aus Powerpoint-Folien und gesprochenem Wort. Nur so kann in der gegebenen Zeit alles (vermeintlich) Wissensrelevante gezeigt und gesagt werden.

Ich habe diesem Ansatz 2 den Namen Dieter-Thomas-Heck-Technik gegeben. Auch Menschen, die nicht zur TV-Hitparaden-Generation zählen, verstehen das sofort, wenn sie im Internet den Namen des Showmasters plus „Abspann" eingeben: Niemand in der Fernsehgeschichte hat wohl schneller erzählt (!), wer wann was in einer Sendung gemacht hat. – Nur durch Dieter Thomas Heck fiel vielen Menschen auf, wie irrwitzig der reguläre rein visuelle Abspann ist: Wer nicht auf „Pause" drücken kann, versteht nichts. Es läuft viel zu schnell ab, um irgendetwas lesen, geschweige denn verstehen zu können.

Ansatz 2: „Druckbetankung durchführen" hat allerdings einen Vorteil: Dank jahrhundertelanger schulischer Konditionierung im Stillsitzen und Zuhören wirkt er immer noch wissenschaftlich, seriös und anspruchsvoll. Der Irrwitz bleibt unbemerkt. Wer scheitert, übernimmt bereitwillig die Verantwortung dafür: Es wird mitgeschrieben, was das Zeug hält und im Alleingang nachgepaukt. So machen es Studenten seit Jahrhunderten in und nach Vorlesungen.

Darin liegt dann aber auch schon der entscheidende Stolperstein: Vorlesungen fehlt heute schlicht die Existenzberechtigung. Wir lernen nicht mehr mit Hilfe seltenster Manuskripte, von Mönchen in Schreibstuben händisch kopiert und notgedrungen mündlich weitergegeben. Absolut jedes Fachwissen können wir heute in Wort und Bild, bewegt und unbewegt, in Sekundenbruchteilen mit Tausenden von Menschen in der ganzen Welt teilen – geeignete Aufbereitung, Endgeräte und stabiles High-Speed-Internet vorausgesetzt.

Gleichzeitig ist die große eLearning-Euphorie längst einer noch viel größeren Ernüchterung gewichen: So einfach lernen Menschen nicht „von sich aus". Die

[1] Linker, Wolfgang: Kommunikative Kompetenz: Weniger ist mehr! Gabal, Offenbach, 2009, S. 40.

virtuelle Welt ersetzt nicht das gemeinschaftliche Lernen. Autodidakten waren immer rar und autodidaktisches Lernen birgt hohe Risiken. Das war zu den goldenen Zeiten der Universitäts-Bibliotheken so und das ist durch moderne Medien nicht wesentlich anders geworden.

Was also sollten Sie sinnvollerweise als Trainer in der verfügbaren Präsenzzeit tun? Diese Frage beantworte ich, indem ich die wenigen auf das Lernen praktisch übertragbaren Erkenntnisse aus der Gehirnforschung abgleiche mit dem, was große Lehrer immer schon wussten – und daraus technisches Handwerkszeug für den Trainingsalltag entwickele. Seit immerhin 10 Jahren bemühen Dr. Juliane Meyerhoff und Dr. Christoph Brühl und ich uns des öfteren gemeinsam, die jeweils besten Lösungen für einen Schulungsauftrag zu finden. So weiß ich aus eigener Anschauung, wie diese zwei Naturwissenschaftler es immer wieder zustande bringen, den Funken der eigenen fachlichen Begeisterung für die denkbar komplexen Inhalte der Pharmaforschung weiterzugeben, so dass die Lernenden buchstäblich Feuer fangen. (Das gilt im übrigen auch für die dazu gehörenden Soft Skill-Elemente!) Ein Teil des Geheimnisses ist dabei die Kombination aus Gründlichkeit und Rationalität in der Methodenwahl, die auch das vorliegende Handbuch kennzeichnet.

Gerade die Nüchternheit des Werkes sehe ich dabei als Vorteil gegenüber anderen Werken, inklusive meinen eigenen[2]. Da viele Fachtrainer Methodenvielfalt nur so erlebt haben, dass Spielchen zu Lasten von inhaltlicher Tiefe gingen (Simplex-Methode), reagieren sie z. T. allergisch auf alles, was spielerisch wirkt.

Diese Allergie heilen die Autoren des vorliegenden Werkes: Das Handbuch ist im besten Wortsinn akademisch gegliedert. Ungute Assoziationen mit der Simplex-Methode beseitigen die Autoren mit einer Sir Karl Popper würdigen Struktur. Der große Philosoph des 20. Jahrhunderts wusste: „Unser Wissen ist ein kritisches Raten, ein Netz von Hypothesen, ein Gewebe von Vermutungen.“ Ihm verdanken wir, wenn jeder seriöse Naturwissenschaftler sich heute standardmäßig die Pflicht auferlegt, das Raten so kritisch wie möglich zu gestalten, das Netz der Hypothesen und das Gewebe der Vermutungen so fest wie möglich zu knüpfen, um sich dann aber auch (vorläufig) darauf zu verlassen. So kommt man vom Fleck und kann gestalten. Gleichzeitig verdanken wir ihm die Grundüberzeugung, dass jeder seriöse Naturwissenschaftler ebenso unbedingt lernbereit und offen für neuere, bessere Erkenntnisse bleiben muss.

Juliane Meyerhoff und Christoph Brühl sind im popperschen Sinn solche Lernenden, die ihre Arbeit als Lehrende immer wieder überprüfen und anpassen. Allein schon die Positiv- und Negativ-Bemerkungen zu jeder einzelnen Methode zeigen: Hier soll niemand überredet werden, „spielerischer“, „lockerer“, „moderner“

[2] z. B. M.A.S.T.E.R.-haft trainieren, ALS, Flensburg, 1999.

oder irgendwie „anders“ zu trainieren. Das Handbuch bietet vielmehr belastbares Rüstzeug, um die komplexen Fragen rund um den Trainingserfolg mit einem dritten Ansatz bestmöglich zu beantworten:

Ansatz 3: Weder simplifizieren noch druckbetanken, sondern durch kluge Kombination geeigneter Lernformen, Methoden und Medien die Lernziele erreichen – überprüfbar am aktiven Tun der Teilnehmer im beruflichen Alltag.

„Wer zu lehren hat, ist zu lernen gezwungen“, sagte Franz von Sales. Das ist wahr, und oft genug ist es mühsam. Das vorliegende Buch wird Ihnen helfen, diesen Zwang zunehmend als Freude zu erleben.

Flensburg, August 2012 Claudia Monnet

Geleitwort zur ersten Auflage

Es geht um Ergebnisse durch lebendiges, praxisbezogenes Lehren und Lernen

Der Begriff „Performance Improvement“ ist in aller Munde. Diese Idee ist nicht neu, weder für die Arbeitswelt, noch für die Weiterbildung; deren Aufgabe liegt in der Optimierung des menschlichen Beitrags zur Arbeit. Von Bildungsspezialisten in Unternehmen wird erwartet, dass sie ihren Beitrag zur Erreichung von Unternehmenszielen leisten. Dazu gehört es, Lernziele zu erreichen, wie auch immer sie definiert sein mögen und ganz gleich, ob sie im Bereich der „hard“ oder „soft facts“ liegen.

> Praxis ohne Theorie ist blind,
> Theorie ohne Praxis ist lahm!

Nur in einer Synergie der beiden Komponenten findet anwendbares Lernen statt. Teilnehmer in Ausbildung, Weiterbildung und Training sollen nicht länger so genannte „Kenner“ werden, sondern „Könner“. Lernen muss also praxisbasiert sein. Ergebnisse werden gesichert, wenn der Lernprozess innerhalb eines definierten, kontrollierten Rahmens selbstbestimmt und eigenverantwortlich stattfindet.

Das setzt ein grundsätzliches Umdenken voraus, sowohl bei Ausbildern und Trainern als auch bei den Lernenden. Eine Wissensvermittlung als Selbstzweck, z. B. um eine Prüfung zu bestehen oder als „Experte“ im Unternehmen gefragt zu sein, konnte noch keinen wirklich zufrieden stellen. Noch weniger zufrieden stellend ist die bei einigen Unternehmen noch immer klassische Rollenteilung in die angesehenen Kommunikations- und Verhaltenstrainer und die „Nur-Fachtrainer“. Die Zeit langweiliger und meist wirkungsloser Beamer-Präsentationen und Folienschlachten auf diesem Gebiet ist endgültig vorbei. Nicht der „Experte“, der weiß, was für andere gut ist, trägt wirklich zu Unternehmenserfolgen bei, sondern diejenigen Führungskräfte, Coachs, Trainer, die auch das Know-how ihrer Zielgruppe mit aktivieren und verwerten. Auch von Lehrveranstaltungen mit stark fachlichem Bezug wird heute erwartet, dass sie auf bedarfsgerechte Konzeptionen und eine breite methodische Basis zurückgreifen.

Das vorliegende Buch bietet Anregungen für die Planung und methodische Durchführung von Lehrveranstaltungen, die zunächst vorrangig eine fachliche Basis für den weiteren Lern- und Anwendungsprozess legen. Der Schwerpunkt des Buchs stellt eine große Methodensammlung dar, die aktivierendes, abwechslungsreiches Lernen in jeder Phase des Prozesses zu gestalten hilft. Da aber genau betrachtet die meisten Lehrveranstaltungen sowohl „hard" als auch „soft facts" zum Gegenstand haben, eignen sich die Ideen weit über die Anwendung im „reinen" Fachunterricht hinaus.

Gern denke ich an einen intensiven Workshop mit meinen Kollegen Dr. Christoph Brühl und Dr. Juliane Meyerhoff mit dieser Zielsetzung zurück. Ich freue mich sehr, dass sie ihr großes Know-how, ihre Kreativität mit diesem Buch in die Tat umgesetzt haben und wünsche den Nutzern dieses Buches viel Spaß und Erfolg.

Hamburg, August 2004 Dr. Angelika Hamann

Vorwort

Schaut man sich in der reichen Auswahl von Trainings- und Seminarliteratur um, so finden sich zahlreiche Bücher zu Themen im Bereich Kommunikation und Verhalten: Coaching, Rhetorik, Verkauf, Führung, Präsentation und Moderation sind nur einige Stichworte, die mithilfe solcher Seminare trainiert werden. Das Seminarangebot ist breit, und auch die Institute, die Trainer ausbilden, konzentrieren sich mit wenigen Ausnahmen auf diesen Bereich.

Das lebenslange Lernen bezieht sich aber nicht nur auf soziale Kompetenzen oder neue Management- und Führungstechniken, sondern oft genug auf harte Fakten und Kenntnisse: Eine Pharmafirma bringt ein neues Medikament auf den Markt und muss ihren Außendienst schulen; der Gesetzgeber führt die Riester-Rente mit ihren Haken und Ösen ein – die Berater der Finanzdienstleister müssen trainiert werden. In Volkshochschulen, Berufs- und Abendschulen sollen viele Fachkenntnisse vermittelt werden. Die Lernenden sind Erwachsene, meist schon Jahre entfernt von schulischen Lernprozessen. Lernen „wie in der Schule“ ruft eher negative Assoziationen hervor. Nicht verwunderlich ist es daher, dass die erwähnte Seminarliteratur oft den klassischen Lernformen abschwört: Dozentenvorträge und Frontalunterricht sind „out“, Erkenntnisse statt Kenntnisse sollen den Unterricht dominieren, die Teilnehmer sollen aktiv beteiligt sein. Rollenspiele, Gruppensitzungen, meditative Musikuntermalung, Outdoor-Erlebnisse prägen die Seminarszene. Fast scheint es ein Tabu, heute noch „knallhartes“ Lehrbuchwissen lehren zu wollen. Dem wollen wir etwas entgegensetzen.

Wie kann ein Trainer und Dozent, der „harte Fakten“ lehren muss, und für den sich die Methoden aus Verhaltensseminaren scheinbar nicht eignen, dennoch seinen Unterricht lebendig und erfolgreich gestalten? Was gibt es noch für Methoden, statt nur vorne zu stehen und den Lehrstoff vorzutragen?

Wir wollen ohne pädagogische (oder besser: andragogische, da es um Erwachsene geht) Dogmen und Ideologien an die Sache herangehen. Keine Methode und

Lernform soll für dieses Buch tabu sein. Schwerpunkt des Buchs ist daher die Methodensammlung im Teil 2. Alle Methoden sind in der Lehrpraxis eines großen Unternehmens der Pharmaindustrie (Ausbildung von Pharmareferenten) erprobt.

Dem Leser wird es nicht erspart bleiben, für seine konkrete Anwendungssituation Phantasie zu entwickeln, wie er die Vorschläge in seine Lehrpraxis umsetzen kann. Nur selten haben wir deshalb stichwortartig Beispiele gegeben, um nicht von vornherein Methoden auf bestimmte Anwendungen einzuengen. Obwohl das Buch in erster Linie den Fachunterricht unterstützen will, ist es natürlich auch für die Konzeption anderer Seminare einsetzbar. E-Learning und Methoden für den Fernunterricht sind dagegen nicht in unserem Fokus, einige Methoden eigenen sich jedoch für Selbstlernphasen.

Da phantasievolle Methoden allein noch keinen guten Unterricht ausmachen, bieten wir im Teil 1 eine übergeordnete Darstellung an, wie man Fachunterricht für Erwachsene konzipiert. In der Erwachsenenbildung ist nicht selten ein Auftraggeber im Hintergrund, der seinerseits bestimmte Anforderungen stellt und die in das Konzept einfließen müssen. Wir hoffen, dass wir damit ein wirklich praxisnahes Handbuch für den Alltag jedes (Fach-) Dozenten geschaffen haben.

In die überarbeitete Auflage haben wir weitere Methoden aus unserer Praxis aufgenommen sowie weitere Aktualisierungen vorgenommen, die etwa den Einsatz elektronischer Medien betreffen.

Danken möchten wir Frau Dr. Angelika Hamann (Deutsche Trainer- und Führungskräfte-Akademie, Hamburg) für den Anstoß zur Entstehung des Buches und die aufmerksame, kritische Durchsicht des Manuskriptes der ersten Auflage, sowie Claudia Monnet für die mehrjährige, intensive und ermunternde Begleitung auf dem Weg zum aktivierenden Lehren.

Hinweis: Der besseren Lesbarkeit wegen sind im Text nur männliche Formen für Personen genannt. Frauen sind aber in gleicher Weise angesprochen.

Frankfurt, März 2015

Dr. Juliane Meyerhoff
Dr. Christoph Brühl

Inhaltsverzeichnis

Die Autoren

Dr. Christoph Brühl geboren 1962 in Bad Homburg v.d.H. Studium der Chemie und Promotion zum Dr. rer. nat. an der Universität Ulm. 1993–1995 im Klinikaußendienst eines Pharmaunternehmens. Seit 1995 Trainer eines großen deutschen Pharmaunternehmens für Pharma-Außendienstmitarbeiter. Wissenschaftlich-medizinische Schwerpunkt ist Diabetes. Konzeption und Durchführung verschiedener Kommunikations- und Verkaufsseminare. Seit 2003 zertifizierter M.A.S.T.E.R.-Inhouse Lehrtrainer für aktivierendes Lernen.

Dr. Juliane Meyerhoff geboren 1968 in Frankfurt/Main. Studium der Biochemie und Promotion zum Dr. rer. nat. an der Universität Hannover. 1996–1999 im Klinikaußendienst eines Pharmaunternehmens und von 1999–2012 Pharma-Außendienst-Trainerin, seit 2012 tätig als Medical Advisor. Schwerpunkte der Tätigkeit als Trainerin waren Konzeption und Durchführung von Fachtrainings im Bereich Herz/Kreislauf und Intensivmedizin sowie von Verkaufs- und Kommunikationsseminaren. Im Jahr 2000 absolvierte sie die Trainer- und Beraterausbildung bei der Deutschen Trainer- und Führungskräfte-Akademie (dta), Hamburg; dta-Meisterstückspreis in Gold.

Teil I
Unterricht konzipieren

Der Konzeptkreis

1

Wie man ein Unterrichtsprojekt konzipiert und durchführt, ist im Konzeptkreis verdeutlicht (siehe Abb. 1.1). Der Konzeptkreis bildet die Struktur von Teil I dieses Buches ab. Jedes Segment des Konzeptkreises entspricht einem der folgenden Kapitel. Wir beginnen mit einer Übersicht.

Am Anfang der Konzeption steht eine *Lernursache*. Sie ist der Anstoß für den Prozess. Die Lernursache kann ein objektiver Lernbedarf sein, ggf. verbunden mit einem Auftrag an den Dozenten. Solche Lernursachen sind beispielsweise:

- Umstrukturierung in einer Firma: Mitarbeiter müssen für andere Abteilungen umgeschult werden.
- Ein Auslandsaufenthalt: Eine Fremdsprache muss erlernt werden.
- Einführung eines neuen Produktes: Verkaufs- und Servicepersonal muss geschult werden.

Eine intrinsische Motivation der Teilnehmer kann ebenfalls Lernursache sein, z. B.:

- die Hausfrau, die das Abitur nachholen möchte, nachdem die Kinder aus dem Haus sind;
- der Pensionär, der Kunstgeschichte studieren möchte;
- Der Informatiker, der ohne direkte berufliche Notwendigkeit eine neue Programmiersprache lernen möchte.

Der Dozent wird mit der Lernursache entweder durch einen Auftraggeber konfrontiert, der einen Lernbedarf gedeckt haben möchte. Oder der Dozent bietet von

J. Meyerhoff, C. Brühl, *Fachwissen lebendig vermitteln*,
DOI 10.1007/978-3-658-09625-0_1

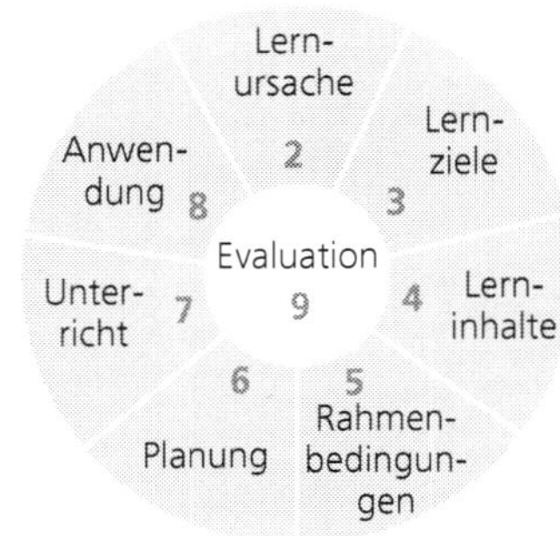

Abb. 1.1 Der Konzeptkreis stellt die Schritte in der Konzeption und Durchführung eines Unterrichtsprojekts dar und bildet die Struktur von Teil 1 dieses Buchs. Die Zahlen verweisen auf die Kapitel.

sich aus ein offenes Seminar an, mit dem er sich an Teilnehmer richtet, die sich aufgrund unterschiedlicher Motive anmelden. Wenn wir über Lernursachen nachdenken, dann speziell über

- Bedarfe und Erwartungen von Auftraggeber bzw. Teilnehmern und
- Motivation der Teilnehmer.

Abgeleitet von den Lernursachen bestimmen wir – evtl. in Abstimmung mit dem Auftraggeber – die *Lernziele*. Lernziele beschreiben, was die Teilnehmer am Ende des Unterrichts können. Im gewerblichen Bereich sollte dies Vorrang haben vor der Beschreibung, was Teilnehmer am Ende wissen sollen, denn in aller Regel wünscht der Auftraggeber in der Wirtschaft, dass Teilnehmer im Endeffekt neues Verhalten erlernen.

Die Lernziele orientieren sich an den konkreten Bedarfen. Lernziele werden weiter differenziert:

- inhaltlich: Was kann/soll/muss erreicht werden? (inhaltliche Priorisierung)
- zeitlich: Was soll bis wann erreicht werden? (Teilziele)

Erst jetzt werden die *Lerninhalte*, die zum Ziel führen, im Einzelnen ausgesucht. Zu den Lerninhalten zählen sowohl Wissensbausteine als auch praktische Kompetenzen. Bei der Auswahl der Lerninhalte müssen Annahmen über die Eingangsvoraussetzungen der Teilnehmer gemacht werden oder – besser – es wird eine Eingangsevaluation durchgeführt. Die Lücke, die zwischen Eingangszustand und Lernziel besteht, muss inhaltlich gefüllt werden. Der Dozent muss sich zunächst selbst mit den Inhalten intensiv auseinandersetzen, um eine didaktisch sinnvolle

Auswahl der Inhalte zu treffen. Selten wird er sich auf Vorgaben des Auftraggebers verlassen, die meist eher allgemein gehalten sind.

Weiterhin sind die *Rahmenbedingungen* über Unterrichtszeit, räumliche Bedingungen, Budget (z. B. Dozentenpersonal, Ausstattung) zu klären. Manchmal werden sie vom Auftraggeber vorgegeben. Ideal ist es, wenn die Rahmenbedingungen erst in diesem Prozessschritt ausgehandelt werden, leider sieht die Realität oft anders aus.

Jetzt geht es an die *konkrete Planung des Unterrichts*. Zunächst entwirft der Dozent ein Grobkonzept. Hier schreibt er noch einmal Lernziele und inhaltliche Aspekte sowie den Rahmen nieder und entwirft eine grundlegende Methodik, z. B.:

- Selbstlernen und/oder Präsenzschulung?
- Modularer Unterricht abwechselnd mit Praxisphasen oder einmalige Veranstaltung?
- Welche Lernphasen (z. B. Wissensvermittlung, praktische Übungen) wird es geben?
- Wie groß dürfen die Lerngruppen sein?

Meist erfolgt in dieser Phase eine letztmalige Abstimmung mit dem Auftraggeber. Danach erfolgt die Feinkonzeption, deren Endergebnis ein Unterrichtsleitfaden ist. In ihm sind alle planerischen Details festgelegt: einzelne Lernschritte, Methoden, Sozialformen, Materialien, Zeitbedarfe. Im Rahmen der Feinkonzeption werden auch Teilnehmerunterlagen wie Skripte, Präsentationsfolien oder Arbeitsblätter erstellt.

Jetzt kann der *Unterricht* beginnen. Vor lauter Planung dürfen wir nicht vergessen, dass wir es mit Menschen und Persönlichkeiten zu tun haben.

Wir werden uns auseinandersetzen mit

- dem Verhältnis zwischen Dozent und den Teilnehmern,
- dem Verhältnis der Teilnehmer untereinander (Gruppendynamik),
- Lerntechniken und
- dem Verhalten als Dozenten allgemein,

damit der Unterricht gut gelingt.

Sie können als Dozent die *Anwendung* des Wissens und Könnens im Anschluss noch begleiten, etwa durch

- Coaching
- Hotlines
- Lehrbriefe, E-Mails.

Meist endet jedoch hier Ihr Einfluss, z. B. weil Vorgesetzte die Implementierung neu erlernten Könnens fördern sollen. In der Art Ihres Unterrichts sollte aber die Anwendung bereits angelegt sein, so dass die Teilnehmer keinen wirklich großen Schritt mehr gehen müssen.

Aber Sie werden Ihre Arbeit und die Ihrer Teilnehmer auswerten: Die *Evaluation* begleitet Sie durch den ganzen Konzeptkreis. Sie evaluieren die Eingangsvoraussetzungen der Teilnehmer, den Lernfortschritt und schließlich das Erreichen der Lernziele im Unterricht, mitunter auch die Fähigkeit zum Transfer in den (beruflichen) Alltag. Hier treffen Sie sich auch wieder mit dem Auftraggeber, dem Sie Bericht erstatten und eventuell neue Bedarfe ermitteln (also auch diese evaluieren). Deshalb ist der Prozess häufig ein Kreis.

Wir laden Sie in den folgenden Kapiteln ein, jeden Schritt der Konzeption und Durchführung einzeln näher zu beleuchten.

1.1 Der Trainingsauftrag

Im betrieblichen Umfeld kommt dem Trainingsauftrag eine wichtige Bedeutung zu. Je genauer zwischen Dozenten und Auftraggeber der Auftrag geklärt ist, desto gesicherter und gezielter kann die weitere Planung laufen und desto geringeren Raum gibt es für unangenehme Missverständnisse und falsche Erwartungen. Bei der Besprechung des Trainingsauftrags haben sich die folgenden Fragestellungen zur Auftragsklärung bewährt:

- Ist mein Gesprächspartner befugt, Trainingsaufträge zu vergeben oder muss noch jemand hinzugezogen werden? In der Regel kann/muss der Vorgesetzte der zu schulenden Mitarbeiter den Auftrag erteilen.
- Was soll erreicht werden? Was sollen die Teilnehmer am Schluss können? Hier wird das übergeordnete Lernziel formuliert.
- Was ist Gegenstand der Schulung? Was nicht? Es empfiehlt sich, die Grenzen von vornherein zu fixieren.
- Wer genau gehört zum Teilnehmerkreis?

- Welche Rahmenbedingungen sind vorgegeben? Lässt sich das Ziel damit (voraussichtlich) erreichen? Wo muss ich als Dozent auch „nein" sagen, weil die Quadratur des Kreises verlangt wird? (Vgl. auch Kap. 6). – Gerade Konflikte zwischen Inhalten und zur Verfügung stehender Zeit sollten früh offen angesprochen werden, so dass der Auftraggebern ggf. Prioritäten bestimmen kann.
- Wie soll die Kommunikation über die Maßnahme stattfinden?
- Woran macht mein Auftraggeber fest, dass die Maßnahme erfolgreich war? Konkret: Sollen Tests/Leistungsüberprüfungen stattfinden und nach welchen „Spielregeln"? Welche Rolle spielt das Teilnehmer-Feedback zur Auswertung der Maßnahme?
- Wer unterstützt operativ auf Auftraggeberseite, insbesondere bei Detailabstimmungen?
- Wie möchte der Auftraggeber im weiteren Planungs- und Umsetzungsprozess einbezogen werden?
- Wie wird die Nachhaltigkeit des Erlernten sichergestellt? Wo sind Verantwortlichkeiten beim Dozenten, wo beim Auftraggeber?

Die Vereinbarungen sollten schriftlich niedergelegt werden.

1.2 Schulungskonzeption als Projekt

Ab einer gewissen Komplexität des Vorhabens lohnt es sich, Schulungen mit den Methoden des Projektmanagements vorzubereiten. In Großbetrieben kann es sein, dass eine Schulungsmaßnahme Hunderte von Mitarbeitern betrifft und über einen längeren Zeitraum umgesetzt wird. Die Maßnahme wird evtl. von einem größeren Team aus verschiedenen Funktionen vorbereitet und ausgerollt. Um hier noch den Überblick zu bewahren, braucht es Projekt-Organisationsstrukturen im Team und Projektmanagement-Methoden, z. B. bei Aufgaben-, Zeit-, Budget- und Ressourcenplanung. Wer sich mit Projektmanagement auskennt, weiß auch mit Themen wie Teamführung in der Matrix, Eskalationsstrategien und Einbeziehung der Vorgesetztenebenen professionell umzugehen, um nur einige Faktoren zu nennen, die für das Gelingen einer Großmaßnahme essenziell sein können.

Die Ausführung dieser Themen würde den Rahmen dieses Buches überschreiten. Wir können jedoch aus Erfahrung jedem Dozenten empfehlen, der Verantwortung für Groß-Schulungsmaßnahmen übernimmt, zumindest eine Grundausbildung im Projektmanagement zu erwerben.

Lernursachen

2

Die Lernursache ist der Anstoß und Grund für den gesamten Lern- und Lehrprozess. Lernursachen können zweierlei Gestalt sein: objektive Lernbedarfe oder intrinsische Motivation.

2.1 Objektive Lernbedarfe

Ein objektiver Lernbedarf kann sich aus einer beruflichen Veränderungssituation heraus ergeben: Die Situation, für die etwas gelernt werden soll, bestimmt den Bedarf dessen, was die Menschen wissen und können müssen.

So sollte z. B.

- ein Verkäufer die Produkteigenschaften,
- ein Kundendienst die technische Funktionsweise,
- ein Jurist die Gesetze,
- ein Softwareingenieur ein Betriebssystem

kennen und anwenden können.

Das Lernen dieser Dinge kann mit einem äußeren Anreiz oder einer Bedrohung – extrinsische Motivation – verknüpft sein. Beruflich voranzukommen könnte ein Anreiz sein, eine Bedrohung dagegen, den Arbeitsplatz zu verlieren.

Wenn Sie nicht sicher sind, ob der Lernbedarf von Ihrem Auftraggeber richtig erkannt und definiert wurde, werden Sie eher als Berater gefordert sein. Es gilt dann ein eigenes Konzept zur Lernbedarfsermittlung zu erstellen. Dies sprengt jedoch

J. Meyerhoff, C. Brühl, *Fachwissen lebendig vermitteln*,
DOI 10.1007/978-3-658-09625-0_2

den Rahmen dieses Buches. Bei fachlichen Inhalten, um die es in diesem Buch hauptsächlich gehen soll, ist der Lernbedarf meist recht offensichtlich oder einfach zu ermitteln.

2.2 Intrinsische Motivation

Die intrinsische Motivation ist der Eigenantrieb des Teilnehmers, etwas zu lernen. Bei Teilnehmern, die freiwillig zu einer Bildungsmaßnahme kommen, ist von hoher intrinsischer Motivation auszugehen.

Eine Verknüpfung, die Erwachsene nahezu immer suchen, ist die Anwendbarkeit des Lernstoffes im (beruflichen) Alltag. Eine Weiterbildung muss deshalb Sinn stiften für die Zeit *nach* dem Lernen. Erwachsene erwarten, dass im Unterricht sehr deutlich wird, wie und in welchen Situationen die Kenntnisse anwendbar und benötigt sind. Es ist nicht unbedingt Theoriemüdigkeit, die Erwachsene kennzeichnet, sondern die grundsätzliche Art des Lernens, geleitet von der Frage: „Was bringt mir das?" – „Wie löse ich also das Problem?"

► Guter Unterricht für Erwachsene zeigt praktische Probleme auf und beantwortet die Fragen zu ihrer Lösung – gerne auch mithilfe von Theorie.

2.3 Erwartungsklärung und Motivation der Teilnehmer

Im Planungsprozess müssen Sie als Dozent zunächst feststellen, welche Lernursachen für Ihren Unterricht vorliegen. Einfach ist es, wenn Sie beauftragt werden. Wenn Sie von sich aus ein Seminar anbieten, müssen Sie jedoch „Marktforschung" darüber betreiben, welche Lernursachen Sie mit Ihrem Angebot abdecken möchten. Die dritte Möglichkeit ist, die künftigen Teilnehmer möglichst frühzeitig in die Konzeption einzubeziehen und die Erwartungen im Vorfeld abzuklären.

Die meisten Teilnehmer erwarten die Informationen, derentwegen sie in den Kurs gekommen sind, möglichst gebündelt zu erhalten. (Scheinbare) Abweichungen von der Wegstrecke können demotivierend wirken.

Intrinsische Motivation ist auf die Dauer notwendig, damit Schulungsmaßnahmen erfolgreich sind. Sie ist jedoch nicht durch Appelle zu erzeugen. In unserer Dozententätigkeit erleben wir es als hilfreich, intrinsische Motivation so zu fördern:

- authentisches Verhalten des Dozenten,
- engagierter, abwechslungsreicher Unterricht,
- anspruchsvolle, aber nicht überfordernde Inhalte ausgehend vom Bildungsstand der Teilnehmer,
- Delegation von Verantwortung für den Erfolg der Lernschritte an die Teilnehmer,
- Einbeziehung der Vorgesetztenebene im Vorfeld,
- Verdeutlichung, welchen Sinn jedes Unterthema für das Ganze hat,
- Praxisnähe.

Nicht selten werden Sie erst am ersten Unterrichtstag auf die Teilnehmer treffen. Dann steht zwar schon Ihr Konzept, dennoch lohnt eine Erwartungsabfrage. Sie erfahren etwas über die Motivation Ihrer Teilnehmer und können klären, wo Erwartungen erfüllt werden und wo noch Differenzen sind. Ggf. müssen Sie aber auch gleich deutlich machen, an welchen Stellen Erwartungen nicht erfüllt werden können – und was stattdessen vielleicht geboten wird.

Versuchen Sie auch, etwas über Wertvorstellungen zum Thema, Vorbehalte und Lernerfahrungen Ihrer Teilnehmer zu erfahren, und das möglichst frühzeitig. Sie können Ihr Unterrichtskonzept dann von vornherein darauf ausrichten.

Leider ist das lebenslange Lernen noch nicht in allen Köpfen verankert. Es ist eine Realität, dass nicht jede (angeordnete) Schulungsmaßnahme bei allen Teilnehmern auf positive Resonanz stößt. Auch hier gilt es Erwartungen abzufragen. Wir können verschiedene Konstellationen feststellen:

- Lustlosigkeit: „Ich lasse es über mich ergehen."
- Misstrauen: „Ich bin wohl nicht gut genug und muss jetzt zur Schulung."
- Widerstand: „Ich werde das hier nicht mitmachen."

Treten solche Schwierigkeiten auf, ist es für den Dozenten entscheidend, nicht die Rolle des Vorgesetzten mit zu übernehmen. Ist die Lerngruppe insgesamt wenig motiviert, so müssen sich Dozent und Teilnehmer darüber verständigen, wie sie mit dieser Situation umgehen wollen. Welche Umstände lassen sich nicht ändern (z. B. Vorgaben des Managements, dass etwas gelernt werden soll)? Welche Faktoren lassen sich aber dennoch beeinflussen (z. B. Unterrichtsatmosphäre)?

Schwierigkeiten mit
Motivation d. SuS

- Es gehört zum Selbstverständnis der meisten Erwachsenen, anspruchsvolle Aufgaben bewältigen zu können.

  Eine zu große Verflachung oder ein geringes Lerntempo sind erfahrungsgemäß problematischer für die Lernmotivation als eine anspruchsvolle Gestaltung, die auch Grenzen auslotet.

2.4 Hinweise für die Praxis

- Die Kernfragen zur Ermittlung der Lernursache sind:
  Warum ist es notwendig, dass etwas gelernt wird?
  Welche Anforderungen bestehen?
  Was erwartet der Auftraggeber von der Bildungsmaßnahme?
- Beziehen Sie möglichst nicht nur Auftraggeber, sondern auch künftige Teilnehmer im Vorfeld der Konzeption ein, z. B. über Projektgruppen oder schriftliche Erwartungsabfragen.
- Gestalten Sie die Einladung zur Schulung als motivierendes Anschreiben, in dem aufgezeigt wird, was die Teilnehmer erwartet und vor allem, was sie am Ende der Schulung (besser) können werden. Vielleicht mögen Sie schon eine kleine vorbereitende Aufgabe zur Einstimmung auf das Thema stellen.
- Fragen Sie spätestens zu Beginn eines Kurses: Warum nehmen die Leute am Unterricht teil? Was wollen sie mitnehmen? Welche Kenntnisse und Fertigkeiten wollen sie erwerben?
- Bieten Sie zu Beginn einen inhaltlichen Überblick, der nicht einfach nur eine Agenda darstellt, sondern bereits den inneren Zusammenhang der Themen verdeutlicht. Eine Grafik/ein Poster kann hierbei helfen.
- Überzeugen Sie die Teilnehmer, dass Sie den Stoff fokussiert vermitteln werden. Zeigen Sie auf, wo Aktivitäten der Teilnehmer erforderlich/erwünscht sind und wo Freiräume bestehen.
- Klären Sie, für welches Leistungsniveau Sie Ihren Kurs konzipiert haben und vereinbaren: „Bitte sagen Sie mir, wenn ich Sie unter- oder überfordere."
- Bieten Sie schon in der Anfangsphase praktischen Nutzen: „Am Ende des Kurses werden Sie zu Folgendem in der Lage sein:…"
- Besteht nur geringe intrinsische Motivation, so fragen Sie: „Was muss hier passieren, was können wir tun, damit das Thema für Sie interessant wird?"

Lernziele

3

„Ich kann nicht deutlich genug betonen, dass ein Lehrer an seiner eigenen Unsicherheit scheitert oder sich im Nebel seines eigenen Handelns verirrt, wenn er nicht genau weiß, was seine Schüler am Ende des Unterrichts können sollen.“
(R. F. Mager)

Es war einmal ein Seepferdchen, das eines Tages seine sieben Taler nahm und in die Ferne galoppierte, sein Glück zu suchen. Es war noch gar nicht weit gekommen, da traf es einen Aal, der zu ihm sagte: „Psst. Hallo, Kumpel. Wo willst du hin?“ – „Ich bin unterwegs, mein Glück zu suchen“, antwortete das Seepferdchen stolz. „Da hast du's ja gut getroffen“, sagte der Aal, „für vier Taler kannst du diese schnelle Flosse haben, damit kommst du viel schneller vorwärts.“ – „Ei, das ist ja prima!“, sagte das Seepferdchen, bezahlte, zog die Flosse an und glitt mit doppelter Geschwindigkeit von dannen.
Bald kam es zu einem Schwamm, der es ansprach: „Psst. Hallo, Kumpel. Wo willst du hin?“ – „Ich bin unterwegs, mein Glück zu suchen“, antwortete das Seepferdchen. „Da hast du's ja gut getroffen“, sagte der Schwamm, „für ein kleines Trinkgeld überlasse ich dir dieses Boot mit Düsenantrieb; damit könntest du viel schneller reisen.“ Da kaufte das Seepferdchen das Boot mit seinem letzten Geld und sauste mit fünffacher Geschwindigkeit durch das Meer. Bald traf es auf einen Haifisch, der zu ihm sagte: „Psst. Hallo, Kumpel. Wo willst du hin?“ – „Ich bin unterwegs, mein Glück zu suchen“, antwortete das Seepferdchen. „Da hast du's ja gut getroffen. Wenn du diese kleine Abkürzung machen willst“, sagte der Haifisch und zeigte auf seinen geöffneten Rachen, „sparst du eine Menge Zeit.“ – „Ei, vielen Dank!“ sagte das Seepferdchen und sauste in das Innere des Haifisches, um dort verschlungen zu werden.

J. Meyerhoff, C. Brühl, *Fachwissen lebendig vermitteln*,
DOI 10.1007/978-3-658-09625-0_3

Die Moral von der Geschichte: Wenn man nicht genau weiß, wohin man will, landet man leicht da, wo man auf keinen Fall hin wollte!

3.1 Was ist ein Lernziel und wozu dient es?

Ein Lernziel ist eine Beschreibung des Zustands, in dem sich die Teilnehmer am Ende des Unterrichts hinsichtlich Kompetenz, Wissen und Qualifikationen befinden. Der allgemeine Lernbedarf im Sinne der Lernursache (vgl. voriges Kapitel) ist meist zu grob formuliert und in der Regel nicht gleichzusetzen mit dem Lernziel.

Ausformulierte Lernziele

- schaffen Dozenten, Auftraggebern und Teilnehmern Klarheit darüber, was am Ende erreicht sein soll.
- sind damit der wichtigste Maßstab für Evaluationen.
- helfen die nachfolgende Planungsphase zu strukturieren.
- sind Voraussetzung, um die geeigneten Rahmenbedingungen mit dem Auftraggeber auszuhandeln.
- sind eine Vertragsgrundlage für den Unterricht. Dabei spielt es keine Rolle, ob tatsächlich ein schriftlicher Vertrag aufgesetzt wird oder dies ein mündlicher, „gedachter" Vertrag ist, der im Rahmen des gruppendynamischen Prozesses zwischen Dozent und Teilnehmern geschlossen wird.

Aus alledem folgt, dass am Anfang jedes konkreten Planungsprozesses die Formulierung von Lernzielen stehen muss. Damit die Planung und Durchführung des Unterrichts reibungslos abläuft, muss insbesondere zwischen dem Auftraggeber und dem Dozenten ein Konsens über die Lernziele ausdrücklich hergestellt werden.

3.2 Drei Schritte der Lernzielbeschreibung

Um Lernziele zu beschreiben, kann der Dozent folgendermaßen vorgehen:

1. Das Gesamtziel wird formuliert.
2. Teilziele unterteilen das meist sehr komplexe bzw. weit entfernte Gesamtziel in einzelne Schritte.
3. Im nächsten Schritt werden die Teilziele geordnet. Nicht immer ist die Reihenfolge, in der Teilziele zum Gesamtziel führen, eindeutig. Jetzt werden auch konkrete Ziele für einzelne Unterrichtsstunden bzw. -einheiten formuliert.

Bei der Anordnung von Lernzielen empfiehlt es sich zu unterscheiden zwischen Zielen,

- die im Rahmen der Unterrichtseinheit,
- und solchen, die nur durch längerfristige Arbeit erreicht werden können.

Oft kommt es im Unterrichtsverlauf zu unerwarteten Entwicklungen und es bieten sich unverhoffte didaktische Chancen an. Um situationsgerecht reagieren zu können, ist es sinnvoll, sich vorab zu folgenden Fragen schlüssig zu werden:

- Welches Ziel soll in jedem Fall erreicht werden? (Mindestziel oder „muss“)
- Welches Ziel soll bei erwartetem „normalem“ Verlauf erreicht werden? (Normalziel oder „soll“)
- Welches Ziel sollte im günstigsten Fall erreicht werden? (Maximalziel oder „kann“)

Die Ziele sind dabei auf das jeweils vorige aufgebaut.

3.3 Wirkungsvoll Ziele formulieren

Ziele aufzuschreiben ist sehr wichtig. Erst dadurch wird aus Ihren Vorgaben, Wünschen und Ideen – die ja im Moment nur in Ihrem Kopf existieren – etwas Materielles. Durch die Niederschrift bekennen Sie sich zu diesem Ziel: Es wird konkret und überprüfbar. Es ist so, als würden Sie einen Vertrag mit sich selbst schließen.

3.3.1 SMART-Kriterien

Gute Zielformulierungen erfüllen die sogenannten SMART-Kriterien (engl. smart = klug). Die Abkürzung setzt sich aus folgenden Kriterien zusammen:

Spezifisch: Was ist am Ende des Bewertungszeitraums erreicht?
Die Zielformulierung beschreibt den angestrebten Endzustand. Eine Zielformulierung ist keine Wunsch- und auch keine Aktivitätenliste, denn diese folgt erst auf die Zielformulierung hin: „Die Teilnehmer wissen/können/führen aus…“

Messbar: Woran kann man erkennen, dass das Ziel erreicht wurde?
Für jedes Ziel muss es Mess- oder Beobachtungskriterien geben, die angeben, ob das Ziel erreicht wurde oder nicht. Messbarkeit bedeutet nicht notwendigerweise die zahlenmäßige Bestimmbarkeit. Insbesondere Beobachtungen eines Verhaltens sind ein gültiges Messkriterium. Übungen, in denen theoretisch erworbenes Wissen angewendet werden muss, dienen nicht nur zur Festigung des Lernstoffs, sondern auch zur Beobachtung. Übungen sind aber nicht gleichzusetzen mit Tests und Prüfungen – in ersteren muss es noch möglich sein, Dinge zu erproben und Fehler als Lernchance zu nutzen.

Erreichbar (engl. **a**chievable)
Ziele sollen Herausforderungen darstellen, aber unter realistischen Bedingungen erreichbar sein. Unerreichbare Ziele frustrieren schnell und verleiten zum Aufgeben. Zu schnell erreichbare Ziele sind keine Herausforderungen und führen ebenfalls zu Demotivation. Möchten Sie Ziele formulieren, die auf Anhieb unerreichbar erscheinen, so gliedern Sie sie in erreichbare Teilziele. Damit haben Sie zugleich einen „roten Faden" für Ihre Unterrichtsplanung.

Relevant: Welche Bedeutung hat das Ziel?
Orientieren Sie sich an der Anwendung in der beruflichen Praxis und – so vorhanden – an dem, was Ihr Auftraggeber verlangt. Bei der Formulierung von Teilzielen geben Sie sich Rechenschaft darüber, welchen Fortschritt das Erreichen des Teilziels für das Gesamtziel bedeutet.

Terminiert: Wann soll das Ziel erreicht sein?
Setzen Sie Zeiten fest für das Gesamtziel (z. B. Kursende), und die Teilziele (z. B. Kursteil, Woche, Unterrichtsstunde).

3.3.2 Formulieren Sie positiv und in der Gegenwart

Damit steht schon jetzt im Mittelpunkt, was tatsächlich am Ende erreicht sein wird, also ein befriedigender Zustand. Eine positive Zielformulierung ist für Sie eine konstruktivere Einstimmung auf den Unterricht. Dazu einige Beispiele:

Negative bzw. Wunschformulierung (nicht empfohlen)	Positive Gegenwartsformulierung (empfohlen)
Die Teilnehmer sollen keine Fehler mehr bei den unregelmäßigen Verben machen	Die Teilnehmer nennen die Formen unregelmäßiger Verben richtig
Die Teilnehmer bewerten die Aussagen der Texte nicht isoliert	Die Teilnehmer bewerten die Aussagen der Texte im Zusammenhang
Die Teilnehmer werden ihre Hemmung gegenüber der Software überwinden	Die Teilnehmer verwenden die Software als selbstverständliches Hilfsmittel
	Die Teilnehmer erklären am Ende des Tages drei neue Begriffe

3.3.3 Formulieren Sie Mess- und Beobachtbarkeit mit „indem"

Damit wird eine Handlungsebene in die Zielformulierung eingebracht.

Qualifikationsebene		Handlungsebene
Was können/wissen die Teilnehmer am Ende besser? (Kompetenz, Qualifikation)		Woran kann ich beobachten, ob die Teilnehmer das Lernziel erreicht haben – ob sie es nun wirklich besser können/wissen? (beobachtbares Verhalten, abfragbares Wissen, Verhalten)
Verben: kennen lernen, – erkennen – zeigen, dass sie kennen – können – beherrschen – wissen – verstehen – wiedergeben – erfassen die Bedeutung	*indem*	Verben: nennen, aufzählen, benennen – (Lückentext) ausfüllen – berechnen – durchführen – (Fragen richtig) beantworten – ordnen, zuordnen – auswendig aufsagen – herstellen – aufzählen, referieren – zeigen
Beispiele: Die Teilnehmer sehen ein, dass der Umgang mit Glasgeräten im Labor gefährlich ist	*indem sie*	mit einer Glasscherbe Schnitte in drei Materialien durchführen
Die Teilnehmer beherrschen die Formel für das Mischungskreuz	*indem*	sie unterschiedlich konzentrierte Salzlösungen aus einer Stammlösung herstellen
Die Teilnehmer nutzen die Funktion der Fußnotenverwaltung in der Software	*indem*	sie in den Übungstext fünf Fußnoten einfügen und richtig nummerieren

3.3.4 Finden Sie Nutzenformulierungen mit „damit" oder „um zu"

Damit bringen Sie die Relevanz des Ziels zum Ausdruck, z. B.:

- Die Teilnehmer kennen die Gefahren beim Umgang mit Glasgeräten (Qualifikation), damit sinkt das Verletzungsrisiko (Nutzen).
- Die Teilnehmer beherrschen die Formel für das Mischungskreuz, um aus Stammlösungen alle gewünschten Verdünnungen herzustellen.
- Die Teilnehmer kennen die verschiedenen Rechtsauffassungen. Damit schätzen sie die Chancen und Risiken einer solchen Vertragsformulierung besser ab.

Beispiel für ein voll ausformuliertes Lernziel nach der SMART-Formel:

> Am Ende des zweitägigen Kurses wissen die Teilnehmer alle zehn wichtigen Produkteigenschaften und ihre Nutzen. Sie erklären die Eigenschaften und Nutzen in einem simulierten Kundengespräch. Damit sind die Teilnehmer befähigt, das anschließende Verkaufstraining erfolgreich zu absolvieren.

Spezifisch: „... wissen die Teilnehmer zehn Produkteigenschaften..."
Messbar: „Sie erklären ... in einem simulierten Kundengespräch"
Erreichbar (ergibt sich aus dem Zeitrahmen und dem Inhalt)
Relevant: „Damit sind die Teilnehmer befähigt ..."
Terminiert: „Am Ende des zweitägigen Kurses ..."

Lerninhalte

4

4.1 Eigene Vorbereitung

Bevor irgendein weiterer Schritt getan wird, kommt ein scheinbar selbstverständlicher: Sie selbst müssen sich fachlich vorbereiten. Jetzt geht es um Ihr eigenes Wissen. Um qualitativ hochwertigen Unterricht zu planen und durchzuführen, müssen Sie immer mehr wissen, als Sie letztendlich von Ihren Teilnehmern verlangen werden. Wir gehen hier nicht auf Methoden ein, wie Sie sich selbst vorbereiten, denn wahrscheinlich sind Sie ja deshalb Fachdozent, weil Sie eine spezifische Fachkenntnis bereits besitzen. Nur auf eines wollen wir hinweisen: Planen Sie feste Zeiten für Ihre eigene Vorbereitung ein. Dies sind leider Zeiten, die Ihr Auftraggeber nicht „sieht“ und die scheinbar unproduktiv sind. Die Gefahr besteht, dass Sie nicht genügend Zeit zugestanden bekommen. Es ist Ihrem Unterricht nicht dienlich, wenn Sie fachlich improvisieren müssen und in Details nicht absolut sattelfest sind. Nach unserer Erfahrung benötigen Sie für einen neuen Inhalt je nach Komplexität des Themas das 5- bis 15-fache der Unterrichtszeit für Ihre eigene Vorbereitung. Dies schließt Recherchezeiten und methodische Aufarbeitung ein. Machen Sie sich eine Gliederung für Ihr Selbststudium. Vielleicht können Sie vieles direkt für Ihren Unterricht verwenden.

Prüfen Sie sich selbst, welche Einstellung Sie zu dem Thema haben. Sie werden als Dozent nur dann authentisch sein, wenn Sie eine positive, überzeugte (und damit überzeugende) innere Einstellung zum Thema haben. Interessiert Sie ein Thema vielleicht zunächst gar nicht? Das ändert sich oft, wenn Sie sich damit näher beschäftigt haben. Stellen Sie Ihren eigenen Überzeugungs- bzw. Begeisterungsprozess auch einmal Ihren Teilnehmern dar – vielleicht geht es ihnen ja ähnlich.

J. Meyerhoff, C. Brühl, *Fachwissen lebendig vermitteln*,
DOI 10.1007/978-3-658-09625-0_4

4.2 Umgang mit Vorkenntnissen

Jetzt, wo die Lernziele formuliert sind, werden die einzelnen Inhalte näher bestimmt – also der inhaltliche Weg zum Lernziel. Diesen Weg können Sie nur dann sinnvoll beschreiten, wenn Sie auch den Startpunkt kennen: Welche Vorkenntnisse bringen Ihre Teilnehmer mit?

Wenn allgemein keine Vorkenntnisse vorhanden sind bzw. vorausgesetzt werden, haben Sie einen eindeutigen Start.

Wenn Vorkenntnisse vorhanden sind, können Sie eine Eingangsevaluation durchführen, um diese Vorkenntnisse näher zu bestimmen. Einige Hinweise dazu finden Sie im Kap. 9. Nicht immer werden Sie jedoch dazu Gelegenheit haben. Dann müssen Sie eine (begründete) Arbeitshypothese über die Vorkenntnisse aufstellen.

Schwierig wird es, wenn Sie von unterschiedlichen Vorkenntnissen ausgehen müssen. Dann haben Sie mehrere Möglichkeiten:

- Sie verzichten auf spezifische Eingangsvoraussetzungen und setzen keine Kenntnisse voraus. Teilnehmer mit Vorkenntnissen müssen sich ggf. zunächst denen ohne solches Wissen anpassen.
- Unter Umständen müssen Sie die Eingangskriterien selbst festlegen. Teilnehmer, die die Kriterien (noch) nicht erfüllen, benötigen evtl. Hilfestellung im Vorfeld, werden auf andere Kurse verwiesen oder von der Teilnahme ausgeschlossen.
- Sie binden Teilnehmer mit Vorkenntnissen ein: z. B. durch Kurzreferate oder als Tutoren für die anderen.

Möglicherweise haben Sie im Vorfeld eines Kurses Materialien für ein Eigenstudium ausgegeben, auf deren Kenntnis Sie aufbauen. Dennoch müssen Sie immer davon ausgehen, dass die Qualität der Vorbereitung unterschiedlich ist (auch wenn Vorgesetzte den Vorbereitungsprozess begleiten). Richten Sie Ihr Unterrichtsangebot an einem mittleren Stand der Vorkenntnisse aus. Überlegen Sie, welche Inhalte

- auf jeden Fall als bekannt vorausgesetzt werden müssen (meist sind dies einfache Fakten),
- zwar prinzipiell bekannt sein dürften, aber möglicherweise schwer zu verstehen waren und weiterer Erklärung bedürfen,
- bekannt und verständlich gewesen sein dürften, aber weitere Vertiefung benötigen.

4.3 Erschließung einzelner Lerninhalte

So können Sie vorgehen, um Inhalte festzulegen:

- Sammeln Sie zuerst im Sinne eines Brainstorming mögliche Lerninhalte, z. B. auf einzelnen Zetteln.
- Zergliedern Sie umfangreiche Inhalte in weitere Unterthemen.
- Ordnen Sie die Themen und versuchen Sie eine Idee für eine sinnvolle Reihenfolge zu finden. Richten Sie sich z. B. nach Vorkenntnissen, an die Sie anknüpfen können, zunehmendem Schwierigkeitsgrad, inhaltlicher Bezugnahme oder auch einer historischen Entwicklung.

Wenn Sie es nicht teilweise schon bei der Formulierung Ihrer Lernziele getan haben, so sollten Sie sich noch folgende Fragen stellen:

- Zu welchen neuen (Er-)Kenntnissen, Einsichten, Erfahrungen, Arbeitstechniken und Denkmethoden sollen die Teilnehmer geführt werden?
- Welche Inhalte sind zwingend, welche sinnvoll, welche eher nebensächlich („muss, soll, kann“)?
- Wie kann man einen Unterrichtsinhalt quantitativ und qualitativ vereinfachen, ohne ihn zu verfälschen?
- Gibt es Zugänge auf unterschiedlichem Niveau zu dem Inhalt?
- Ist eine Inhaltsdifferenzierung nötig und sinnvoll (bei heterogenen Gruppen)?
- Was wird geübt und gefestigt?
- Welche Evaluierungsmöglichkeiten gibt es?
- Wie ist ein Inhalt in einer Unterrichtseinheit oder über mehrere verteilt unterzubringen?
- Welche Anknüpfungsmöglichkeiten an vorangegangene Inhalte gibt es?

Prüfen Sie Ihre Liste auf Vollständigkeit einerseits und Relevanz andererseits.

4.4 Relevanz der Themen

Der Relevanz der einzelnen Themen sollten Sie im Unterricht mit Erwachsenen besondere Aufmerksamkeit schenken. Erwachsene urteilen sehr schnell und verlieren leicht die Lust, wenn ein Inhalt ihnen irrelevant erscheint. Machen Sie im Unterricht deutlich, warum ein Inhalt wichtig ist.

Folgende Fragen helfen, die Relevanz eines Inhalts aufzuzeigen:

- Welche Bedeutung kann die an diesem Inhalt zu gewinnende Erfahrung/Erkenntnis/Fähigkeit… für die Zukunft der Teilnehmer haben (z. B. in ihrer beruflichen Praxis)?
- Welche Bedeutung hat der Inhalt im gegenwärtigen Leben der Teilnehmer?
- Also, warum sollen die Teilnehmer den Sachverhalt lernen?
- In welchem größeren Zusammenhang steht der Inhalt mit der Arbeit bzw. der persönlichen Entwicklung?
- Für welchen weiteren Schritt ist der Inhalt zwingende Voraussetzung?
- Wenn der Inhalt keinen direkten Bezug hat: Warum wird er aufgegriffen?
- Könnte das Lernziel genauso gut erreicht werden, wenn der Inhalt wegfiele? Testen Sie also zumindest gedanklich, welche Auswirkungen es hätte, wenn Sie den Inhalt aus Ihrer Liste streichen.

Wenn ein Inhalt nicht essenziell und eindeutig relevant ist, entscheiden Sie sich im Zweifel lieber für die Entschlackung von Inhalten.

Rahmenbedingungen 5

Zu den Rahmenbedingungen gehören vor allem Unterrichtszeit, Räumlichkeiten, Gruppengröße und -zusammensetzung, Medien und Materialien und natürlich das Budget. Im Idealfall werden Sie erst dann über die Rahmenbedingungen nachdenken, wenn Lernziele und -inhalte festliegen und Sie sich erste Gedanken zur methodischen Konzeption gemacht haben. Dann erst werden Sie mit Ihrem Auftraggeber über die Rahmenbedingungen verhandeln. Doch leider werden Ihnen oftmals die Rahmenbedingungen zu einem sehr viel früheren Zeitpunkt einfach vorgegeben. Ihre Verhandlungsposition ist sehr schlecht, wenn Sie kein Grobkonzept haben, und sehr gut, wenn Sie begründen können, weshalb bestimmte Rahmenbedingungen unverzichtbar sind. Legen Sie für sich fest, wo Sie Kompromisse für möglich halten und was wirklich unverzichtbar ist. Stellen Sie ggf. Ihrem Auftraggeber die Konsequenzen für das Erreichen der Lernziele dar, wenn Rahmenbedingungen nicht gewährt werden. Am kritischsten ist in aller Regel die zugestandene Unterrichtsdauer.

5.1 Rahmenbedingungen für den Dozenten

Ihr persönliches Wohlbefinden, also das des Dozenten, ist ein ganz wichtiger Faktor für das Gelingen eines Unterrichts oder Seminars. Oft stellen die Dozenten ihre Teilnehmer an erste Stelle, es sind häufig Kunden. Dass die Qualität des Unterrichts darunter leiden kann, überlegen nur wenige. Stellen Sie sich vor, Sie schlafen zu wenig, weil Sie das Zimmer mit Blick auf die Autobahn genommen haben. Das bedeutet für Ihre Vorbereitungen, dass Sie sich überlegen sollten, welchen Ansprüchen Ihre Unterkünfte und Trainingsräume genügen sollten.

- Nur wenn Sie sich wohlfühlen, kann auch der Unterricht gelingen.

J. Meyerhoff, C. Brühl, *Fachwissen lebendig vermitteln*,
DOI 10.1007/978-3-658-09625-0_5

5.2 Schulungsraum

Schaffen Sie eine positive Atmosphäre im Trainingsraum. An Folgendes sollten Sie denken:

Wenn Sie Räume in Tagungshotels buchen, lassen Sie sich immer die Raumgröße nennen. Besichtigen Sie den Raum möglichst vorher. Langgezogene Räume sind denkbar ungünstig für einen guten Kontakt untereinander. Stimmt auch die Akustik? Hotels geben oft an, wie viele Personen z. B. in einer U-Form oder in parlamentarischer Bestuhlung Platz finden. Buchen Sie immer eine Raumgröße größer. Dann haben Sie genug Platz für Pinnwände, Spiele usw. oder für eine Variation der Sitzordnung. Wenn Sie viele oder lange Gruppenarbeiten planen, benötigen Sie zusätzliche Gruppenräume.

- Ein kahler grauer Raum mit Neonbeleuchtung wird die Teilnehmer nicht motivieren. Tageslicht ist unabdingbar. Dunkelheit oder dauernde künstliche Beleuchtung ermüdet. Auch beim Betreten des Raumes kommt selten ein positives Gefühl auf.
- Die Sitzordnung muss vorher überlegt sein. Verwendet man Tische oder nicht? Kreis oder U-Form? Vielleicht Plenumsbestuhlung wie in der Schule? Oder eine Kombination (z. B. Stuhlkreis vorne, Gruppentische hinten)?
- Gestalten Sie die Tische, die Sie im Raum haben. Bestellen Sie Blumen, lassen Sie Pflanzen in den Raum bringen. Legen Sie Material aus, mit dem die Teilnehmer in den Pausen „spielen" können. Wählen Sie bunte Tischdecken, bieten Sie separate Ablageflächen.
- Gestalten Sie die Wände. Mit passenden Postern zum Thema stimmen Sie die Teilnehmer bereits auf das Kommende ein.
- Stellen Sie ein „Willkommen"-Schild auf. Es sollte möglichst bunt sein und die Namen der Teilnehmer sollten gut zu lesen sein. Auch Ihr Name sollte darauf stehen.
- Getränke sollten in ausreichenden Mengen vorhanden sein, vor allem bei sommerlichen Temperaturen.

5.3 Gruppengröße

Wenn der Dozent sich die Rahmenbedingungen genauer betrachtet, gehört hierzu auch die Lerngruppe. In der Vorbereitung geht es nicht um gruppendynamische Prozesse, sondern um verschiedene gruppenspezifische Voraussetzungen.

Die Gruppengröße ist ein wesentliches Merkmal. Es gibt keine „optimale" Gruppengröße. Sie ist abhängig vom Zweck der Veranstaltung. Bei reinen Präsentatio-

nen, z. B. bei der Vorstellung eines neuen Produktes, kann eine sehr große Gruppe unproblematisch sein. Eine weitere Frage lautet: Habe ich als Dozent überhaupt Einfluss auf die Gruppengröße?
Der Dozent sollte folgende Punkte bedenken:

- Liegt die Gruppengröße fest (z. B. aufgrund eingegangener Anmeldungen, Vorgaben des Auftraggebers, Zuweisungen oder wegen des Budgets)? Dann müssen sich die Methoden nach der Gruppengröße richten.
- Liegt eine Methodik fest (z. B. wegen besonders guter Erfahrungen)? Dann muss die Gruppengröße sich nach der Methode richten.
- Kompromisse sind wohl häufig nötig und auch möglich.
- Teilung der Gruppe bei zu hoher Personenanzahl.
- Variabler Einsatz von Sozialformen (Plenum, Einzel-, Gruppenarbeit).
- Mindestteilnehmerzahlen zur Durchführung eines Unterrichts.

Je größer die Gruppe, desto schwieriger wird ein interaktiver Unterricht. Nach unserer Erfahrung ist eine Gruppengröße bis ca. 15 Personen geeignet, um noch optimal arbeiten zu können. Spätestens bei mehr als 20 Personen werden Sie erleben, dass ein deutlicher Anteil der Teilnehmer eine passive Rolle annimmt (s. S. 66 f.). Kleinstgruppen unter vier bis fünf Personen sind unter Umständen ebenfalls suboptimal, da für manche Methoden mehr Personen benötigt werden und die Möglichkeiten des Gedankenaustausches reduziert sind.

Zwei weitere Fragen sind bei der Vorbereitung wichtig.

- Welche Homogenität kann ich in der Gruppe erwarten? Dabei kann es eine sehr große Rolle spielen, ob die sozialen, kulturellen oder demographischen Verhältnisse der Teilnehmer annähernd gleich sind.
- Welche Vorkenntnisse kann ich von der Gruppe erwarten? Diese Frage ist vor allem für die Planung des Unterrichts wichtig. Sie hat außerdem Einfluss auf die Methoden, die eingesetzt werden können.

5.4 Zeit und Dauer

Oft kommt es vor, dass ein Auftraggeber den gesamten Inhalt vorgibt und dann auch noch ein entsprechendes Zeitfenster nennt. Überlegen Sie gut, ob Sie das einfach so akzeptieren. Genügend Zeit für den Stoff ist essentiell für eine gelungene Schulung. Eine Diskussion lohnt sich auf jeden Fall, Ihre Argumente zählen. Qualität lässt sich nicht in einem engen Zeitfenster oder unter Zeitdruck machen.

Bei fest vorgegebenen Zeiträumen müssen Sie überlegen, welcher Unterrichtsstoff besonders wichtig ist und noch stärker fokussiert werden muss. Falls Sie unerwarteter Weise schneller sind, als Sie vermutet hatten, können Sie noch etwas „draufpacken". Sagen Sie Ihrem Auftraggeber, welche Ziele nicht erreicht und welche Inhalte nicht vermittelt werden können, wenn der Zeitrahmen eindeutig zu eng ist. Wie lange Sie für einen Arbeitsschritt brauchen, ist Erfahrungssache. Wir haben im Methodenteil bewusst auf Zeitangaben verzichtet, da sie stark variieren können. Wenn Sie als Dozent noch wenig Erfahrung haben, planen Sie zuerst ein Drittel mehr Zeit ein, als Sie im ersten Moment denken. Es kommt selten vor, dass Sie schneller sind, erst recht in größeren Gruppen, in denen mehr diskutiert wird.

Pausen sind immer ein beliebtes Thema. Wann, wie lange, wie häufig? Überlegen Sie sich, wie viel Pausenzeit Sie einbauen möchten. Spätestens nach anderthalb Stunden sollte eine Pause sein. Denken Sie an die Mittagszeit. Dort ist bei größeren Gruppen, die nach einer Speisekarte bestellen, eine Stunde oft zu wenig. Es bietet sich ein Büfett an.

Wenn Sie selber nicht eine Pause ein- und ausläuten möchten, bestimmen Sie doch einen „Pausenbeauftragten". Er ist dann für das Einhalten der Zeiten zuständig und erspart Ihnen, den „Lehrer" zu machen.

Ein weiterer Aspekt ist die Tageszeit. Versuchen Sie Ihre Planung an den Biorhythmus der meisten Menschen anpassen: Vormittags sind rezeptive Phasen besser zu bewältigen als nachmittags. Nachmittags ist Verarbeitung und Vertiefung optimal, zumal hierfür mehr aktivierende Methoden zur Verfügung stehen. Nach dem Mittagessen ist es günstig, eine auch körperlich aktivierende Methode oder eine Gruppenarbeit zu planen, so dass jeder beschäftigt ist.

Denken Sie auch an die Gesamtzeit pro Tag. Arbeiten Sie nicht zu lange in den Abend hinein. Es gibt zwar Menschen, die von sich sagen, sie können gegen Abend gut lernen, die Mehrheit jedoch baut in den späten Nachmittagsstunden ab. Sie sollten dann auch keine Stoffschwerpunkte mehr setzen.

5.5 Sitzordnungen

U-Form: Alle sehen sich. Teilnehmer an den Flanken müssen aber immer verdreht sitzen, wenn Sie das Geschehen vorne verfolgen wollen. Gut geeignet für interaktiven Unterricht, bei dem auch rezeptive Phasen vorkommen, d. h. die ideale Sitzordnung für die meisten Fachtrainings.

Parlamentarisch (Reihenbestuhlung): Nur für Vorträge, d. h. dozentenorientierten Unterricht. Teilnehmer werden eher passiv oder fühlen sich an die Schule erinnert. Für die meisten Methoden dieses Buchs wenig empfehlenswert, für sehr große Gruppen aber oft die einzige Option.

Gruppentische: Tische werden im Raum gruppiert, so dass vier bis sechs Teilnehmer darum herum sitzen. Gut geeignet für Unterricht mit sehr vielen Gruppenarbeiten, bei denen aber auch Tische benötigt werden. Für kurze dozentenorientierte Phasen bedingt geeignet, der Dozent sollte sich viel im Raum umherbewegen.

Stuhlkreis: Für Fachtrainings meist nur phasenweise geeignet, da keine Schreibunterlage vorhanden ist. Gut geeignet für Diskussionen und körperlich aktivierende Methoden.

Sehr gute Erfahrungen haben wir auch mit kombinierten Sitzordnungen. So könnte man im vorderen Teil des Raumes eine U-Form oder eine Stuhlkreis aufbauen für Phasen des Vortrags oder der Diskussion mit der ganzen Gruppe. Im hinteren Teil des Raumes können sich Gruppentische befinden für die Arbeiten in der Kleingruppe. Allein der gelegentliche Platzwechsel belebt schon die Atmosphäre. Günstig dafür sind auch Stehtische, gerne außerhalb des Schulungsraums, im Sommer idealerweise auch unter freiem Himmel.

Räumen Sie in einem längeren Kurs ruhig den Raum auch mal zwischendrin um. Dies schafft unerwartete Erfrischung im Unterricht: Eingefahrene Sitzordnungen werden aufgebrochen, die Teilnehmer erleben den Raum und damit den Unterricht in wechselnder Perspektive. Verlassen Sie mit der Gruppe auch mal den Unterrichtsraum oder gehen Sie gar an die frische Luft. Manche Methoden kann man auch im Stehen durchführen.

6 Planung und Vorbereitung

6.1 Grobkonzept

Alle bisher ermittelten Aspekte sowie weitere Vorüberlegungen der Feinplanung finden Eingang in ein Grobkonzept. Grobkonzepte werden meist bei großen, neuen Schulungsprojekten erstellt, wenn es noch keine Vorläufer-Veranstaltung gibt, auf die man direkt mit einem (eventuell überarbeiteten) Feinkonzept aufbauen könnte.

Das Grobkonzept schreiben Sie in der Regel mit dem Ziel, das Einverständnis des Auftraggebers zu erhalten.

Schreiben Sie in das Grobkonzept:

- die Lernziele
- die (mutmaßliche oder tatsächliche) Eingangssituation
- ggf. Anforderungsprofil für die Teilnahme/Zielgruppe
- Grundsätzliches zu Gruppensituation und Konzeption des Unterrichts, z. B.:
  - Blockseminar oder längere Dauer mit wenigen Wochenstunden?
  - Eigenstudium und Präsenzphasen?
  - Hauptmedien mit längerer Erstellungszeit (z. B. Skripte, E-Learning)
  - Evaluation (z. B. Abschlussprüfung)
  - Teilnehmerzahlen, Größe und Zusammensetzung der Lerngruppen
- Übersichtszeitplan für den Unterrichtsablauf
- zu erwartende Kosten
- notwendige Räumlichkeiten
- Dozententeam
- Zeitplan für die weitere Vorbereitung

J. Meyerhoff, C. Brühl, *Fachwissen lebendig vermitteln*,
DOI 10.1007/978-3-658-09625-0_6

- flankierende Maßnahmen z. B. Hotline in der Selbst-lernphase, Anschluss-Coaching
- ggf. Alternativen zu all diesen Aspekten

Das Grobkonzept dient möglicherweise als Grundlage für Sie, optimale Rahmenbedingungen mit dem Auftraggeber auszuhandeln. Ob Sie Ihr Konzept mündlich, schriftlich oder in beiderlei Form präsentieren – es muss am Ende überzeugen. An dieser Stelle kann kein Exkurs über die optimale (Selbst-) Präsentation und Verhandlungen stehen. Auf einige Grundsätze möchten wir hinweisen:

- Holen Sie sich immer zuerst das Einverständnis über die Lernziele. Gut formulierte Lernziele werden den Auftraggeber für Sie gewinnen. Schließlich sind die Lernziele auch seine Ziele für die Teilnehmer und die „Ware", für die er bezahlt.
- Skizzieren Sie dann, von welchem Status der Teilnehmer Sie ausgehen. Erzielen Sie auch hierüber Einverständnis.
- Zeigen Sie Ihren konzeptionellen Weg auf, wie Sie die Teilnehmer zum Ziel führen und das Ergebnis messbar sichern. Benennen Sie klar Zeiten und andere Rahmenbedingungen, die diesen Weg ermöglichen.
- Wenn Sie vom Auftraggeber mit anderen Rahmenbedingungen konfrontiert werden, prüfen Sie, ob das Konzept oder seine Alternativen sich darin unterbringen lassen. Selten werden die Rahmenbedingungen großzügiger gewährt, als Sie es sich wünschen und für notwendig erachten. Kommt es zu Konflikten, zeigen Sie auf, wo der Auftraggeber mit Zugeständnissen an die Erreichbarkeit der Lernziele zu rechnen hat. Welche Inhalte müssen ggf. wegfallen, welche Übungsteile und damit die Festigung?
- Wenn Sie zuerst mit den Rahmenbedingungen konfrontiert werden, ohne zuvor über die Lernziele gesprochen zu haben, fordern Sie unnachgiebig ein, dass das eine ohne das andere nicht zu verhandeln ist. Man kann für 10.000 € keine neuwertige Luxuslimousine kaufen, die auch noch fliegen kann.

6.2 Unterrichtsleitfaden

Sie haben in allen wesentlichen Punkten Einverständnis erzielt und können sich an die konkrete Unterrichtsplanung machen. Sie mündet in ein weiteres schriftliches Konzept, den Unterrichtsleitfaden. Er erfüllt mehrere Funktionen:

- Transparenz: Der Dozent weiß, was er tun wird. Der Auftraggeber weiß, was gelehrt wird. Der Dozent weiß auch, wenn er den Kurs noch einmal halten wird, was er beim letzten Mal getan hat. Und er hat eine Gedächtnisstütze über den konkreten Unterrichtsablauf.

- Unterrichtet man im Dozententeam, so wird sichergestellt, dass alle Teammitglieder nach denselben Standards verfahren.
- Qualitätssicherung im Konzept: Der Dozent bekennt sich zu einem konkret ausformulierten Konzept.
- Qualitätssicherung in den Lernschritten. Aufgabenstellungen werden ausformuliert, Hinweise zu den Methoden niedergeschrieben.
- Anlass und Medium zu Reflexion und Selbstevaluation über Methoden, Teilziele, Lernschritte, Gewichtung von Einzelthemen.
- Zeitplaner: Welcher Unterrichtsschritt benötigt wie viel Zeit?
- Checkliste: Ist an alle Materialien gedacht?

Oft werden Sie sich als routinierter Dozent sagen: Benötige ich einen schriftlichen Leitfaden? Ich weiß doch, was ich will, ich habe doch alle Schritte im Kopf. Ich halte diesen Kurs doch schon so und so oft. Unser Tipp: Zwingen Sie sich zur Niederschrift. Gerade wenn Sie routiniert sind, wird es Ihnen leicht fallen. Sie werden aber zugleich zur Reflexion gezwungen, was nur zur Verbesserung Ihres Unterrichts beitragen kann. Sie brauchen Ihre Niederschrift ja nicht allzu detailliert zu machen.

Abbildung. 6.1 zeigt, was in den Leitfaden einfließt. Dabei bedingen die einzelnen Elemente einander.

Ein Unterrichtsleitfaden enthält typischerweise Angaben

- zu den Lernzielen (Haupt- und Teilziele, Minimal-, Normal- und Maximalziele). Besonders die Teilziele sind als beobachtbare Merkmale (vgl. Kap. 3) wichtig;
- zur Abfolge der einzelnen Inhalte und Lernschritte;
- zur Methodik, Aufgabenstellung und Sozialform (hierzu vgl. Kap. 7, S. 66 ff.);
- zu Medien und Materialien;
- zum Zeitbedarf;
- ggf. zur Evaluation.

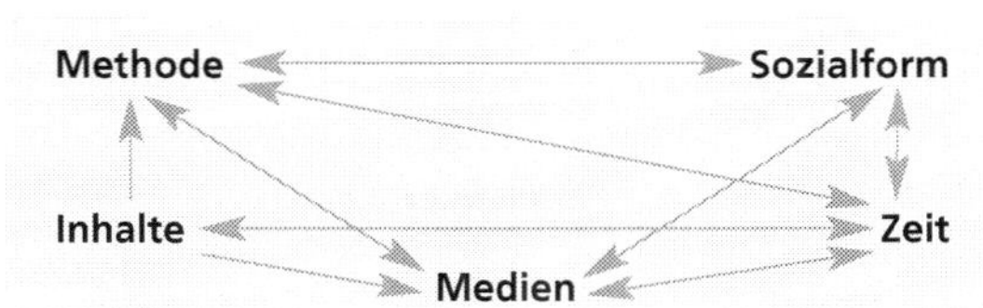

Abb. 6.1 Die Elemente eines Unterrichtsleitfadens stehen miteinander in Beziehung

Beispiel für einen Unterrichtsleitfaden
Teilziel: Die Teilnehmer können die Teile des Herzens in Struktur und Funktion erklären. Sie benennen die Teile und Funktion am Modell und stellen in der Gruppe ein Funktionsmodell her.

Inhalt/Schritt	Methode	Material/Bemerkungen	Zeit
Herzanatomie kennen lernen	Am Modell, gut sichtbar für die Teilnehmer, Teile des Herzens zeigen und benennen (lassen): Myokard, Kammern, Klappen, Gefäße… Teile in Schemazeichnung eintragen	Frisches Schweineherz und Skalpell; ersatzweise Kunststoffmodell. Arbeitsblatt. Plenum, ggf. Teilgruppen	30 min.
Herzanatomie mikroskopisch	Bilder mit histologischen Schnitten zeigen, Kapillardurchblutung	PowerPoint-Präsentation Histologie	10 min.
Herzfunktion makroskopisch	Teilnehmer beschreiben, was sie (z. B. noch aus der Schule) wissen. Dozent notiert mit. Schwerpunkt Kammer- und Klappenfunktion. Ergänzende Erklärungen des Dozenten	Lehrgespräch, Skizzen auf Flipchart	15 min.
Herzfunktion „erleben" (optional)	Aus Tischen und Stühlen werden „Kammern" nachgestellt. Einige Teilnehmer spielen Herzmuskelfasern und deuten die Kontraktion an, andere Teilnehmer bedienen die „Klappen" (große „Türen" aus Flipchartblättern) weitere spielen das „Blut" und durchwandern die Räume in der richtigen Reihenfolge	Gruppenmodell. Tische, Stühle, Flipchart als „Herzklappen". Ggf. Gruppe dieses Modell selbst organisieren lassen. Ist alles verstanden worden?	15 min.

Der Detaillierungsgrad der Ausführungen hängt davon ab, wer mit dem Leitfaden arbeiten soll. Bedenken Sie, dass der Leitfaden ein Hilfsmittel sein soll und kein Selbstzweck. Wenn der Leitfaden nur einmalig und ausschließlich für Sie selbst ist, genügen wenige Stichworte. Sind Sie noch unsicher und/oder verwenden Sie den Leitfaden für ein Dozententeam, brauchen Sie zum Teil sehr genaue Ausführungen. Dann sollen auch die ausformulierten Arbeitsanweisungen für die Teilnehmer berücksichtigt werden.

Ein Leitfaden kann und soll auch Alternativen enthalten. Denken Sie bestimmte Situationen vor: Was ist, wenn Sie in Zeitnot geraten? Welche alternativen Methoden wollen Sie einplanen? Wo ist Raum für Kreativität und Spontaneität? Welche Übungen und Aufgaben sind optional? Muss der Leitfaden flexibel anzupassen sein auf unterschiedliche Gruppengrößen?

Beachten Sie auch und gerade für die Einstiegsphase des Unterrichts, dass Sie Zeit benötigen, um

- in Kontakt mit der Gruppe zu kommen;
- Erwartungen und Fragen zu klären;
- Spielregeln zu vereinbaren.

In der Schlussphase größerer Abschnitte oder der gesamten Maßnahme brauchen Sie Zeit, um

- Ergebnisse und Transfer in den Alltag weiter zu sichern;
- die Erwartungen und das Erreichte abzugleichen;
- noch offene Fragen zu sammeln;
- Feedback einzuholen.

Schwierige Inhalte oder weniger aktivierende Methoden sollten nicht in Zeiten biologischer Tiefs eingeplant werden (z. B. nach der Mittagspause).

6.3 Methodenauswahl

Der Dozent sollte nur mit Methoden arbeiten, von denen er persönlich überzeugt ist. Lassen Sie sich dabei von folgenden Aspekten leiten:

- Phase des Unterrichts: Wissensaufnahme, -verarbeitung, Wiederholung oder Anwendung;
- Medienwechsel, Wechsel zwischen aktiven und eher rezeptiven Phasen;
- Gruppendynamik;
- Zeitbedarf im Verhältnis zum erwarteten Nutzen;
- Ihre eigene Lust am Experimentieren.

Dabei spielt es zunächst keine Rolle, ob Sie sich ganz sicher sind, dass die Lerngruppe von der Methode begeistert ist. Die Gruppe wird sich begeistern lassen, wenn Sie es vorleben. Ein Dozent darf auch Unsicherheiten zeigen: „Ich habe diese Sache so noch nie probiert. Bitte lassen Sie es uns gemeinsam versuchen.“ Anschließend kann mit der Gruppe reflektiert werden, wie die Methode auf sie gewirkt hat.

Erwachsene können nach einer Anwärmphase auch gerne spielen und Spaß haben. Dies klappt, wenn die Gruppenmitglieder Vertrauen zueinander und zum Dozenten haben (vgl. Kap. 7, S. 43 ff.).

Erwachsene sind dafür zugänglich, dass man ihnen den Sinn einer Methode erläutert. Sie fordern es meistens nicht, vor allem, wenn das Verhältnis zum Dozenten vertrauensvoll ist. Umgekehrt kann es Vertrauen schaffen, wenn der Dozent die Absicht einer Methode erläutert.

- Der Wechsel zwischen den Methoden ist für guten Unterricht unabdingbar.

So ist sichergestellt, dass alle Lerntypen in einer Gruppe erreicht werden. Aktive Phasen und passiv-rezeptive Phasen wechseln sich in einem guten Rhythmus ab. Planen Sie immer zuerst die aktivierenden Phasen und fragen dann, was vorher rezipiert werden muss. Aktivität soll überwiegen. Dasselbe gilt für die Sozialformen: Wenn sich Plenum, Einzel-, Partner- und Gruppenarbeiten abwechseln, ist für jeden mal etwas dabei.

- Schließen Sie grundsätzlich keine Methode aus, nur weil Sie mit Erwachsenen zu tun haben.
- Wenn Sie nicht sicher sind (und nur dann), ob die Gruppe eine Methode mitmacht, erklären Sie, welchen Nutzen die Gruppe hat, nach dieser Methode zu verfahren.
- Sprechen Sie offen an, wenn Sie gerne etwas ausprobieren möchten.
- Halten Sie eine Alternative bereit.
- Laden Sie die Gruppe hin und wieder zum Feedback über Ihre Methodenwahl ein. Damit übernimmt die Gruppe ein Stück Verantwortung.
- Wechseln Sie zwischen Medien und Sozialformen ab. Mischen Sie Aufnahmephasen mit Festigungen, Anwendungen und Wiederholungen.

6.4 Lernmedien

Einen großen Teil der alltäglichen Unterrichtskonzeption nimmt die Auswahl und Gestaltung von Lernmedien ein. Welche Medien wie zum Einsatz kommen, hängt zunächst von der gewählten Methode ab. Viele Vorschläge, was man mit den Medien tun kann, finden Sie dazu im Teil 2 des Buchs. In diesem Kapitel wollen wir beschreiben, was sehr gute Lernmedien auszeichnet und wie man sie einsetzen kann (vgl. Abb. 6.2).

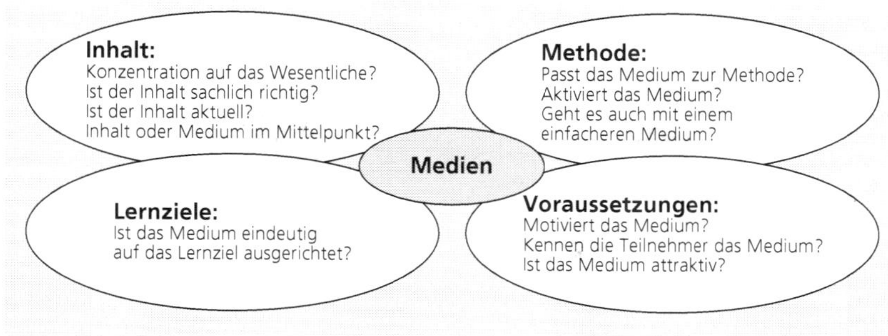

Abb. 6.2 Prüfsteine für gute Lernmedien und ihren Einsatz. Vor dem Einsatz von Lernmedien sollte man einige kritische Fragen stellen.

➤ Medienwechsel ist kein Selbstzweck, sondern essentieller Bestandteil erfolgversprechender Unterrichtskonzeption.

Ein Grundprinzip jedes motivierenden Unterrichts ist der *Medienwechsel*. Auch wenn ein einziges Medium genügen würde, um ganze Kurse zu absolvieren, so ist es immer aktivierender und motivierender für die Teilnehmer, mit unterschiedlichen Medien zu arbeiten. Aktivierung und Motivation ist aber die Basis für Lernerfolg.

Anschreiben

Aus der Schule kennen wir alle das Schreiben auf die Tafel. „Tafel-Anschriebe" sind das einfachste und ein spontan einzusetzendes Medium. Tafeln und Flipcharts sind die gängigsten Grundmedien. Mit dem „interaktiven Whiteboard" oder „Smartboard" hat in vielen Schulungen eine neue Form der Tafel Einzug gehalten, die auch in Schulungsräumen der Betriebe zu finden sind. Ein wichtiger Vorteil des Anschreibens ist, dass Gedanken entwickelt werden können und nicht fix und fertig präsentiert werden. Die Teilnehmer haben Zeit, das Angeschriebene in ihre Unterlagen zu übertragen. Teilnehmer können ebenfalls leicht eigene Tafelanschriebe erstellen, etwa zur Unterstützung eines Kurzreferats.

Ein guter Tafelanschrieb

- konzentriert sich auf Wesentliches,
- verwendet Stichwörter so, dass ihr Zusammenhang auch noch nach dem Unterricht für einen Teilnehmer nachvollziehbar bleibt,
- arbeitet mit Skizzen und Visualisierungen, die nachvollziehbar beschriftet sind,

- sind augenfreundlich: gut leserlich (möglichst Druckbuchstaben), übersichtliche Formataufteilung auf den Untergrund, sinnvoller Einsatz von Farben.

Eine Sonderform des Tafelanschriebs ist die Moderations-Pinnwand, auf der Stück für Stück mit Moderationskarten und grafischen Elementen Schaubilder, Tabellen, Mindmaps o. ä. entwickelt werden. Welche Möglichkeiten es hierzu gibt, vermitteln vor allem Bücher, die sich mit der Moderationstechnik befassen. Vieles davon ist mit etwas Phantasie auf den Fachunterricht übertragbar.

Beamer-Präsentationen

PowerPoint-Präsentationen sind heute das gängigste Medium zur visuellen Darstellung von Inhalten. Durch die oftmalige Überfrachtung von Vorträgen mit Folien hat dieses Medium leider einen schlechten Ruf. Mit Bedacht eingesetzt, ist es jedoch eines der hilfreichsten Medien für Präsentationszwecke. Im Wesentlichen gelten für die Foliengestaltung dieselben Regeln wie fürs Anschreiben. Am stärksten gefährdet ist die leserliche Gestaltung.

Folgende Grundregeln lauten:

- Maximal 7–10 Zeilen Text pro Folie (je nach Raumgröße), entspricht einer Schriftgröße von 24 bis 28 Punkt.
- Möglichst nur zwei Schriftgrößen einsetzen.
- Möglichst einheitliche Schriftart, ggf. eine zweite Schriftart.
- Maximal drei Farben verwenden, sonst wird es zu bunt.
- Ein Bild sagt mehr als tausend Worte – aber Vorsicht, nicht alle Bilder sind selbsterklärend.

Für die Teilnehmer entsteht leider oft der Eindruck, von „Folienfilmen“ regelrecht erschlagen zu werden. Nicht die Folie an sich ist schuld daran, sondern der Umgang mit ihr. Auch hierzu empfehlen wir die Einhaltung von Grundregeln.

- Kritische Überprüfung: Ist die Folie wirklich notwendig, um die Darstellung zu unterstützen? Was macht die Folie unverzichtbar? Die Foliensammlung soll nicht das Manuskript des Dozenten sein, sondern Unterrichtsunterstützung.
- Während des Folienwechsels schweigen, um Zäsur zu schaffen und Ruhe ins Geschehen zu bringen.
- Gesprochenes und Gezeigtes sollen synchron sein.
- Die Teilnehmer darauf hinweisen, wenn es sich lohnt, etwas abzuschreiben und anschließend ausreichend Zeit dazu gewähren.

- Alternativ: Folienausdrucke als Handout ausgeben. Dies kann aber auch das Zuhören lähmen.
- Hohe Aufmerksamkeit lässt sich mit „interaktiven Handouts“ erzeugen. Sie sind zwar aufwändiger in der Vorbereitung, aktivieren jedoch die Teilnehmer während eines Vortrags. Man lässt dazu einzelne Informationen des PowerPoints auf dem Ausdruck weg (z. B. Abbildungsbeschriftungen, Schlüsselbegriffe, wichtige Zahlenangaben), so dass sie während des Vortrags von den Teilnehmern ergänzt werden müssen. Man muss ihnen dafür aber auch etwas Zeit lassen.
- Wenn Gedanken erst entwickelt werden sollen, empfiehlt sich das Arbeiten mit schrittweisen Einblendungen (Vorsicht vor zu vielen ablenkenden Spielereien).
- Die Arbeit mit PowerPoint kann durchaus aktivierend und interaktiv gestaltet werden, z. B. durch eingestreute Quizfragen oder kleine Aufgabenstellungen („Diskutieren Sie 2 min. mit Ihrem Sitznachbarn…“).
- Nicht den gesamten Unterricht auf Folienpräsentationen stützen, sondern nur die Teile, die einen Dozentenvortrag betreffen. Dies können auch Aufgabenstellungen an die Teilnehmer sein.

Skripte

Ein Skript zu erstellen ist sehr zeitaufwändig und lohnt vor allem dann, wenn zum Thema kein geeignetes Lehrbuch existiert und die Teilnehmerzahl hinreichend groß ist, so dass der Aufwand gerechtfertigt ist. Ein Skript stellt die Unterrichtsinhalte im Zusammenhang dar und besteht normalerweise aus gut gegliedertem „Prosatext“. Alternativ kann, wenn die Zeit zur Erstellung nicht reicht, der Unterrichtsinhalt auch nur als Stichwortsammlung dargestellt werden. Ein Skript soll und kann den Unterricht und die Mitschrift der Teilnehmer im Allgemeinen nicht ersetzen. Es unterstützt aber die Vor- und Nachbereitung der Teilnehmer. Das Skript kann im Unterricht als wichtiges Lernmedium eingesetzt werden. Methoden, die wir im Teil 2 des Buches zum Thema „Lesen“ vorschlagen, können mit dem Skript durchgeführt werden.

Die folgenden Merkmale für ein gutes Skript sind als Anregungen zu verstehen und in der Praxis mit dem zu betreibenden Aufwand abzuwägen:

- Klare, logische Gliederung, Inhaltsverzeichnis
- Zahlreiche Abbildungen
- Praktische Beispiele
- Randbemerkungen und Symbole, die das Auge lenken
- Zusammenfassungen am Ende des Kapitels
- Fragen zur Selbstkontrolle des Lesers

- Literaturhinweise
- Augen- und lernfreundliches Layout, z. B.
  - Verwendung von Blocksatz
  - Haltbares Papier
  - Attraktiver Einband
  - Kleine Cartoons zur Auflockerung
  - Merksätze abgesetzt vom Text
  - Verwendung zweier Schriftarten (Normalschrift und Kleinschrift für Nebenaspekte), sehr sparsamer Gebrauch von Fußnoten
  - Einsatz von Farbe
  - Kopf- und ggf. Fußzeilen
  - Querverweise auf andere Kapitel

Hinweisen möchten wir auf die Möglichkeit, Skripte auch elektronisch anzubieten (im Intranet, auf CD/als PDF zum Download). Hier bieten sich weitere Möglichkeiten, die bedrucktes Papier nicht hat: Einbindung von Hyperlinks (= Sprungverweis auf andere Textstellen im Skript, Originalliteratur, Links ins Internet usw.), Einbinden von Videosequenzen und Tondokumenten. Große Textmengen sollten nach wie vor immer auch auf Papier angeboten werden. Sie lassen sich bequemer und unabhängig von Hardware lesen und ermöglichen dem Teilnehmer das echte Arbeiten mit dem Text (wie Unterstreichungen, Randbemerkungen).

Falls die Vorbereitungszeit für eine Skripterstellung nicht reicht und Teile des Unterrichts auch mit PowerPoint gestaltet werden, kann hilfsweise mit PowerPoint-Ausdrucken gearbeitet werden. Da gut gestaltete Folien das gesprochene Wort nur ergänzen, aber nicht ersetzen sollen, müssen unter die Folien erläuternde Notizen angebracht werden, so dass die Folie beim selbstständigen Nacharbeiten verständlich gemacht wird. Anderenfalls dürften die Handouts nahezu wertlos für die Teilnehmer sein. Bei den Teilnehmern beliebt sind auch die „interaktiven Handouts“ (siehe voriger Abschnitt), wenn sie mit kurzen erläuternden bzw. überleitenden Texten und Übungsaufgaben gewürzt sind.

Unterschätzen Sie nicht die äußerliche, qualitativ hochwertige Gestaltung von Skripten und Handouts: Professionelles Layout, hochwertige Ausdrucke auf gutem Papier, attraktiv als Broschüre oder gebundenes Buch angeboten, laden zum Arbeiten erheblich besser ein als lieblose schwarzweiße Kopien, die links oben nur mit einer Heftklammer zusammengeheftet sind.

Texte
Andere Quellen für schriftliche Informationen können Lehrbücher (bzw. Auszüge daraus) oder Zeitschriftenartikel sein. Dabei ist bei der Auswahl auf folgende Aspekte zu achten:

- Welchen Nutzen, welche Erkenntnisse können die Teilnehmer grundsätzlich aus dem Text ziehen?
- Können die Teilnehmer zum Zeitpunkt der Bearbeitung den Text verstehen? Sind die Vorkenntnisse – etwa Fachwörter – schon ausreichend?
- Wie wird die Arbeit mit dem Text in das sonstige Unterrichtsgeschehen eingebettet? (vgl. Teil 2, „Lernen durch Lesen")
- Welcher Zeitaufwand sollte für die Lektüre kalkuliert werden? Steht er im Verhältnis zum Erkenntnisgewinn? Tipp: Bitten Sie einen „Testleser" um eine Rückmeldung.
- Welche konkrete Aufgabe soll den Teilnehmern im Rahmen der Lektüre gestellt werden? (vgl. Teil 2 „Lernen durch Lesen")

Statt ganzer Texte kann der Dozent auch Textteile darbieten. Dies kann eine Zusammenstellung von Textabschnitten zum selben Thema aus verschiedenen Quellen sein. Eine weitere Alternative ist, um schneller zum Kern zu kommen, dass die Teilnehmer Texte erhalten, die bereits bearbeitet sind: Wichtige Stellen sind bereits angestrichen (vgl. auch Methode „Geführtes Lesen", S. 133).

Arbeitsblätter
Arbeitsblätter enthalten spezielle Aufgabenstellungen, die sich auf andere Medien (z. B. Texte, Videos) beziehen können. Der Form nach können sie den bekannten, kommerziell erhältlichen Arbeitsbüchern zum Fremdsprachenunterricht ähneln.

Sie können enthalten:

- Fragen (zum Text, zum Video usw.)
- Übungsaufgaben
- Thesen und Behauptungen, zu denen Stellung genommen werden soll
- Arbeitsanweisungen
- Lückentexte
- zu vervollständigende Tabellen
- zu vervollständigende Grafiken
- Multiple-Choice-Aufgaben
- Schemazeichnungen
- Spiele und Rätsel, z. B. Kreuzworträtsel

Arbeitsblätter lassen sich meistens ohne großen Aufwand vom Dozenten im Rahmen der Unterrichtsvorbereitung selbst erstellen. Im Blick sollten, wenn es sich nicht gerade um reine Übungen handelt, in erster Linie die folgenden Fragen stehen:

- Welchen Erkenntnisgewinn bringt die Bearbeitung den Teilnehmern?
- Wie kann das Ergebnis des Arbeitsblatts im weiteren Unterricht verwendet werden?

Arbeitsblätter verleihen dem Unterrichtsgeschehen Struktur, aktivieren die Teilnehmer und liefern sichtbare, nachvollziehbare Ergebnisse, auch zum Mitnehmen nach Hause. Die Teilnehmer haben ein unmittelbares Feedback über ihren Wissensstand und ihre Fertigkeiten. Arbeitsblätter lassen sich in allen Sozialformen einsetzen: Plenum, Gruppen- und Partnerarbeit, Einzelarbeit, auch außerhalb des Unterrichts. Arbeitsblätter können, falls erforderlich, als Aufgaben für Testate herangezogen werden.

Erinnert sei an die Möglichkeit moderner Druck- und Kopiergeräte, sämtliche Materialien als festgebundene Broschüre herstellen zu lassen.

Software
Nicht um das eigentliche E-Learning soll es hier gehen, sondern um den Einsatz von Software im oder begleitend zum Präsenzunterricht. Es muss nicht immer spezielle Lernsoftware sein. Gelegentlich genügt auch eine PowerPoint-Präsentation, mit der die Teilnehmer selbstständig arbeiten.

Weil die Arbeit mit dem Computer manchen Teilnehmerkreisen Spaß macht, kann Software schlicht im Rahmen des Medienwechsels eingesetzt werden. Dann eignet sich ein breites Spektrum: Die PowerPoint-Präsentation des Dozenten, eine Webseite der Marketing-Abteilung, Inhalte aus dem Internet – es gibt keine Grenzen. Mit der Software kann man so arbeiten wie mit Texten oder Arbeitsblättern. Ist die Teilnehmergruppe allerdings im Umgang mit Software nicht geübt, muss man das bei der Unterrichtsplanung und -gestaltung berücksichtigen.

Sollen wesentliche Inhalte mittels Lernsoftware erarbeitet werden, so ist unserer Auffassung nach zunächst kritisch zu fragen, welchen Vorteil die Software gegenüber bedrucktem Papier bietet. Noch immer ist die Beschaffung, Erstellung und Pflege von Lernsoftware mit erheblichem Zeit- und Kostenaufwand verbunden. Lernsoftware den Vorzug vor herkömmlichen Medien zu geben ist dann erwägenswert, wenn

- die Multimediafähigkeiten des Computers voll genutzt werden, und zwar in einer Weise, wie sie Bücher nicht bieten können: Text, Videoclips, Tondokumente.
- der Lernende aktiv werden kann, indem er kleine Aufgaben gestellt bekommt, *und* ein Feedback zu richtigen Lösungen (andernfalls entsteht Frust) erhält.
- die Benutzerführung intuitiv ist und die Technik unauffällig ihren Dienst tut. Nichts ist frustrierender als lange Installationsroutinen, Abstürze und Wartezeiten, bis eine Lernsequenz geladen ist.
- der Anwenderkreis so groß ist, dass Aufwand und Ertrag in gutem Verhältnis stehen.

Für die Leser, die sich näher mit E-Learning auseinandersetzen wollen, empfehlen wir vor allem die Lektüre von Fachzeitschriften, Informationen im Internet und den Besuch von Fachmessen wie z. B. der Learntec.

Videos
Kurze Videos erleben die meisten Teilnehmer als sehr abwechslungsreich und anschaulich, erstaunlicherweise fast unabhängig von der tatsächlichen Qualität des Videos. Ob dies damit zusammenhängt, dass Fernsehen eine dem Feierabend ähnliche Atmosphäre schafft? Der Dozent kann ein Video zur Festigung und (passiven) Wiederholung oder aber für den Einstieg in ein Thema einsetzen. Es hängt entscheidend vom Dozenten ab, ob die Teilnehmer eine Videovorführung als entspannende Berieselung erleben oder als Teil aktivierenden Unterrichtsgeschehens.

Im letzteren Falle sollte vor der Vorführung des Films kurz besprochen werden:

- Worum wird es in dem Film gehen?
- Worauf sollen Sie achten beim Betrachten des Films (Beobachtungsaufgaben, ggf. in Form eines Arbeitsblatts zu bearbeiten)?
- Worüber wollen wir anschließend sprechen?

Quellen für Videos können sein:

- Youtube
- Firmenvideos, z. B. für Kundenpräsentationen
- Aufzeichnungen aus Fernsehsendungen
- Kommerziell erhältliche Videos
- Selbstgedrehte Videos (vgl. auch S. 164)

Beachten Sie ggf. bestehende Einschränkungen durch Urheberrechte.

Modelle und Muster
Dreidimensionale Modelle sind an Anschaulichkeit durch kaum ein anderes Medium zu überbieten. Insbesondere dort, wo es auf die technische Funktionsweise, die Dynamik eines Geschehens oder eine räumliche Anordnung ankommt, sind Modelle hilfreich. Es ist darauf zu achten, dass das, worauf es ankommt, tatsächlich durch das Modell wiedergegeben wird und nicht seinerseits wieder die Vorstellungskraft der Teilnehmer überfordert. Ein Modell selbst herzustellen, kann für die Teilnehmer eine reizvolle und lehrreiche Aufgabe sein (vgl. S. 146).

Unter Muster verstehen wir hier Originalprodukte, die mit dem Unterricht in Zusammenhang stehen. Diese müssen nicht immer dreidimensionale Gegenstände sein. Auch Messeprospekte oder Formulare aus der Praxis sind Muster.

- Modelle und Muster – vor allem Letztere – verleihen dem Unterricht nicht nur Anschaulichkeit, sondern geben den Teilnehmern das sichere Gefühl, praxisnah unterrichtet zu werden.

Der Einsatz von Modellen und Mustern ist für den Dozenten nahezu ein Garant für hohe Aufmerksamkeit und Motivation der Teilnehmer. Wie im Kapitel „Lernursachen" erläutert, ist Praxisnähe und Anwendbarkeit für die meisten erwachsenen Teilnehmer das wichtigste Kriterium für guten Unterricht. Muster und Modelle werden ideal nicht nur zur Demonstration eingesetzt, sondern vor allem auch im Rahmen von Simulationen der Realsituation, auf die der Unterricht vorbereiten soll.

Unterricht 7

7.1 Der Dozent und die Teilnehmer

Anders als im Unterricht mit Kindern steht der Dozent in seinem Unterricht seinesgleichen gegenüber: als Erwachsener inmitten von Erwachsenen. Natürlich möchten die Teilnehmer etwas von ihm lernen. Aber dies erhebt den Dozenten nicht moralisch oder rechtlich über seine Teilnehmer. Sie sind seine Schutzbefohlenen im Lernprozess, aber nicht im Gesamtkontext des Lebens. Der Dozent ist kein Erzieher. Fachunterricht für Erwachsene soll nichts von der „Eltern/Lehrer-Kind-Beziehung" aufweisen .

Auf Dauer, so meinen wir, kann nur der Dozent Erfolg haben, der

- die Teilnehmer als erwachsene Partner betrachtet.
- die Teilnehmer als Personen mit Vorerfahrungen respektiert.
- mit „Herz und Seele" dabei ist, d. h. auch seine Persönlichkeit voll einbringt.
- Liebe zur Sache mit einem echten Interesse an den Teilnehmern als Menschen paart.

Nur so können sich die Teilnehmer Ihnen als Dozenten voll anvertrauen. „Der Bauch lernt auch mit", d. h. kein nachhaltiges Lernen ist möglich, wenn Teilnehmer eine negative oder allzu distanzierte Einstellung zur Person des Dozenten haben. Für manche Teilnehmer ist Unterricht Entspannung und Abwechslung vom beruflichen Alltag. Sie wollen geführt werden, gelegentlich auch gerne Verantwortung abgeben und so in die „Kinderrolle" zurückgehen. Insgesamt hat in der Tat der Dozent die Verantwortung für den Gesamt-Lernprozess, z. B. dass das Kursziel erreicht werden kann. Der Dozent wird es auf Dauer aber leichter haben, wenn er nicht die Führung über jedes Detail übernimmt, sondern Verantwortung mit der

J. Meyerhoff, C. Brühl, *Fachwissen lebendig vermitteln*,
DOI 10.1007/978-3-658-09625-0_7

Gruppe teilt und ihr im Rahmen des Gesamtkonzepts gelegentlich Entscheidungsmöglichkeiten anbietet: z. B. über die Auswahl einer von aus mehreren möglichen Methoden, die Reihenfolge der Lernschritte oder den Zeitpunkt einer schriftlichen Lernkontrolle.

- Erwachsene wollen und können Verantwortung für ihren Lernprozess übernehmen. Sie müssen im Unterricht dazu die Möglichkeit erhalten. Dies vermittelt Wertschätzung und öffnet für den Lernprozess.

Anders als Kindern kann man Erwachsenen öfter die Entscheidung überlassen, welchen Lernschritt sie als nächstes gehen wollen, ob sie etwas wiederholen oder weiter vorangehen möchten. Welche Methode für sie hilfreich ist, können Erwachsene häufig gut artikulieren. Dass Teilnehmer Verantwortung für das eigene Lernen übernehmen, ist nach unserer Auffassung die wichtigste Grundlage, damit der Lernprozess gelingt. Nicht zu verwechseln ist dieses Verhalten mit einer völligen „Freiheit", die in Disziplinlosigkeit und Beliebigkeit endet. Deswegen sollte von den Wahlangeboten sparsam Gebrauch gemacht und nicht Ihr wohlvorbereitetes Unterrichtskonzept selbst in Frage gestellt werden.

Die Verantwortung soll sich vielmehr darin äußern, dass Dozent und Teilnehmer im ständigen partnerschaftlichen Dialog über Lernziele, Erwartungen und Lernfortschritte sind. Es ist wichtig, dass der Dozent sich jederzeit klar verhält und äußert über seine Erwartungen, die Aufgabenstellung, den Zeitrahmen usw.

Unterschwellige Signale, die an Schule erinnern, können Störungen auslösen (z. B. Tische in Reihen mit dem Dozenten in der Front, Abfrage-Situationen). Die Erwachsenen fühlen sich unbewusst in die Kinderrolle gedrängt. Die Gefahr von Widerständen wächst, dies kann sogar so weit gehen, das sich die Erwachsenen wirklich wie „ungezogene" oder „brav angepasste" Kinder verhalten. Der Dozent kann aber nicht die Rolle eines Erziehers übernehmen, in dieser Rolle wird er scheitern. Er muss versuchen, die Gruppe wieder dazu zu bringen, die Verantwortung für ihr Lernen zu übernehmen, indem er seine Beobachtungen mit der Gruppe diskutiert und gemeinsam mit ihr nach Lösungen sucht.

- Ihr Verhalten hat immer eine Wirkung auf die Gruppe. Das Verhalten der Gruppe hat immer eine Wirkung auf Sie.

Fragen Sie sich deshalb: Welche Atmosphäre spüre ich in der Gruppe (untereinander und mir gegenüber)? Wie wirkt die Gruppe auf mich? Was trage ich zu dieser Atmosphäre bei?

Hat der Dozent mit Teilnehmern zu tun, die auf Anordnung von Vorgesetzten an der Schulung teilnehmen, so drängen Teilnehmer den Dozenten nicht selten in die Rolle des „verlängerten Arms des Chefs". Rahmenbedingungen der Schulung und des Unternehmensalltags kommen zur Sprache, der Dozent muss sich möglicherweise für die Maßnahme rechtfertigen. Hier gilt es: Ruhe bewahren und eine Situationsklärung herbeiführen: Wer übernimmt hier eigentlich welche Rolle und Aufgaben? Was ist verhandelbar, was nicht? Das Ziel des Dozenten sollte wiederum sein, Verantwortlichkeiten klar zu machen und auch an den Teilnehmer zurückzugeben. Dies kann im Ernstfall die Option einschließen, das Seminar zu verlassen.

Sie gehen entspannt in den Unterricht und wissen, dass Sie gut vorbereitet sind und die Rahmenbedingungen stimmen. Sie sind stressfrei und begegnen der Gruppe offen und sind freundlich. Die Gruppe spürt Ihre Offenheit und ist bereit, sich ihrerseits zu öffnen: Ein lebhaftes, konstruktives Unterrichtsgespräch kommt zustande.

Sie sind im Stress, weil die Zeit drängt. Sie lassen keine Fragen mehr zu und „ziehen Ihren Stoff durch". Nun kommen aber erst recht Fragen auf zu Themen, die bereits vor einer Stunde hätten klar sein müssen. Sie werden daraufhin sauer. Ihr Verhalten führt zu weiteren Widerständen gegen den Lernstoff.

Wenn der Dozent für Teilnehmerbedürfnisse und -erfahrungen sich öffnet, wird auch er in jedem Unterricht dazu lernen. Es stärkt das Vertrauen zwischen Dozent und Teilnehmer, wenn der Dozent deutlich macht, an welchen Stellen er von Teilnehmern lernen kann bzw. gelernt hat.

Tipps zur praktischen Umsetzung:

- Geben Sie etwas von sich persönlich preis, z. B. was Sie an dem Thema interessant finden, wie Sie dazu gekommen sind, was Ihnen an Ihrer Tätigkeit Spaß macht. Schaffen Sie eine partnerschaftliche Atmosphäre („Erwachsener vor Erwachsenen").
- Holen und geben Sie Feedback im Verlauf des Unterrichts, so dass deutlich wird, dass Sie Verantwortung für den Gesamtprozess übernehmen, aber auch die Teilnehmer in die Pflicht nehmen. Fragen Sie Teilnehmer nach Ihren Eindrücken.

- Übernehmen Sie ruhig und beherzt die Führung durch den Gesamtprozess. Die Teilnehmer erwarten dies von Ihnen als Dozent und vertrauen sich Ihnen in der Regel gerne an.
- Bieten Sie Wahl- und Entscheidungsmöglichkeiten, wo dies Ihr Gesamtkonzept zulässt, z. B. über Varianten zu einer Methode, Bearbeitungszeiten, Sozialformen, Zeiteinteilung.
- Sagen Sie an, welche Schritte geplant sind, gleichen Sie sie mit den Erwartungen ab (führen Sie Buch über Erwartungen auf einer separaten Tafel).
- Gestalten Sie den Raum und die Sitzordnung so, dass partnerschaftliches, auf einander bezogenes Lernen möglich ist: Stuhlkreis, U-Form der Tische, Gruppentische, Pinnwände und Medien im Raum verteilt, nicht nur frontal.

7.2 Gruppendynamische Aspekte

Während des Gruppenunterrichts oder der Kleingruppenarbeit entwickelt sich eine eigene Gruppendynamik. Sie ist oft vom Wollen der einzelnen Gruppenmitglieder unabhängig. Diese Gruppendynamik läuft abgeleitet von einem Modell von Bruce Tuckmann aus den 1960er/1970er Jahren in der Regel in fünf Phasen ab (vgl. Abb. 7.1). Jede Phase hat eine Inhaltsebene und eine Beziehungsebene. Die Ebenen stehen miteinander in Verbindung.

- **Phase 1: Forming**
  - Inhalt: Kennenlernen der Aufgaben
  - Beziehung: Kennenlernen der anderen Gruppenmitglieder, Einschätzen der Situation und der Personen sowie der eigenen Rolle
- **Phase 2: Storming**
  - Inhalt: Erkennen von Schwierigkeiten mit der Aufgabe, Widerstand gegen die Aufgabe

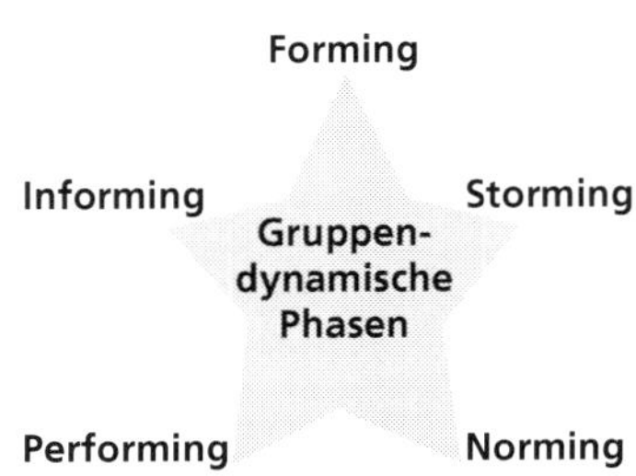

Abb. 7.1 Die fünf Phasen der Gruppendynamik nach Bruce Tuckman. Die Gruppendynamik läuft nach diesem Modell in fünf Phasen ab.

- Beziehung: Macht- und Positionskämpfe in der Gruppe (Konflikt), Entstehen von Hierarchien und Untergruppen
- **Phase 3: Norming**
  - Inhalt: Austausch von Informationen, Erarbeiten einer gemeinsamen Basis
  - Beziehung: Harmonisierung in der Gruppe, stabile Rollen innerhalb der Gruppe, erster Gruppenzusammenhalt
- **Phase 4: Performing**
  - Inhalt: Die Aufgabe wird bearbeitet, erste Lösungen sind vorhanden
  - Beziehung: funktionelle Rollen der einzelnen Gruppen-mitglieder, kooperativer Umgang, Gruppe ist gefestigt
- **Phase 5: Informing**
  - Inhalt: Das Ergebnis wird präsentiert
  - Beziehung: Gruppenzusammenhalt ist sehr fest, Kontaktaufnahme nach außen

Die für diese gruppendynamischen Prozesse nötigen sozialen Kompetenzen und das Wissen um die gruppendynamischen Vorgänge können durch Training gesteigert werden. Dadurch lässt sich Gruppenarbeit positiv beeinflussen.

Je nach Zusammensetzung der Gruppe kann es *Konflikte* geben. Konflikte, die die Teilnehmer untereinander haben, sollten sie als erwachsene Menschen auch untereinander klären. Konflikte müssen, damit sie gelöst werden können, offen und fair angesprochen werden. Hindert jedoch ein Konflikt die Gruppe am konstruktiven Arbeiten, muss dies vom Dozenten thematisiert werden. In einer Gruppe mit Erwachsenen muss er aber darauf hinwirken, dass aus der Gruppe selbst Lösungen für die Konflikte kommen. Klären Sie genau, ob Sie als Dozent evtl. unbewusst Anlass für einen Konflikt sind.

Konflikte in der Gruppe müssen wir differenzieren in

- Sachkonflikte: inhaltliche Kontroversen, evtl. aufgrund unterschiedlichen Vorwissens, unterschiedlichen Verständnisses der Aufgabe
- Wertkonflikte: z. B. Kontroversen über die Wichtigkeit einer Sache
- Beziehungskonflikte: Konflikte auf persönlicher Ebene
- Rollenkonflikte
- Methodenkonflikte: z. B. über Vorgehensweisen in einer Kleingruppe

Im Unterricht mit Erwachsenen gibt es häufig den Fall, dass sich ein Vorgesetzter mit in der Lerngruppe befindet. Am besten führt der Dozent ein Vorgespräch oder ein Gespräch mit der Gruppe über seine Rolle. Führen Sie evtl. die Spielregel ein: „Hierarchien gelten heute nicht." Das bedeutet, dass der Vorgesetzte ebenso ein Lerner mit denselben Lernzielen ist wie alle anderen.

7.3 Spielregeln

Zu Beginn einer Schulung sollten Spielregeln (oder auch ein „Arbeitsvertrag") für den Umgang zwischen Teilnehmern und Dozenten sowie für die Teilnehmer untereinander vereinbart und während des ganzen Prozesses beherzigt werden. Die Teilnehmer wollen wissen, was von ihnen erwartet wird, wollen und sollen zugleich auch wesentlich das Unterrichtsklima mitbestimmen. Das Aufstellen von Spielregeln soll nie bagatellisiert werden. Auch dies ist ein Teil der Verantwortungsübernahme der Teilnehmer, die Sie fördern sollen. Gerade wenn die „Spielregeln" gut sind, wird man sich im Verlaufe des Unterrichts nicht mehr auf sie berufen müssen – das beste Zeichen, dass Konsens über sie besteht.

Jede Gruppe wird eigene Spielregeln aufstellen. Die Spielregeln sollen von den Teilnehmern gemeinsam mit dem Dozenten beschlossen werden und nicht wie ein Gesetz vom Dozenten „erlassen" werden. Spielregeln können im Unterricht bei Bedarf jederzeit ergänzt werden.

Spielregeln können Folgendes enthalten:

- Eigenverantwortung: Jeder Einzelne ist für sich verantwortlich, wie er vorankommt. Jeder holt sich, was er braucht, z. B. stellt Fragen, wenn etwas unklar ist.
- Gruppenverantwortung: Zugleich müssen auch die Bedürfnisse der Gesamtgruppe berücksichtigt werden. Stark vertiefende oder abschweifende Debatten, die die Gruppe nicht weiterbringen, können auch im Zwiegespräch in der Pause geklärt werden.
- Störungen haben Vorrang. Alles, was hier und jetzt den Lernprozess behindert, soll gleich auf den Tisch und bearbeitet werden.
- Pausenregelung: Wer bestimmt über Beginn und Ende einer Pause? Wie viel Pausenzeit steht zur Verfügung? Evtl. kann ein Teilnehmer der „Pausenverantwortliche" sein. Dies gibt Verantwortung an die Gruppe und entlastet den Dozenten – auch von einer möglichen „Kindergärtner"-Rolle, wenn die Gruppe wieder zusammengerufen werden soll.

- Feedbackregeln: Feedback geben heißt, Beobachtungen widerzuspiegeln und keine pauschalen Wertungen abzugeben. Feedback nehmen heißt Zuhören, wirken lassen und keine Rechtfertigungen abzugeben. Sie helfen nicht weiter.
- Beim Thema bleiben. Wenn es Grund zu Abweichungen gibt, sollen alle einverstanden sein. Offene Punkte kann man, damit sie nicht vergessen werden, für alle sichtbar (z. B. auf einer Pinnwand) notieren.
- Lernkontrollen: Welche Lernkontrollen/Beurteilungen finden statt? Muss der Dozent an Vorgesetzte berichten?

Wenn die Schulung nur ein kurzes Modul ist, sollte dieses Phase der „Spielregel-Besprechung" nicht entfallen, kann aber durch eine kurze methodische Ansage ersetzt werden: Was erwartet die Teilnehmer methodisch (z. B. 40 Folien, anschließende Fragen und eine Gruppenarbeit), wie möchten Sie als Dozent mit Fragen der Teilnehmer umgehen (z. B. sofort stellen oder am Ende), welche weiteren Möglichkeiten gibt es für die Teilnehmer sich einzubringen (z. B. Beispiele aus dem eigenen Arbeitsalltag erzählen, Forum auf einer Internetseite für den Nachgang der Veranstaltung).

7.4 Lerntypen

Unser Gehirn verarbeitet ständig Informationen mit Hilfe unserer fünf Sinne. Wer lernt, nimmt Informationen über seine Sinnesorgane auf. Da die einzelnen Sinnesorgane bei jedem von uns unterschiedlich beschaffen sind und es gerade beim Lernen Gewohnheiten und Vorlieben gibt, lernt jeder auf seine spezielle Art. Diese Theorie geht im Ursprungsgedanken auf Frederic Vester und sein populäres Buch „Denken, Lernen, Vergessen" zurück, blieb und bleibt aber umstritten. Vor allem die VAK-Kanäle spielen demnach eine große Rolle bei Lernvorgängen. Informationen können umso leichter aufgenommen werden, wenn der präferierte „persönliche" Kanal angesprochen wird.

Die verschiedenen Sinneskanäle sind:

V visueller Kanal (sehen)
A auditiver Kanal (hören)
K kinästhetischer Kanal (fühlen)
O olfaktorischer Kanal (riechen)
G gustatorischer Kanal (schmecken)

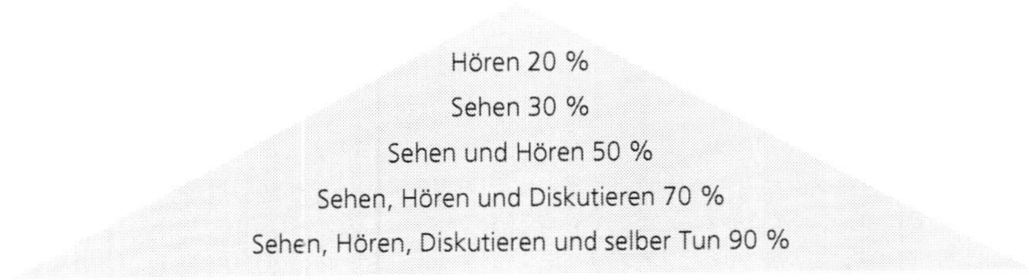

Abb. 7.2 Geschätzte Behaltensleistung abhängig von den Eingangskanälen. Die meisten Menschen werden bestätigen: Viele „Eingangskanäle" anzusprechen erhöht die Behaltensleistung

Wir nehmen Informationen besser auf und behalten sie länger, wenn sie uns über mehrere Wahrnehmungskanäle erreichen. Die folgenden Angaben sind nicht wissenschaftlich belegt, trotzdem immer gerne in der Trainingsliteratur zitiert, offenbar weil sie der Alltagserfahrung der meisten Menschen sehr gut entsprechen: Wenn wir etwas nur hören, vergessen wir in kurzer Zeit etwa 80 % wieder. Lesen wir einen Text oder betrachten wir ein Bild, beträgt die Vergessensrate 70 %. Bei einer Kombination beider Kanäle kommen wir auf 50 %. Am effektivsten lernen wir, wenn wir Hören, Lesen, Sprechen und Schreiben kombinieren. Umgekehrt formuliert ist die Behaltensrate am höchsten also in der Kombination (vgl. Abb. 7.2).

Reiner Frontalunterricht ist demnach eine ungünstige Unterrichtsform. Unterricht, der viele Sinne mobilisiert, ist dagegen lern-, leistungs- und motivationsfördernd, daher sollten Sie versuchen, möglichst viele Sinneskanäle in den Lernprozess mit einzubeziehen.

7.4.1 Der visuelle Lerntyp: Lernen durch Sehen

Der visuelle Lerntyp liest gerne, schaut gern Bilder, Illustrationen oder Grafiken an, um Sachverhalte zu verstehen. Visuelle Lerner brauchen eine angenehme Lernumgebung, Ruhe, Ordnung und Regeln. Sie arbeiten gerne mit Bildern und Unterlagen. Mitschriften sind für diesen Lerntyp wichtig. Er erinnert sich besonders an das, was er gelesen und gesehen hat. Er lässt sich leicht durch visuelle Unordnung ablenken.

Lernhilfen: Unterlagen, Bilder, Bücher, Diagramme, Skizzen, Poster, Videos, Mindmaps, Lernkarteien

7.4.2 Der auditive Lerntyp: Lernen durch Hören

Der auditive Lerntyp lernt am besten, wenn er den Lernstoff hören kann. So sind für ihn Hörtexte (Hörbücher, Podcasts) in dem ein Text vorgelesen wird, eine große Lernhilfe. Er hört seinem Dozenten aufmerksam zu, ebenso anderen Personen. Er brilliert oft in mündlichen Abfragen, in schriftlichen tut er sich meist schwerer. Dieser Lerntyp kann sehr gut auswendig lernen. Auditive Lerner fühlen sich schnell durch Geräusche in der Lernumgebung gestört. Ihre Lernaktivität kann jedoch von leichter Musik unterstützt werden.

Lernhilfen: Podcasts, Gespräche, Vorträge, Dialog, Diskussion, Geschichten erzählen, Vorlesungen, Musik, ruhige Umgebung (keine Störgeräusche)

7.4.3 Der kinästhetische Typ: Lernen durch Begreifen

Der kinästhetische oder haptische Lerner muss seinen Lernstoff im wahrsten Sinne des Wortes „be-greifen". Er fühlt sich sehr wohl, wenn er Handlungsabläufe selber durchführen kann. Er lernt vor allem durch Tun, durch Erfahrung, durch unmittelbare Beteiligung. Er braucht Aktion beim Lernen. Spielen und Basteln sind für ihn ein gutes Medium. Lernen ist für ihn oft mit Bewegung verbunden. Auch Schreiben gefällt ihm.

Lernhilfen: Stehen und Umhergehen beim Lernen, Anfassen und Hantieren mit Dingen, Experimentieren, Spiele erstellen und durchführen, Modelle basteln, „learning by doing", Notizen machen, Gestik und Mimik des Lehrers, Lernkarten sortieren, Lernen in der Gruppe.

Soweit die Theorie – in der Praxis gibt es keinen Lerntyp, der isoliert oder in Reinform auftritt. Es gibt eine Vielzahl von Variationsmöglichkeiten. Ein Schubladendenken hilft Ihnen als Dozenten hier nicht weiter. Nur ein Angebotsmix für alle Lerntypen führt die gesamte Gruppe zum Erfolg.

Für die Praxis hat die Einteilung in Lerntypen also nur begrenzte Bedeutung, denn letztlich müssen Sie – wenn Sie mit Gruppen arbeiten – allen Typen etwas bieten. Hinzu kommen weitere Faktoren, die Lernen bedingen wie Motivation und Interaktion. Gehirnforschung und Neurodidaktik sind die Stichwörter, die Lehrer und Dozenten zu besserem Unterricht führen sollen – auch dies ist umstritten.

Schlicht aus unserer Erfahrung raten wir:

- Variieren Sie Ihre Medien und Methoden. Wechseln Sie zwischen visueller und auditiver Darbietung, bieten Sie auch etwas zum Mitmachen und Anfassen.
- Wechseln Sie zwischen rezeptiven und aktivierenden Methoden ab.
- Lassen Sie die Teilnehmer ihre Wünsche äußern, wie sie einen Stoff erarbeiten möchten. Hören Sie dabei nicht nur auf die aktiven, extrovertierten Teilnehmer.
- Holen Sie sich Feedback über die Wirkung Ihrer Methode.
- Variieren Sie die Sozialform (Plenum, Gruppen- und Einzelarbeit). So bieten Sie extrovertierten und introvertierten Lernern gleichermaßen ihren Raum.
- Lassen Sie hier und da Spiel und Spaß, Spontaneität und Kreativität zu.
- Bieten Sie aber auch klare Strukturen und Raum für Meinungsäußerungen.
- Bieten Sie durchaus denselben Inhalt auf verschiedene Weisen dar. Besonders in Wiederholungs- und Vertiefungsphasen.

Mit einem Wort: Machen Sie vielseitigen Unterricht. So erreichen Sie alle Teilnehmer.

7.5 Theorie und Praxis – Verstand und Gefühl

Theorie bleibt besser haften, wenn die praktische Verwertbarkeit erkannt und geübt wird. Was „praktische Verwertbarkeit" definiert, hängt vom beruflichen Kontext ab. Der Dozent soll immer fragen, was aus seinem Unterricht das umsetzbare Ergebnis sein soll. (Diese Frage soll schon in der Lernziel- und -inhaltsbestimmung beantwortet sein.) Fachunterricht mit Erwachsenen leidet meist nicht an einem Zuwenig an Theorie, sondern es mangelt ihm an praktisch verwertbaren Inhalten.

Im Unterrichtsablauf soll Raum sein, um das Problem bzw. eine praktische Fragestellung und den Nutzwert aufzuzeigen. Nicht selten trifft man dabei genau auf die intrinsische Motivation der Teilnehmer: „Ja, genau wegen der Antwort sitzen wir hier."

Mit der Herausarbeitung der Problemstellung fühlen sich die Teilnehmer automatisch emotional angesprochen: Warum betrifft mich das? Wie geht es mir bei dem Gedanken an das Problem? Welche Rolle spiele ich bei der Lösung? Wie werde ich mich fühlen, wenn ich das Problem gelöst habe? Ist dieser emotionale Bezug hergestellt, fällt die Aufnahme von Theorie viel leichter.

Um abstrakte, theoretische Inhalte aufnehmen zu können, braucht es entweder eine hohe intrinsische Motivation oder einen starken emotionalen Bezug zur Problemstellung. Erwachsene haben nicht weniger „Gefühle“ beim Lernen als Kinder. Unsere Gesellschaft erzieht aber dazu, Gefühle beim Lernen beiseite zu lassen. Dabei sind sie auch beim Erwachsenen die besten Lernhelfer – leider manchmal aber auch Lernverhinderer. Weil der Verstand beim Erwachsenen stärker entwickelt ist als beim kleinen Kind, heißt es nicht, dass der emotionale Bereich nicht mehr existiert.

In einem Punkt sind Erwachsene nämlich wie Kinder: „Ein bisschen Spaß muss sein“. Auch Erwachsene wollen mal lachen, herumalbern (es darf ruhig mit dem Unterrichtsinhalt zu tun haben) oder Neues probieren. Wichtig ist, dass das Lernklima es zulässt.

Auch und gerade die verstandesmäßige Einsicht in die Schönheit einer Theorie kann das Gefühl ansprechen, Spaß machen, Befriedigung auslösen, Liebe zur Sache entzünden, und so seinerseits verstandesmäßige Höchstleistungen auslösen.

Berichten Sie, was ein Inhalt selbst bei Ihnen emotional ausgelöst hat und fragen Sie auch die Teilnehmer danach. Bieten Sie emotional ansprechende Verbindungen zum Lernstoff: persönliche Anekdoten, Zeitungsreportagen oder Filmberichte, Rollenspiele, Spiele.

7.6 Leistungsfähigkeit

In größeren Gruppen findet man fast immer eine typische Verteilung von Auffassungsgabe, Lerngeschwindigkeit und anderen Parametern vor, die wir grob „Leistungsfähigkeit“ nennen können (vgl. Abb. 7.3).

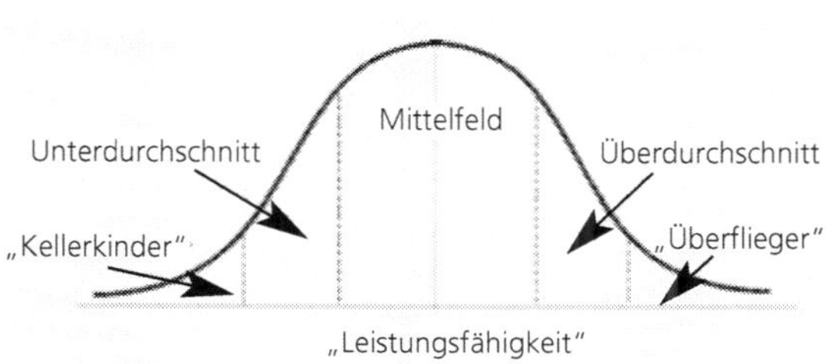

Abb. 7.3 Typische Verteilung der Leistungsfähigkeit in einer Teilnehmergruppe. Die Leistungsfähigkeit ist in der Regel nach dem Muster der Glockenkurve verteilt

Es gibt gute praktische Gründe, den Unterricht methodisch auf das Mittelfeld (ca. 80 % inkl. Über- und Unterdurchschnitt) abzustimmen. Jedoch können die jeweils oberen und unteren fünf Prozent („Überflieger“ und „Kellerkinder“) die Konzeption durchkreuzen. Auch ihnen sollte der Dozent etwas bieten, sie aber zugleich so in die Gruppe integrieren, dass der Unterricht sinnvoll ablaufen kann. Wichtig ist es, das Potenzial der „Überflieger“ für die Gesamtgruppe zu nutzen. Die „Kellerkinder“ (die es vielleicht noch in die Gruppe der Unterdurchschnittlichen schaffen) müssen sich soweit wohlfühlen, dass der Unterricht geregelt abläuft.

Um diese Klippen zu umschiffen, gibt es folgende Tipps:

- Spielregeln aufstellen (siehe oben; z. B. Umgang mit Wortmeldungen, Fragen und Verständnisschwierigkeiten),
- Spezialfragen auf die Pausen verschieben,
- Spezialaufgaben verteilen,
- Kleingruppen gemischt zusammenstellen oder auslosen, damit nicht nur Starke oder Schwache zusammenarbeiten,
- Fragen, deren Antworten bereits behandelt wurden, an die Gruppe zurückgeben,
- „Überflieger“ zum Assistenten machen (Kurzreferate übernehmen lassen, Supervision in Gruppenarbeiten).

7.7 Lernen lernen, Lernen lehren

Bei vielen Erwachsenen liegt die Zeit des systematischen Lernens längere Zeit zurück. Systematisches Lernen muss wieder eingeübt werden. Manche Teilnehmer haben es vielleicht noch nie gelernt. Deshalb ist es vor längeren (bzw. komplexeren) Lernepisoden sinnvoll, einige Zeit mit den Teilnehmern aufzuwenden, um das systematische Lernen als solches in den Mittelpunkt zu stellen. Themen zur Lerntechnik können auch dann eingebaut werden, wenn sie durch entsprechende Unterrichtsinhalte Relevanz bekommen (z. B. wenn ein schwieriger Text gelesen werden muss).

Konkrete Lernziele einer Einheit „Lernen lernen“ können sein:

- Mitschrift im Unterricht
- Beteiligung im Unterricht
- Gedächtnistraining
- Methoden zum eigenständigen Wiederholen

- Lesetechniken
- Lernen in der Kleingruppe oder mit einem Partner
- Falls relevant: Methoden zur Prüfungsvorbereitung

Zum Thema „Lerntechniken trainieren“ gibt es spezielle Literatur, auf die wir an dieser Stelle verweisen. Wir wollen als Ergänzung konkrete Anregungen geben, wie das „Lernen lernen“ in den Unterricht eingebaut werden kann. Da im Unterricht selbst die Lerntechnik weitgehend durch die vom Dozenten gewählte Methodik bestimmt wird, bezieht sich der Schwerpunkt der in diesem Kapitel angesprochenen Lerntechniken auf das eigenständige Arbeiten der Teilnehmer. Für den Dozenten ist es wichtig, sich bewusst zu machen, dass sein sorgfältig vorbereiteter und durchgeführter Unterricht erheblich an Wirkung verliert, wenn die Teilnehmer nicht über Techniken verfügen, den Unterrichtsinhalt für sich zu sichern.

Der Dozent soll deutlich machen, dass er das Gespräch über Lerntechniken als wertvollen und wichtigen Teil des Unterrichts betrachtet und das Beherrschen von Lerntechniken nicht als selbstverständlich voraussetzt. Je nach Reifegrad der Gruppe wird der Dozent mehr oder weniger konkrete Vorschläge zur Lerntechnik machen und sogar auf bestimmten Techniken bestehen. Ziel ist jedoch, möglichst rasch den Teilnehmern eine Selbständigkeit in der Wahl und Ausführung ihrer Lerntechniken einzuräumen. Der Dozent soll jedoch auch bei recht selbstständigen Teilnehmern gelegentlich über die Lern- und Arbeitstechniken sprechen.

7.7.1 Die Metaebene im Unterricht

Der Dozent wechselt am besten gelegentlich auf die Metaebene, d. h. er geht weg vom Unterrichtsinhalt und hin zum Unterrichtsgeschehen. Das kann in Form von Fragen an die Gruppe geschehen, die die Lerntechniken zum Inhalt haben, z. B.:

- Was fördert, was hindert Sie an einer aktiven Beteiligung am Unterricht?
- Was brauchen Sie (von mir/von der Gruppe), um nach dem Unterricht eine gute Mitschrift vorliegen zu haben?
- Worauf kommt es Ihnen an, wenn Sie effektiv mit einem Lernpartner zusammenarbeiten wollen?
- Wie stellen Sie sicher, dass …?
- Wie werden Sie nach dem Unterricht weiter vorgehen?

Der Dozent sollte auch das Gespräch innerhalb der Lerngruppe anregen und so den Austausch von Ideen fördern. Wenn ein Teilnehmer herausragende Leistungen gezeigt hat, kann man ihn fragen:

- Wie sind Sie vorgegangen, um diese Leistung zu erbringen?
- Welche Tipps haben Sie für die anderen?
- Welche Fragen haben die anderen an das Vorgehen des Teilnehmers?

Rituale können helfen, die Lerntechniken zu festigen, z. B.:

- Die Teilnehmer bringen zu Beginn jeder Unterrichtseinheit „Quizfragen" oder selbstgemachte einfache Übungsaufgaben zum Lernstoff der vergangenen Einheit mit.
- Reihum schreibt jemand ein Kurzprotokoll der Unterrichtseinheit (evtl. nach einer festgelegten Form), das an alle ausgeteilt wird.
- Am Ende einer Unterrichtseinheit werden die wesentlichen Thesen und Erkenntnisse von den Teilnehmern an einem für alle zugänglichen Ort (z. B. Pinnwand) niedergeschrieben.

Feedback zum effizienten Einsatz von Lerntechniken soll gefördert werden. Die Teilnehmer untereinander können sich Feedback geben, wie sie die Herangehensweise der anderen Teilnehmer an eine Aufgabe beurteilen. Der Dozent kann an einzelne Teilnehmer oder an die Gruppe Feedback geben.

Dieses Feedback schließt ein,

- gute Techniken als solche zu benennen und zu sagen, warum sie effizient sind,
- Verbesserungsvorschläge, wodurch die Effizienz noch gesteigert werden kann,
- Vorschläge, welche andere Lerntechnik geeigneter gewesen wäre und warum.

Auch Feedback kann ritualisiert und fest in den Unterricht eingebaut werden. Ein „erwachsenes Verhältnis" zwischen Dozent und Teilnehmern schließt auch ein, dass der Dozent sich Feedback über seine Unterrichtsmethodik einholt und ebenso an seiner Verbesserung arbeitet, wie er dies von seinen Teilnehmern erwartet.

Chancen für alle, sich am Unterricht zu beteiligen, werden so geboten:

- durch reichen Einsatz von Gruppenarbeiten (s. S. 67 f.),
- durch gleichmäßiges Drannehmen von Teilnehmern, nicht unbedingt den immer zuerst, der sich auch zuerst gemeldet hat,

- durch ermutigende Aufforderung des Dozenten an scheinbar passive Teilnehmer, ihre Meinung und ihren Beitrag zu leisten,
- indem derjenige, der zuletzt gesprochen hat, einen der anderen Teilnehmer, der sich meldet, aufruft (muss eingeübt werden),
- durch spezielle Methoden, die einzelnen Teilnehmern besondere Aktivitäten abverlangen, z. B. Podiumsdiskussion (s. S. 158).

Die meisten bisher genannten Methoden sind anwendbar in der klassischen Plenumssituation des Unterrichtsgesprächs. Weitere Methoden, die alle Teilnehmer aktivieren, finden sich im Teil 2 des Buches.

Gut geeignet sind darüber hinaus Methoden in Abwandlung der Moderationstechnik:

- Alle Teilnehmer kleben einen Punkt auf eine auf Papier angeschriebene Skala zu bestimmten Fragen (These und dazu die Skala „Stimmt völlig/stimmt gar nicht").
- Alle Teilnehmer kommunizieren mittels schriftlicher Beiträge auf Moderationskärtchen.
- Alle erhalten eine Aufgabe, die sie mit dem Sitznachbarn kurz besprechen (dies enthebt von der Scheu, einen Beitrag vor der ganzen Gruppe geben zu müssen).

7.7.2 Beteiligung im Unterricht

In den meisten Lerngruppen teilt sich die Aktivität im Unterricht auf drei Gruppen auf:

- eine Minderheit (ca. 1/5), die sich stets aktiv beteiligt und wesentliche Beiträge zum Unterricht bringt,
- ein breiter Mittelbereich und
- wiederum eine Minderheit (1/5 bis 1/10), die kaum zur aktiven Mitarbeit bereit oder in der Lage ist.

Wir empfehlen, den Unterricht wenn irgend möglich interaktiv mit den Teilnehmern durchzuführen. Spontane Beiträge, Fragen usw. sollen Raum haben. Der Dozent soll deutlich machen, welchen Nutzen die aktive Beteiligung am Unterricht den Teilnehmern bringt: Größtmögliches Verständnis, erleichtertes Lernen und bessere Gesamtleistungen, da ein Feedback erfolgt. Falsche Scheu, Angst vor Blamage usw. sollten in einem offenen Gespräch mit den Teilnehmern direkt thematisiert werden (ggf. unter vier Augen).

7.7.3 Mitschriften im Unterricht

Die Erfahrung lehrt, dass die meisten Teilnehmer nur dann etwas aufschreiben, wenn der Dozent etwas anschreibt. Dieses Verhalten kann der Dozent den Teilnehmern widerspiegeln und sie anregen, auch unabhängig vom Dozenten selbstständig Aspekte aus dem Unterricht zu notieren. Dennoch soll der Dozent bei unerfahrenen Teilnehmern bzw. neuen Gruppen noch stärker darauf achten, relevante Aspekte immer wieder schriftlich niederzulegen, am besten durch eigenes Schreiben auf Flipchart, auf Folie, an die Tafel usw. Der Dozent sollte seine Gruppe soweit prägen, dass er später nicht mehr jedes Detail anschreibt. Er kann sich in späteren Phasen des Unterrichts darauf konzentrieren, vor allem dann etwas anzuschreiben,

- wenn eine Visualisierung wesentlich zum Verständnis beiträgt (Skizzen, mathematische Ableitungen),
- wenn es ums Wortwörtliche geht, z. B. bei Begriffsdefinitionen,
- wenn wesentliche Zwischenschritte getan sind: Thesen, die zur Diskussion stehen, Leitfragen des Unterrichts, Zwischenergebnisse.

Hilfreich ist es, wenn Mitschriften nicht in einer Zettelwirtschaft enden. Fest gebundene Bücher zwingen schon zu einer gewissen Ordnung (allerdings können schlecht zusätzliche Arbeitsblätter eingefügt werden). Immer häufiger werden auch Laptops oder Tablet-PCs direkt für die Unterrichtsmitschrift genutzt.

Es kommt auch vor, dass einzelne Teilnehmer, aus Angst etwas zu versäumen, alles mitschreiben wollen und so sehr rasch den Überblick und Anschluss verlieren. Hier muss der Dozent eingreifen und für Entspannung sorgen. Die Teilnehmer benötigen eine Zeitlang jedoch engmaschige Betreuung zu ihrer Beruhigung und Ermutigung.

7.7.4 Gedächtnistraining

Wie bereits ausgeführt, merken sich Erwachsene Neues am leichtesten, wenn sie Verknüpfungen zu bereits Bekanntem herstellen. Die Teilnehmer werden vom Dozenten immer wieder auf diese Verknüpfungen hingewiesen oder dazu aufgefordert, welche herzustellen. Verknüpfungen müssen nicht immer „logischer“ Art, sie können auch gefühlsmäßig oder visuell sein.

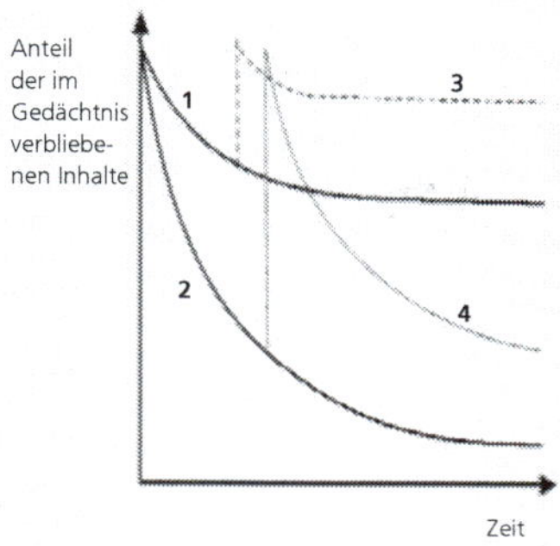

Wie schnell ein Inhalt vergessen wird, hängt davon ab, wie er ursprünglich dargeboten bzw. gespeichert und wann und wie er wiederholt wurde.

1 Inhalt wurde mit vielen – auch emotionalen – Verknüpfungen gespeichert, aber nicht wiederholt oder angewendet.
2 Inhalt wurde durchschnittlich oder gar unattraktiv dargeboten und nicht wiederholt.
3 Frühe Wiederholung auf guter Basis: Mit wenig Aufwand bleibt der Lerninhalt lange gespeichert.
4 Wiederholung auf schwacher Basis kostet viel Aufwand und bleibt, wenn wieder wenig Verknüpfungen angeboten werden, immer noch nicht nachhaltig im Gedächtnis.

Abb. 7.4 Die Vergessenskurven

Der Unterricht kann gedächtnisfreundlich gestaltet werden, indem

- Merksätze und Merkwörter gebildet werden (möglichst von den Teilnehmern selbst) und in der Mitschrift fixiert werden.
- mehrere Sinneskanäle angesprochen werden, z. B. Hören und Sehen, Text und Bild.
- auch die rechte Gehirnhälfte angesprochen wird, z. B. indem Bilder gestaltet, Emotionen ausgelöst, Musikstücke einbezogen werden.
- die Teilnehmer möglichst stark aktiviert werden, den Lernstoff einem anderen zu erklären.
- nach kurzen Unterrichtseinheiten Übungen und Wiederholungen stattfinden.
- schwierige Inhalte zeitlich in biologische Leistungshoch gelegt werden (vor allem vormittags).

Wie schnell ein Inhalt vergessen wird, hängt davon ab, wie er ursprünglich dargeboten bzw. gespeichert und wann und wie er wiederholt wurde (Abb. 7.4).

Der Dozent kann der Gruppe diese Zusammenhänge verdeutlichen und zugleich plausibel machen, nach welchen Prinzipien er vorgeht, um gedächtnisfreundlich zu unterrichten. Teilnehmer-Feedbacks können hier besonders hilfreich sein.

7.7.5 Eigenständiges Wiederholen

Diese Arbeit findet meistens zu Hause statt und ist für den Dozenten nicht einsehbar. Der Dozent kann über Wiederholungsübungen nur die Ergebnisse abprüfen, aber nicht die Effizienz des Wiederholungsprozesses selbst. Möchte er sich einen Eindruck von der Methodik seiner Teilnehmer verschaffen, gibt es prinzipiell zwei Möglichkeiten:

- Eigenständiges Wiederholen findet während der Unterrichtszeit unter Beobachtung des Dozenten statt, die Techniken zur Wiederholung werden anschließend in der Gruppe thematisiert.
- Sinnvolle Methoden werden im Unterricht besprochen, zu Hause ausprobiert und im Unterricht reflektiert.

Welche Möglichkeiten zum eigenständigen Wiederholen bestehen, ist genauer in Büchern über Lern- und Gedächtnistechniken beschrieben, die wir in den Literaturhinweisen angeben. Daher geben wir an dieser Stelle im Folgenden nur einige Anregungen.

Schmierpapiermethode
Der Lernende stellt sich selbst Wiederholungsaufgaben (meistens in der Form, dass er versucht, aus dem Gedächtnis einen Inhalt zu rekonstruieren). Die Ergebnisse werden auf Schmierpapier notiert und anschließend mit den Aufzeichnungen, Lehrbüchern o. a. verglichen.

Lernkartei
Der Stoff kann strukturiert werden, indem er Element für Element auf Karteikarten erscheint und wiederholt wird. Die Kartei wird sortiert nach: gewusste Inhalte, teilweise gewusste Inhalte, nicht gewusste Inhalte. Diese letzteren werden intensiv (z. B. täglich mehrfach) wiederholt und immer wieder neu kategorisiert. Wenn alle Karteikarten in der Rubrik „gewusst“ landen, gilt der Stoff als gelernt.

Abfragen
Zusammen mit einem Lernpartner geschieht die Wiederholung mündlich. Der Lernpartner muss die Inhalte selbst nicht unbedingt kennen, sofern ihm Fragen und richtige Lösungen vorliegen. Diese Methode kennt man aus der Schule: das Vokabel-Abfragen.

Arbeitsmaterial selbst erstellen
Die Teilnehmer sollen eigenständig Arbeitsblätter und Wiederholungsfragen erstellen und sie in den Unterricht mitbringen. Die vorgesehenen Antworten müs-

sen zu Hause vorbereitet werden. So können sich die Teilnehmer im Unterricht schließlich wieder gegenseitig abfragen.

Spickzettel schreiben
Die Methode, im Teil 2 des Buches eigens beschrieben, können die Teilnehmer auch selbst einsetzen. Der Dozent kann diese Methode fördern, indem er ausnahmsweise in einem Testat erlaubt, einen postkartengroßen Spickzettel mitzubringen und zu benutzen. Dies wirkt motivationsfördernd und wird meistens sowieso zu so intensiver Auseinandersetzung mit dem Lernstoff führen, dass der Spickzettel gar nicht gebraucht wird.

7.7.6 Lesetechniken

Einige Methoden, die wir im Teil 2 des Buches beschreiben, sind speziell der Erarbeitung von Texten gewidmet. Wir wollen der Darstellung hier nicht vorgreifen, sondern darauf hinweisen, dass die Anwendung der Methoden im Unterricht mit den Teilnehmern dahingehend reflektiert werden kann, dass sie die angebotene Technik für die selbstständige Arbeit übernehmen. Zusätzlich gibt es einige Grundtechniken im Umgang mit Texten, die eingeübt werden können.

Erfahrungsgemäß macht es manchen Teilnehmern Schwierigkeiten, Texte in ihrer Gesamtheit zu erfassen, wenn es andererseits nicht notwendig ist, jedes Wort gelesen zu haben. Dies ist bei vielen Sachtexten nämlich (zumindest anfänglich) der Fall. Im Unterricht kann man daher mit den Teilnehmern für den Umgang mit Sachtexten z. B. folgende Systematik vorschlagen:

- Sich selbst eine Leitfrage stellen. Was interessiert mich an dem Text? Welche Frage soll er mir beantworten? Worauf will ich speziell achten?
- Wie ist der Text untergliedert?
- An welcher Textstelle finde ich am ehesten meine Leitfrage beantwortet? Diese Textstelle zuerst lesen. (Manchmal ist es der letzte zusammenfassende Abschnitt, der die Antwort liefert.)
- Gibt es Abbildung, Tabellen usw., die mich schon rasch auf die wesentlichen Aspekte hinweisen?
- Nach welcher Methodik will ich Textstellen markieren und kommentieren?

Manche Gruppen von Sachtexten (z. B. naturwissenschaftliche Publikationen) weisen eine kanonische Gliederung auf, deren Abschnitte man in unterschiedlicher

Reihenfolge lesen kann. Die Gruppe kann diskutieren, welche Reihenfolgen Sinn ergeben. Nicht immer heißt es: Vorne anfangen, hinten enden.

Übung zum schnellen Erfassen eines Textinhalts
Der Dozent teilt einen Sachtext aus zusammen mit der Aufgabe: „Erfassen Sie wesentliche Thesen und Aussagen des Textes in x Minuten." Die Zeit muss dabei so knapp bemessen sein, dass sie auf gar keinen Fall ausreicht, den gesamten Text zu lesen. Würde man für die detaillierte Lektüre beispielsweise 45 min benötigen, kann der Dozent 5 bis 10 min gewähren, je nach Art des Textes. Anschließend legen die Teilnehmer den Text beiseite und sagen (oder jeder für sich notieren), was sie über die Aussagen des Textes herausgefunden haben. Die Ergebnisse notiert der Dozent. Anschließend wird mehr Zeit eingeräumt, den Text genauer zu studieren. Im dritten Schritt wird reflektiert, wie gut in der ersten Übersicht bereits wesentliche Aussagen erfasst wurden. Es wird erstaunliche Ergebnisse geben. Wichtig ist, das Ganze als Spiel zu gestalten, damit nicht diejenigen frustriert sind, die noch nicht gleich das Wichtigste erfasst haben. Es wird dann in der Gruppe reflektiert, wie man zu den Erkenntnissen gekommen ist und welche Zusatzinformationen tatsächlich das detaillierte Lesen erbracht hat. Die Übung kann auch mehrfach durchgeführt werden, mit immer kürzeren Perioden, um das Wesentliche zu erfassen oder unter Verzicht auf die ausführliche Lesephase.

Klebezetteltechnik
Bücher und schön gedruckte Lektüre hemmen, Eintragungen und Kommentare zu machen (manche Mitmenschen scheuen sich sogar, einen Bleistift zu verwenden). Oft reicht der Platz am Textrand nicht aus, um eigene Erkenntnisse zu notieren. Um das aktive Lesen zu fördern, ist die Klebezetteltechnik gut geeignet: Selbstklebende Notizzettel werden an die entsprechende Textstelle eingeklebt und mit eigenen Kommentaren versehen. Gegenüber losen Zetteln haben sie den Vorteil, dass der Bezug zum gedruckten Text sofort erkennbar wird. Wenn man die Klebezettel so anbringt, dass sie über das Buch hinausragen, sind sie zugleich eine Registerlasche bzw. ein Lesezeichen. Auf die Klebezettel können auch Kapitelzusammenfassungen, Erkenntnisse für die eigene Praxis usw. notiert werden. Der Dozent kann diese Technik anstoßen, indem er einen Block mit Klebezetteln an jeden Teilnehmer ausgibt.

Textstellen herausschreiben
Während der Lektüre eine Kladde daneben liegen zu haben und wesentliche Textstellen, Gedankengänge usw. herauszuschreiben, aktiviert beim Lesen sehr. Diese Methode ist sehr viel effizienter als nur Passagen mit dem Leuchtstift zu markieren. Denn beim zweiten Lesen wird man von den Markierungen manchmal abgelenkt. Außerdem aktiviert das zweite Lesen dann nicht mehr in gleicher Weise,

denn es ist ja bereits alles Wichtige angestrichen. Zusätzlich kann man sich die Aufgabe stellen, herauszuschreibende Passagen neu zu formulieren, wenn möglich also nicht wörtlich abzuschreiben.

Zum Thema Schnelllesetechniken verweisen wir auf die Spezialliteratur. Es gilt allerdings zu prüfen, ob trotz Beherrschung solcher Techniken die jeweilige gebotene Sorgfalt noch erreicht wird und der Leser sich noch wohlfühlt.

7.7.7 Lernen mit Partner oder in der Gruppe

Im Abschnitt über Sozialformen und im Teil 2 des Buches finden Sie hierzu weitere Hinweise. An dieser Stelle wollen wir auf die Metaebene gehen und überlegen, wie der Dozent den Teilnehmern Techniken zum effizienten selbstständigen gemeinsamen Arbeiten vermitteln kann. Im Unterricht selbst kann und muss der Dozent den Teilnehmern diese Arbeit an der Metaebene abnehmen, beispielsweise indem er selbst eine konkrete Aufgabe stellt und dies nicht den Teilnehmern überlässt, was sie mit der Übungszeit anfangen.

- Die Partner sollen sich eine klare, konkrete Aufgabenstellung geben, die sie in überschaubarer Zeit bearbeiten wollen.
- Ist die Zeit lang (z. B. mehrere Stunden), sollen Zeit und Inhalte unterteilt werden. Was wollen wir bis wann erreicht haben?
- Woran wollen wir erkennen, dass wir das Ziel erreicht haben?
- Welche Qualität des Ergebnisses streben wir an? Wie kann man die Qualität des Ergebnisses kontrollieren?
- Die Partner sollten sich Spielregeln geben, z. B. durch die Fragen:
  - Wer achtet auf die Zeit?
  - Wie sorgen wir dafür, dass wir beim Thema bleiben?
  - Wie wollen wir unsere Ergebnisse sichern?
  - Wie gehen wir miteinander um (z. B. ausreden lassen, zuhören)?
- Wie wollen wir methodisch an die Aufgabe herangehen? Wollen wir dazu erst Vorschläge sammeln und darüber beraten?
- An welchen Stellen lohnt es, vielleicht erst alleine zu arbeiten und dann wieder in die Gruppe/zum Partner zurückzukehren? (Oder anders gefragt: Wo nützt die Arbeit in der Gruppe/mit dem Partner, wo hält sie eher auf?)
- Wie geben wir uns Feedback, ob wir uns mit den Partnern und mit dem Prozess wohl fühlen oder nicht?

Im Unterricht kann der Gruppenarbeitsprozess immer dann eingeübt und reflektiert werden, wenn die Unterrichtsplanung des Dozenten ohnehin Partner- oder Gruppenarbeit vorsieht. Statt nur auf der Inhaltsebene zu bleiben, bietet es sich zur Einübung der Lerntechnik hier besonders gut an, auch den Arbeitsprozess als solchen mit der Gruppe zu besprechen und das methodische Lernen zu fördern.

Das Lernen in der Gruppe ist nicht beschränkt darauf, dass man tatsächlich zusammensitzt. Auch per Telefon oder E-Mail lässt es sich mit Partnern arbeiten.

7.7.8 Methoden zur Prüfungsvorbereitung

Alle bisher genannten Lerntechniken eignen sich zur Prüfungsvorbereitung. Bei anstehenden Prüfungen kommen Zeit- und spezieller Erwartungsdruck (vom Teilnehmer an sich selbst und von außen) hinzu. Einige Grundsätze können aber erarbeitet und erlernt werden. Der Dozent kann in seinem Unterricht hierzu Reflexionsphasen und Übungen einbauen.

Themenliste und Material
Der erste Schritt der Prüfungsplanung ist die Liste der Einzelthemen, die zur Prüfung erarbeitet oder wiederholt werden müssen. Was sind übergeordnete Themen, was sind Unterkapitel? Der Prüfling kann so tun, als wäre er ein Buchautor, der ein Inhaltsverzeichnis für sein Buch erstellt. Danach ist das Material zu sichten: Welche Bücher sind zu beschaffen und zu lesen? Welche Mitschriften müssen herausgesucht werden?

Worst case-/Best case-Szenarien, Themenpriorität
Die Liste möglicher Prüfungsthemen soll der Prüfling daraufhin befragen: Wo fühle ich mich schon sehr wohl? Was sind meine „Horrorthemen“? Welche Themen muss ich bevorzugt bearbeiten? Hilfreich ist eine Matrix wie in der Abb. 7.5 dargestellt. Der Dozent kann diese Matrix auch zu Hilfe nehmen, um seinen Unterricht darauf zu überprüfen, inwieweit er die Teilnehmer bedarfsgerecht auf die Prüfung vorbereitet.

Aufstellen eines Zeitplans
Bis wann muss was erledigt sein? Welche großen Teilschritte sind zu tun? Wie leiten sich daraus Tages- oder Stundenziele ab? Wann wird was wiederholt? Wie sind Pausen eingeplant? Lerne ich mehrere Fächer an einem Tag nach einem Stundenplan? Die Prüflinge sollten einen eigenen Prüfungskalender führen. Können Zeit-

Abb. 7.5 Matrix zur Priorisierung der Prüfungsvorbereitung. Eine Prüfung strukturiert vorzubereiten heißt auch Prioritäten richtig zu setzen, am besten nach dieser Matrix

und Themenplan nicht in Einklang gebracht werden, so ist der Themenplan darauf zu prüfen: Wo wage ich den Mut zur Lücke? Warum dort und nicht woanders? Die andere Option, die Verschiebung der Prüfung, ist nämlich manchmal nicht möglich und selten wünschenswert.

Simulationen

Der Dozent kann im Unterricht Prüfungssituationen simulieren. Er kann sogar die Teilnehmer selbst bitten, die Simulation zu planen und durchzuführen. Dies kann als Gruppenspiel getan werden: Eine Teilgruppe ist die Prüfungskommission (die sich Aufgaben nebst dazugehörigen Lösungen ausdenkt), die andere Teilgruppe stellt die Prüflinge (die überlegen, was drankommen könnte). Die Prüfungssituation wird möglichst realitätsnah simuliert und anschließend reflektiert. Auch schriftliche Tests können von den Teilnehmern in Eigenregie simuliert werden.

7.8 Sozialformen

Zu den unterschiedlichen Sozialformen wollen wir an dieser Stelle Hinweise geben, die unabhängig von der konkreten Methode gelten. Im Methodenteil unseres Buches finden Sie dann manche Ideen, wie man in den unterschiedlichen Sozialformen arbeiten kann. Speziell bieten wir im Teil 2 Methoden zur Kombination von Sozialformen an, die nicht alltäglich praktiziert und die einladen, mit anderen Methoden zu einer fast unendlichen Vielfalt kombiniert zu werden.

7.8.1 Plenum

Als Plenum verstehen wir hier die Gesamt-Lerngruppe, die von wenigen Teilnehmern bis zur Besatzung eines Hörsaals reichen kann. Die übliche Größe für Kurse in der Erwachsenenbildung liegt bei maximal 25 bis 30 Teilnehmern, meist sogar deutlich darunter.

Das Plenum eignet sich für

- Unterrichtsteile, die standardisiert allen in gleicher Form dargebracht werden sollen (wie z. B. Dozentenvorträge, Demonstrationen, Expertenbefragung, Zusammenführung der Ergebnisse aus Gruppenarbeiten).
- Methoden, die aus einer großen Dynamik ihren Wert schöpfen (z. B. bestimmte Spiele, Lehrgespräche).

Vorteil des Plenums ist, dass alle Teilnehmer mit derselben Unterrichtssituation konfrontiert werden. Hieraus ergeben sich zugleich auch Nachteile:

- Die Gedanken aller werden in dieselbe Richtung gelenkt und von dem dominiert, der spricht.
- Die Kreativität einer großen Gruppe ist geringer als die mehrerer Kleingruppen.
- Die aktive Beteiligung beschränkt sich meist auf eine Minderheit von Teilnehmern. Die Verantwortung für das, was passiert, liegt stark beim Dozenten.

Bei der Arbeit im Plenum sollte darauf geachtet werden, dass

- alle wenigstens eine minimale Option der Beteiligung erhalten.
- die Gesamtgruppe angesprochen wird und nicht nur die wenigen, die sich aktiv beteiligen.

- eine Interaktion innerhalb der Großgruppe noch möglich ist (z. B. gibt der Dozent Fragen ins Plenum zurück).
- Kleinaufträge zwischendrin jeden Einzelnen fordern (z. B. folgende Arbeitsaufträge: „Jeder soll bitte kurz auf ein leeres Blatt notieren: …", „Machen Sie die Augen zu und überlegen Sie still: …").
- Einzelne aus der Gruppe Teile übernehmen, z. B. Vorführungen, Kurzreferate. Damit verlagert sich die Aktivität wieder mehr vom Dozenten zur Gruppe bzw. ihren Vertretern.

7.8.2 Partner- und Gruppenarbeit

Arbeitsaufträge ergehen an zwei Personen (Partner) oder Kleingruppen. Eine produktive Kleingruppe besteht in der Regel aus drei bis fünf Personen. Größere Gruppen neigen dazu, einige wenige arbeiten zu lassen, während die anderen zuschauen.

Die Gruppen- oder Partnerarbeit eignet sich für

- Gedankenaustausch,
- kreative Arbeitsphasen,
- Phasen, die eine hohe Aktivität aller erfordern,
- Aufgaben, die arbeitsteilig bewältigt werden können (z. B. jede Gruppe mit anderem Auftrag oder Teilaufträge an einzelne Gruppenmitglieder, die anschließend zusammengeführt werden),
- Aufgaben, die die Erarbeitung unterschiedlicher Sichtweisen zum Ziel haben,
- Aufgaben, die auf eine Vertiefung von Lernstoff abzielen,
- Lernstandsevaluierung: Was können die Teilnehmer mit dem bisher Gelernten anfangen?

Der wesentliche Vorteil der Gruppenarbeit ist die hohe Aktivierung der Beteiligten (und damit Entlastung des Dozenten im Unterricht, nicht unbedingt in der Vorbereitung).

Nachteilig bzw. weniger geeignet ist die Gruppenarbeit, wenn

- viel Neues erarbeitet werden muss (z. B. zunächst ein langer Text gelesen werden muss).
- die Aufgabenstellung sehr komplex ist.

- die Gruppe viel Energie in die Selbstorganisation stecken muss, bevor sie in die eigentliche fachliche Arbeit einsteigen kann.
- vom inhaltlichen Gelingen viel abhängt. Ist dies der Fall, muss Raum im Ablauf sein, um im Plenum ggf. einen einheitlichen Kenntnisstand nachträglich herzustellen, wenn die Qualität der Gruppenergebnisse dazu nicht ausreichte.
- es der Gruppe nicht gelingt, ein gutes bzw. für alle wichtiges Arbeitsergebnis mit derselben Qualität auch dem Plenum darzustellen.

Damit die Gruppenarbeit gelingt, sollte auf Folgendes geachtet werden:

- Die Aufgabenstellung soll in größter Klarheit und möglichst schriftlich formuliert werden. Aus ihr soll deutlich werden, was von der Gruppe als Ergebnis erwartet wird.
- Die Form der Ergebnis-Darstellung fürs Plenum wird vorher besprochen. Die Darstellung soll so erfolgen, dass ein Unbeteiligter das Ergebnis versteht.
- Die Bearbeitungszeit wird genannt und ein Gruppenverantwortlicher bestimmt, der auf Zeit und Arbeitsorganisation achtet. Nichts ist ärgerlicher, als dass das Plenum auf eine Gruppe, die in Verzug ist, warten muss.
- Die Aufgabe muss etwas enthalten, das Austausch und Diskussion in der Gruppe erfordert. Anderenfalls ist die Einzelarbeit vorzuziehen.
- Jede Gruppe erhält die Möglichkeit, ihr Ergebnis im Plenum darzustellen.
- Die Gruppenzusammensetzung soll wechseln, damit unterschiedliche Arbeitsweisen und Meinungen miteinander kombiniert werden. Man kann die Zusammensetzung spielerisch auslosen (z. B. mit einem Quartettkartenspiel, Puzzleteilen einer zerschnittenen Postkarte, Abzählen). Es wird gesagt, wie die Gruppenbildung zustande kommen soll, sonst gibt es in großen Gruppen Chaos.

Es gibt verschiedene Möglichkeiten, Gruppen zu bilden. Leider sind die Teilnehmer nicht immer in der Lage, Gruppen selbstständig zu bilden. In diesem Fall sollte der Dozent steuernd eingreifen. Natürlich kann er unter didaktischen Aspekten die Gruppe auch willkürlich anpassen. Das ist nötig, wenn nach Leistung bzw. besonderen Fähigkeiten eingeteilt werden soll:

- homogene Gruppen, wenn ein Thema eingehend nach Leistungsfähigkeit differenziert behandelt wird,
- heterogene Gruppen, wenn schwächere Teilnehmer integriert werden sollen und nicht themengleich gearbeitet wird.

Gruppen können aber auch je nach sozialen Beziehungen (Freundschaftsgruppen) oder je nach Interesse an einem Teilthema eingeteilt werden. Oder es werden Zufallsgruppen durch Los ermittelt oder konstante Tischgruppen gebildet.

Bei der Gruppenbildung sollte man darauf achten, welche Rollen bestimmte Personen spielen:

- aufgabenorientiert: koordiniert, initiiert, beurteilt kritisch, treibt die Sache voran;
- gruppenprozessorientiert: ermutigt, schlichtet Konflikte;
- personenzentriert: redet viel, will sich durchsetzen.

Welche Einteilung noch zu berücksichtigen ist, ist der Lerntyp (vgl. S. 49 ff.) des einzelnen Teilnehmers. Vorwiegend gleiche Lerntypen in einer Gruppe lernen besser.

7.8.3 Einzelarbeit

In dieser Sozialform arbeitet jeder Teilnehmer still für sich allein.

Die Einzelarbeit eignet sich für

- Themen, die individuelles Arbeitstempo zulassen,
- Bewältigung von Lesestoff,
- Ausarbeitung individueller, höchstpersönlicher Notizen und Arbeitsergebnisse,
- inhomogene Lerngruppen mit unterschiedlichem Kenntnisstand,
- zum Einlegen einer ruhigeren Unterrichtsphase, auch zur Verarbeitung von Stoff.

Damit sind auch die Vorteile der Einzelarbeit beschrieben. Nachteilig kann je nach Umfang der Einzelarbeit sein:

- Fehlender Austausch mit anderen Teilnehmern und dem Dozenten. Missverständnisse werden nicht oder spät bemerkt.
- Zusammenführung der Gruppe, deren Mitglieder unterschiedlich schnell arbeiten.

Damit eine Einzelarbeit gut gelingt und für alle von Nutzen ist, sollte auf Folgendes geachtet werden:

- Wie bei der Gruppenarbeit sollte eine klare, schriftliche Arbeitsanweisung ergehen mit konkreter Zeitvorgabe, die aber nicht unter Druck setzt.
- Vereinbaren Sie, wie die Teilnehmer an Sie zurückmelden, dass sie fertig sind (z. B. Ablegen des Schreibgeräts, Verlassen des Raums).
- Es sollte ein sichtbares Arbeitsergebnis entstehen (z. B. Ausfüllen eines Arbeitsblatts mit Fragen).
- Es soll sich methodisch ein Teil anschließen, der die Einzelarbeit wieder in einen Gruppenzusammenhang stellt. Dies kann eine anschließende Diskussion in der Kleingruppe oder im Plenum sein.

Der Dozent hat keine Pause, wenn die Teilnehmer arbeiten. Er sollte durch die Gruppe(n) wandern und schauen, ob die Aufgabe richtig verstanden wurde, ob die Gruppe sich richtig organisiert hat, ob die Zeit ausreicht. Er sollte immer für Fragen zur Verfügung stehen. Erst wenn klar ist, dass der Arbeitsprozess in die richtige Richtung läuft, kann der Dozent sich vorübergehend zurückziehen und z. B. etwas für den nächsten Arbeitsschritt vorbereiten. Der Dozent muss ein Gespür entwickeln, ob seine Anwesenheit eine Hilfe ist oder als Beaufsichtigung empfunden wird. Am Ende der vereinbarten Zeit soll der Dozent prüfen, ob alle Teilnehmer etwa gleichzeitig fertig werden. Sehr schnelle Teilnehmer waren vielleicht nicht gründlich, sehr langsame brauchen ggf. noch Hilfe zum Beenden der Arbeit.

7.8.4 Kombination der Sozialformen

Ein guter Unterricht wechselt gelegentlich die Sozialformen. Dies ist aber kein Selbstzweck, sondern oft genug Notwendigkeit. Kombinationen sind z. B. so angeordnet:

- Plenum – Gruppenarbeit – Plenum
- Einzelarbeit – Gruppenarbeit – Plenum
- Plenum – Einzelarbeit – Gruppenarbeit – Plenum

Jede Kombination ist möglich. Sinnvoll sind diejenigen, die am Ende alle Teilnehmer auf denselben Informationsstand bringen. Deshalb ist im Allgemeinen das Plenum mindestens zu Beginn und Ende einer Unterrichtseinheit anzutreffen.

Daneben gibt es weniger häufig praktizierte Kombinationen von Sozialformen, die es erlauben, die Sozialformen auf nicht alltägliche Weise mit Inhaltsaspekten zu verknüpfen. Hierzu finden Sie im Teil 2 viele Anregungen.

Alternativ können Sie auch der Gruppe bzw. den einzelnen Teilnehmern die Wahl lassen, in welcher Sozialform sie arbeiten wollen. Eine gut geeignete Methode sind die „Lernstationen“.

7.9 Wie mache ich's denn nun?

Wenn Sie tatsächlich vor der Gruppe stehen, sind Lernziele, Planung und Leitfaden die eine Sache. Wie Sie aber mit der Gruppe umgehen, Ihre Methoden umsetzen und Ihre Person in den Unterricht einbringen, ist keine konzeptionelle Frage, wohl aber eine handwerkliche.

Wir empfehlen die ganz einfache 4-A-Regel:

- **A**nwärmen
- **A**nsagen
- **A**rbeiten
- **A**uswerten oder Anwenden

Anwärmen
Die Gruppe wird auf den nächsten Arbeitsschritt eingestimmt. Der Anwärm-Schritt macht neugierig und motiviert zur Arbeit.

- Beginnen Sie eine Lerneinheit mit einer Leitfrage, die aus einem praktischen Beispiel abgeleitet wird. Oder nennen Sie das Lernziel.
- Schaffen Sie einen emotionalen Bezugsrahmen zur Problemstellung. Z. B.:
  - Warum wäre es spannend, das Problem zu lösen?
  - Was gefällt, was regt auf? (Provokante Thesen helfen manchmal.)
  - Warum betrifft mich das?
  - Wie geht es mir bei dem Gedanken an das Problem?
  - Welche Rolle spiele ich bei der Lösung?
  - Wie werde ich mich fühlen, wenn ich das Problem gelöst habe?
- Ein Bild, eine Anekdote, ein Zitat oder ein kurzer Film kann ebenfalls in die Thematik einführen.
- Zeigen Sie auf oder lassen Sie entwickeln, wie der Weg zur Beantwortung der Leitfrage sein wird und welche Theorie dazu notwendig ist.
- Zeigen Sie bei abstrakt-theoretischen Phasen auf, welche Rolle diese Phase auf dem Weg zur Gesamtlösung spielt.

- Geben Sie einen Hinweis, welche Rolle das Problem und seine Lösung in der Historie des Themas gespielt hat, machen Sie daraus eine spannende Geschichte. Sie kann sich durch einen ganzen Kurs ziehen.

Ansagen

Der Dozent erklärt, wie jetzt weiter verfahren wird. Es wird eine Arbeitsanweisung gegeben bzw. die Methode erklärt.

- Stellen Sie in Aussicht, wie das Ergebnis der Arbeit den Prozess voranbringt bzw. was weiter damit geschieht.
- Geben Sie, wenn es Sinn ergibt, der Gruppe Wahlmöglichkeiten, nach welcher Methode sie die Aufgabe lösen kann.
- Sagen Sie an, was Ihre Rolle im Arbeitsprozess ist. Gehen Sie bei einer Gruppenarbeit zwischen den Gruppen herum? Oder kann man Sie an einem bestimmten Platz finden, falls Fragen sind?
- Der Dozent sagt auch an, wie anschließend ausgewertet wird.
- Rückversichern: Ist die Aufgabe verstanden worden? Welche Fragen gibt es noch zum Arbeitsauftrag?

Arbeiten

Inhalte werden aufgenommen, bearbeitet und ggf. bewertet. Wie diese Arbeitsphase je nach Methode abläuft, ist im Teil 2 beschrieben.

Auswerten

Auswerten bedeutet, dass die Arbeitsergebnisse zusammengefasst bzw. allen zugänglich gemacht werden. In dieser Phase kann das erworbene Wissen aber auch angewendet werden: in einer Übung, im praktischen Alltag oder einer Simulation. Die Auswertungsphase kann zugleich schon wieder die Anwärmphase für den nächsten Schritt sein, oft ergibt es sich organisch.

- Was war das Ergebnis der Arbeit?
- In der Auswertungsphase ist auch Raum für Feedback. Wenn Sie daran interessiert sind, fragen Sie nach, ob die Gruppe die Methode als hilfreich erlebt hat.
- Auch in der Auswertung soll die emotionale Ebene nicht zu kurz kommen: Wie stehen die Teilnehmer persönlich zu dem Ergebnis? Wie empfinden sie es?
- Beteiligen Sie in der Auswertungsphase möglichst alle Teilnehmer. Schließlich hat auch jeder gearbeitet. Nach Kleingruppenarbeit kann die Aufgabe an Gruppensprecher delegiert sein.

- Lassen Sie die Teilnehmer selbst bewerten, wie sie im Lernprozess weiter gekommen sind. Oder ist noch eine Festigung nötig oder gar noch mal ein Schritt zurück? Gehen Sie erst weiter, wenn Sie das O. K. von der Gruppe haben, dass der Lernschritt jetzt tatsächlich abgeschlossen ist.
- Wenn etwas nicht gut geklappt hat: Was meinen die Teilnehmer, woran es gelegen hat? Inwieweit haben Sie selbst Verantwortung in der Arbeitsphase übernommen?

8 Anwendung

Der wahre Erfolg Ihres Unterrichts zeigt sich erst in der Anwendung des Gelernten. Hier schließt sich der Konzeptkreis und wir können abgleichen: Stimmen die Qualifikationen mit den Lernbedarfen und Lernzielen überein?

Oft verlieren die Dozenten in dieser Phase aber die Teilnehmer aus den Augen, so dass kaum noch eine Evaluation darüber stattfindet, was tatsächlich aus dem Unterricht übertragbar war. Selbst wenn noch evaluiert wird – Einfluss wird in der Phase vom Dozenten kaum noch genommen.

Bewusst möchten wir auch sagen: Wenn die Unterrichtskonzeption und -durchführung ideal gelaufen sind, ist die Anwendung nur noch ein ganz kleiner Schritt, um den sich der Dozent keine Sorgen mehr machen muss.

Dies setzt voraus:

- Lernziele, die wirklich den Lernbedarf treffen,
- Lerninhalte und Methoden, die zu den Lernzielen führen,
- Unterricht, der nicht nur Fakten, sondern auch ihre Anwendung beinhaltet,
- eine entsprechende Motivation der Lernenden,
- Rahmenbedingungen für die Anwendung.

Je mehr „Realität" und praxisnahe Übungen Sie in Ihren Unterricht integriert haben, desto kleiner ist der Schritt in die „echte" Anwendung.

In der Anwendungsphase werden Sie die Teilnehmer in einen anderen Kontext entlassen: Der Vorgesetzte hat wieder die Obhut bzw. die Teilnehmer arbeiten mit

J. Meyerhoff, C. Brühl, *Fachwissen lebendig vermitteln*,
DOI 10.1007/978-3-658-09625-0_8

ihrem neu erworbenen Wissen selbstständig. Es gibt aber durchaus Möglichkeiten, wie Sie diesen Prozess nahtlos anknüpfen lassen und begleiten können.

- Beziehen Sie so viel „Realität" wie möglich in den Unterricht mit ein, vor allem gegen Ende, z. B. praxisnahe Übungen, Simulationen, Hospitationen, ggf. ganze Praxisblöcke oder Praktika.
- Richten Sie auch Ihre vorangegangene Evaluation an den praktischen Gegebenheiten aus.
- Machen Sie Begleitvisiten und Feldcoaching bei Ihren Teilnehmern, wenn es sich anbietet.
- Stehen Sie auch nach Kursende verlässlich für Rückfragen zur Verfügung (per E-Mail oder Telefon) als „Hotline".
- Schreiben Sie Nachfassbriefe, z. B. mit Tipps und Tricks zur Erinnerung.
- Fördern Sie die Vernetzung der Teilnehmer untereinander, so dass Sie selbst nach Kursende immer weniger gebraucht werden und die Teilnehmer trotzdem nicht allein sind. Das Internet macht diesen Schritt heute einfach.
- Vereinbaren Sie für einen Erfahrungsaustausch einen Follow-up-Termin einige Zeit nach Kursende.
- Bieten Sie einen E-Mail-Service oder eine Website an, in dem später aktuelle Entwicklungen im Fach kommuniziert werden.

9 Evaluation

Der Begriff „Evaluation“ kommt vom lateinischen Verb „valere“, d. h. „wert sein“. Im heutigen Französisch bedeutet „évaluation“ „Schätzung“ oder „Wertbestimmung“. Das deutsche Fremdwort „Evaluation“ bedeutet „sach- und fachgerechte Bewertung“. Im Bildungsbereich kommt dem Begriff differenzierte Bedeutung zu. Im Einzelnen muss unterschieden werden, was genau der Bewertung unterliegt.

- Bedarfsevaluation: bewertet Lernbedarfe.
- Eingangsevaluation: bewertet Vorkenntnisse der Teilnehmer.
- Zwischenevaluation: bewertet den Lernfortschritt.

Sie finden daher den Begriff „Evaluation“ im Konzeptkreis im Mittelpunkt, denn alle Bereiche von Planung und Unterricht sind bewertbar. Über die direkt am Lernprozess orientierte Betrachtung hinaus können weitere Parameter Gegenstand der Evaluation sein wie Kosten oder gar „Return on Investment“ (RoI). Diese Bereiche wollen wir im vorliegenden Kapitel jedoch nicht berühren.

9.1 Warum Evaluation?

Die Beurteilung von Teilnehmern bestimmt den Alltag in hohem Maße. Noten und Punkte stellen dabei das wichtigste Instrument zur Bewertung dar. Einerseits hat die Beurteilung eine pädagogische Funktion, nämlich zu prüfen, welche Kenntnisse und Einsichten sowie Fähigkeiten und Fertigkeiten sich der Teilnehmer angeeignet hat. Daraus ergeben sich dann weitere Förderungsmaßnamen. Andererseits hat sie die Funktion, im Rahmen einer Ausbildung einen anerkannten Leistungsstandard aufzuzeigen.

J. Meyerhoff, C. Brühl, *Fachwissen lebendig vermitteln*,
DOI 10.1007/978-3-658-09625-0_9

Die Evaluation von Leistungen kann dazu beitragen, sie transparent zu machen. Prüfungsstandards und Bewertungsmaßstäbe sind die einzige Möglichkeit, Leistungen zu vergleichen und daraus Konsequenzen zu ziehen. Selbstverständlich kann die Selbstbeurteilung auch mit der Fremdbeurteilung verbunden werden, damit bei starken Abweichungen im Sinne eines Frühwarnsystems Beratungsgespräche eingeplant werden.

9.2 Was kann evaluiert werden?

Grundsätzlich kann man natürlich alles im Lernprozess evaluieren (vgl. Abb. 9.1). Deshalb steht in der Darstellung des Konzeptkreises Evaluation im Mittelpunkt und berührt alle einzelnen Schritte der Konzeption und Durchführung.

Sinnvolle Kriterien ergeben sich aus dem Lernziel, das dem Unterricht zugrunde liegt. Wenn die Lernziele eindeutig formuliert sind, ergeben sich die Kriterien für die Evaluation wie von selbst. Zwei Beispiele:

- Wissenserweiterung
  - fundiertes Fachwissen in den einzelnen Thematiken erwerben
  - Zusammenhänge aufspüren, Sachverhalte miteinander verknüpfen (Transferfähigkeit)
  - Sachwissen vor dem Hintergrund der Verwendung im (Berufs-) Leben bewerten und vertiefen
- Methodenkompetenz
  - eigenständiges Erschließen und Verarbeiten von Informationen
  - Informationen beschaffen und auswerten
  - Informationen nach Relevanz sortieren
  - fachadäquate Arbeitsweisen beherrschen
  - Probleme lösen können
  - Lernmethoden kennen und können
  - Kreativität entwickeln
  - Planungsfähigkeit
  - Informationen zuhörerorientiert aufarbeiten und weitergeben können
  - Kunden effektiv beraten können
  - zielorientiert verkaufen

Natürlich ist dies nur eine Auswahl der Dinge, die von Belang sein können. Sie müssen individuell dem Unterrichtsziel angepasst werden.

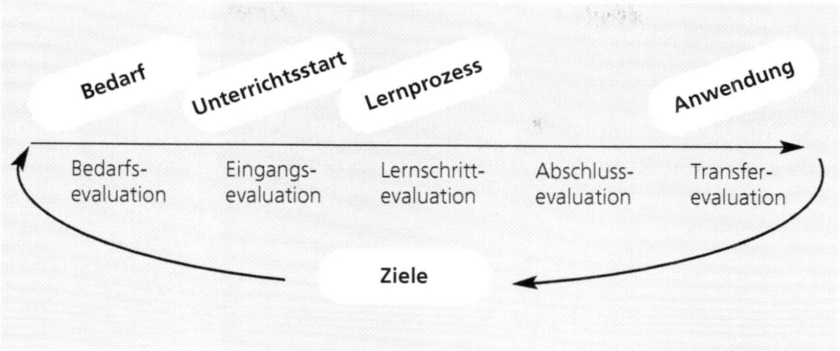

Abb. 9.1 Mögliche Evaluationsschritte. Jede Phase des Lernprozesses kann grundsätzlich auch evaluiert werden.

9.3 Wer soll die Evaluation durchführen?

„Na, der Dozent natürlich!“, wird eine Standardantwort sein. Der Dozent steht selbstverständlich ganz vorne, wenn es um Einschätzungen geht. Er ist mit den Teilnehmern am längsten zusammen, kennt die meisten Facetten dieser Menschen und kann so viele weiche Faktoren einschätzen. Ob diese eine Rolle bei der Bewertung spielen, ist abhängig vom Auftrag. Bei reinen Fachinhalten spielen sie (nahezu) keine Rolle. Aber wie sieht es mit dem einzelnen Teilnehmer selber aus? Kann er sich nicht auch selber einschätzen? Wenn es darum geht, sich selber weiterzuentwickeln, dann sind viele von uns sehr selbstkritisch. Diese Selbsteinschätzung kann ebenfalls zur Evaluation herangezogen werden. Auch die Gruppe der gesamten Teilnehmer kann sich sowohl einzeln als auch als Gruppe bewerten. Hier werden vielleicht gerade dann Dinge offenbar, wenn viel in Kleingruppen gearbeitet wurde. Der Dozent ist nicht in der Lage, gleichzeitig an jeder Stelle zu sein. Die Gruppe kann diese Situation auffangen und einen Teil der Evaluation durchführen.

Auch am direkten Prozess unbeteiligte Personen sind für Evaluationen u. U. geeignet. Sie bringen eine höhere Unabhängigkeit mit ein und können nur strikt nach vorgegebenen Mustern bewerten. Diese Menschen bieten sich vor allem für eine vielschichtige Endbewertung an. Bei der Beurteilung durch möglichst viele unabhängige Personen werden sowohl besonders positive Punkte als auch negative Facetten aufgedeckt.

Hier eine Matrix „wer – wen – wie?“

bewertet / Wird bewertet	Teilnehmer	Gruppe	Dozent	Auftraggeber
Teilnehmer	Selbsteinschätzung	Feedback	Feedback, Prüfung, Test	Ergebnis-/ Leistungsmessung, Bedarfsermittlung
Gruppe	Feedback	Selbsteinschätzung	Feedback, Prüfung, Test	Ergebnismessung
Dozent	Feedback	Feedback	Selbsteinschätzung	Qualitätsmessung
Auftraggeber /Vorgesetzter	-	-	360°-Beurteilung	Selbsteinschätzung

Die Teilnehmermeinung in Form von Feedbackbögen spielt eine große Rolle in der Evaluation von Erwachsenenbildungsmaßnahmen. Die meisten dieser Bögen enthalten ein ganzes Sammelsurium von Fragen – über die Qualität des Dozenten bis zur Verpflegung der Hotelküche soll alles bewertet werden. Hierzu unsere Praxistipps:

- Fragen Sie weniger, wie etwas „gefallen“ hat, sondern was eine Maßnahme bewirkt hat. Z. B.: „So fühle mich auf meine künftige Aufgabe vorbereitet“ oder „Die Übungen haben Sicherheit in der Anwendung des Lernstoffs vermittelt“. Greifen Sie bei der Frage nach Erfolg auch auf Ihren Auftrag zurück (s. S. 6, Kap. 1.1 Trainingsauftrag).
- Lassen Sie die Feedbackfragen nicht nur ankreuzen, sondern fordern Sie auch Freitext ein.
- Machen Sie sich im Vorfeld gemeinsam mit dem Auftraggeber Gedanken, welche Bewertung Sie als „gute Bewertung“ ansehen, damit man ein gemeinsames Bild hat, was eine erfolgreiche Veranstaltung war.
- Verwenden Sie eine fünf- bis siebenstufige Skala. Eine ungeradzahlige Skaleneinteilung verleitet allerdings im Zweifel dazu, schlicht die Mitte anzukreuzen.
- Sehen Sie Feedback als Geschenk und als Chance, das Konzept zu optimieren.

9.4 Leistungsbeurteilungen und Tests

Falls Sie Ihren Kurs mit einem Auftraggeber abgestimmt haben, sollte auch geklärt worden sein, inwieweit die Zielerreichung mit Tests überprüft wird.

Je transparenter in der Praxis die Feststellung und Bewertung von Teilnehmerleistungen mittels Punkten oder einer Note durchgeführt wird, umso nachvollziehbarer ist allen Beteiligten das Zustandekommen einer Endbeurteilung. Aus unserer Schulzeit wissen wir, dass es häufig Beurteilungen gibt, bei denen wir keine Gerechtigkeit erkennen konnten. Dies führte sowohl bei uns wie auch bei unseren Eltern zu einer gewissen Verunsicherung. Daher ist es hilfreich, wenn eine förderliche Gesprächskultur über die Beurteilungsmaßstäbe geschaffen wird. Das heißt konkret: vorher ankündigen und nachher die Ergebnisse erklären. Nur so wird sowohl dem Teilnehmer als auch dem Auftraggeber klar, was und wie beurteilt wird. Dies setzt aber eine gewisse Vertrauensbasis voraus, da die Beurteilung der Teilnehmerleistungen auch als eine Beurteilung der Dozentenleistung gesehen werden kann.

Wenn Tests bei wenigen Teilnehmern schlecht ausfallen, stellt sich die Frage, ob sie den Lernstoff nicht gut genug gekonnt haben, um positive Leistungen zu erbringen. Wenn fast alle Teilnehmer wiederholen müssen oder schlechte Leistungen erbracht wurden, steht die Frage im Raum, ob die Aufgabenstellung durch den Dozenten zu schwierig war. Oder gar, ob der Stoff richtig vermittelt wurde.

Dozenten können durch ihre Teilnehmer wertvolle Rückmeldungen über die Qualität ihres Unterrichts, das Klima in der Gruppe und ihre Person erhalten. Damit können diese ihr eigenes Leistungsniveau steigern und Verbesserungsmöglichkeiten finden.

Eine Vertrauensbasis lässt sich am besten dadurch erreichen, dass sich zunächst Fachteams bilden, die ihre Bewertungskriterien diskutieren und eine für alle möglichst einstimmige Regelung treffen. Klären Sie daher auch mit einem Auftraggeber, was geprüft werden soll. Das hängt sehr stark mit dem erarbeiteten Ziel zusammen. Klären Sie aber auch mit den Teilnehmern, nach welchen Kriterien eine Beurteilung durchgeführt wird und vor allem, dass es geschieht.

Bestimmten Bedingungen sollten die Bewertungskriterien jedoch genügen. Sie erhöhen auch das Vertrauen gegenüber der Bewertung.

Die gewählte Evaluationsmethode soll mehreren Kriterien entsprechen:

- Spezifität: Das zu evaluierende Merkmal muss tatsächlich abgeprüft werden können. Ob jemand einen Vortrag halten kann, ist nur bewertbar, wenn die Person auch vorträgt. Der Bewertungsspielraum soll klein sein.
- Objektivität: Die Ergebnisse der Evaluation müssen vom Prüfer unabhängig sein. Klare Bewertungsmaßstäbe oder Musterlösungen gewährleisten die Objektivität.
- Validität: Das Evaluationsergebnis muss reproduzierbar sein. Gute Leistungen müssen sich auch in einem guten Prüfungsergebnis widerspiegeln können.

Umgekehrt gilt: Die Validität eines Tests ist anzuzweifeln, wenn z. B. augenscheinlich unterschiedlich leistungsfähige Teilnehmer dieselben Testergebnisse erzielen. Umgekehrt gilt der Grundsatz: Je mehr verschiedene Einzelaufgaben zu einem Lernbereich gestellt werden, desto zuverlässiger das Ergebnis.

Jede Methode hat ihre Schwachstellen. Ziffernnoten sind z. B. weniger exakt als angenommen. Ist 2 gleich weit von 1 entfernt wie 5 von 4? Mathematisch gesehen schon, aber wie sieht das bei einer Beurteilung aus? Durchschnitte sind ungenau. (Hat ein Teilnehmer, der 85/100 Punkte und 45/100 schreibt, durchschnittlich 65/100?) Hier ist nicht pure Mathematik gefordert, sondern das pädagogische Feingefühl des Dozenten. Alternativ bietet sich die Errechnung einer Prozentzahl der erreichbaren Punkte an.

Die Beurteilung der Leistung einer Einzelperson über mehrere Gruppen hinweg oder zu verschiedenen Zeitpunkten (bei gleichem Lernziel) führen oft zu unterschiedlichen Ergebnissen. Innerhalb einer Gruppe funktioniert die Beurteilung noch gut, eine weitere Gruppe aber mit dieser zu vergleichen, kann scheitern. Ein Beispiel aus dem Schulalltag: ein Schüler kann in einer durchschnittlich schlechten Klasse einer der besten sein, in einer guten Klasse bleibt er vielleicht sogar sitzen.

Trotz allen Bemühens ist keine (gegenseitige) Beurteilung frei von möglichen Fehlerquellen:

- Vorurteile, Sympathien oder Antipathien können das Ergebnis beeinflussen.
- Überstrahlungseffekte: Auffällige, aber für die Sache unerhebliche Merkmale – z. B. ein starker Dialekt oder ein exotisches Äußeres – stören die objektive Bewertung.
- Vorerfahrungen mit dem Probanden fließen in nachfolgende Beurteilungen ein.
- Verdrängung: Z. B. wird eine schwache Leistung durch eine brillante andere Leistung möglicherweise in der Wahrnehmung des Beurteilenden überbewertet.

Natürlich ist auch der beste Dozent nicht gegen persönliche Einflüsse gefeit. Weibliche Teilnehmer werden eher besser beurteilt, auch von Dozentinnen. Das allgemeine Verhalten des Teilnehmers prägt auch die Beurteilung, vor allem bei mündlichen Bewertungen. Je besser er mitarbeitet, je konstruktiver er den Unterricht voranbringt, je höflicher und aufmerksamer er ist, desto besser fällt die Beurteilung aus. Häufig gibt es auch eine Art „Prägung“ des Dozenten durch die erste Beurteilung. Fällt diese gut aus, „muss“ der Teilnehmer ja gut sein, umgekehrt gilt dasselbe.

Es gibt bestimmt noch viele weitere Faktoren, die uns als Dozenten beeinflussen. Für die sozialen Komponenten benötigen wir den Einfluss sogar.

> Ganz wichtig ist, sich darüber im Klaren zu sein, dass es eine absolut objektive, gerechte und valide Beurteilung nicht gibt.
> Dieser aber so nahe wie möglich zu kommen, muss unser Ziel sein.

9.5 Testarten

Es gibt sehr viele verschiedene Testarten. Einige seien hier exemplarisch genannt:

- Multiple-Choice-Test
- Fragen mit Freitextantwort
- Lückentexte
- Lügentexte
- Mündliche Testate
- Simulationen
- Hausaufgaben
- Gezeigte Leistungen im Unterricht

Manche Methoden lassen sich elektronisch mit E-Learning-Software umsetzen. Einzelheiten sind z. T. im Methodenteil näher beschrieben. Um Hilfen für die Praxis der Leistungsmessung anzubieten, muss der Dozent entsprechende Beobachtungsbogen entwickeln.

Beispiel eines Teilnehmer-Beobachtungsbogens:

Lernverhalten: *Intellektuelles Leistungsverhalten*	Sehr gut/ deutlich	Gut/ weitgehend	mittelmäßig	weniger gut	Nicht/ schlecht
Fasst neue Inhalte rasch auf					
Erkennt wesentliche Zusammenhänge					
Zieht Schlussfolgerungen					
Lernt mühelos auswendig					
Hat hohe Transferfähigkeit					
Fachwissen					
Kann mit Glasgeräten umgehen					
Zeigt…					
Führt durch…					

Die Inhalte des Bewertungsbogens müssen mit den Zielen des Unterrichts identisch sein.

Solche Beobachtungsbogen sind darüber hinaus eine gute Grundlage, um Rückmeldungen gegenüber den Teilnehmern oder dem Auftraggeber zu geben. Sie müssen anschließend zur individuellen Weiterförderung führen. Gerade solche Beobachtungsbogen ermöglichen es, den individuellen Leistungs- und Lernfortschritt aufzuzeigen, um Leistungsmotivation zu fördern.

Checklisten zum Konzeptkreis 10

Abb. 10.1 Der Konzeptkreis stellt die Schritte in der Konzeption und Durchführung eines Unterrichtsprojekts dar. Die Zahlen verweisen auf die Kapitel im Teil 1 dieses Buchs.

Mit folgenden Fragen erhalten Sie Antworten über die Qualität Ihres Unterrichts. Der Fragenkatalog soll eine Anregung zur Eigenreflexion und Optimierung sein und erhebt keinen Anspruch, die Qualitätsmerkmale vollständig abzufragen (Abb. 10.1).

10.1 Lernursache

- Welcher objektive Lernbedarf besteht für die Teilnehmer?
  - Warum ist es notwendig, dass etwas gelernt werden muss?
  - Welche Anforderungen bestehen?
- Was erwartet der Auftraggeber von der Bildungsmaßnahme?
- Welche extrinsischen Motivationen bestehen (Anreiz oder Bedrohung)?
- Welche intrinsischen Motivationen bestehen?
- Benötige ich einen Trainingsauftrag von Dritten?

J. Meyerhoff, C. Brühl, *Fachwissen lebendig vermitteln*,
DOI 10.1007/978-3-658-09625-0_10

- Welchen Sinn stiftet die Bildungsmaßnahme den Teilnehmern?
- Wie unterstütze ich die intrinsische Motivation der Teilnehmer?
- Was weiß ich über Vorerfahrungen und Wertvorstellungen meiner Teilnehmer zum Thema?
- Für welches Leistungsniveau konzipiere ich meine Maßnahme?

10.2 Lernziele

- Welche exakten Ziele will ich mit meinem Unterricht erreichen?
- Formuliere ich die Lernziele schriftlich?
- Sind die Ziele untergliedert in Gesamtziel(e) und Teilzeile?
- Sind die Ziele priorisiert in „kann“, „soll“ und „muss“?
- Gehorchen die Ziele den SMART-Kriterien?
- Sind die Ziele positiv formuliert?
- Ist ein Nutzen der Zielerreichung deutlich?

10.3 Lerninhalte

- Was kann in meinem Unterricht Wichtiges gelernt werden?
- Habe ich selbst genügend Zeit zur Vorbereitung der Inhalte?
- Welche Vorkenntnisse haben die Teilnehmer? (Vermutung oder Tatsache?)
- Welche Eingangsvoraussetzungen formuliere ich?
- Wenn die Lerngruppe heterogen sein wird: Wie will ich prinzipiell damit umgehen?
- Wie will ich Lerninhalte sammeln und ordnen?
- Sind die Inhalte vollständig?
- Sind die Inhalte angemessen gewichtet?
- Sind die Inhalte relevant für die Zielerreichung?
  - Welche Bedeutung kann die an diesem Inhalt zu gewinnende Erfahrung/Erkenntnis/Fähigkeit … für die Zukunft der Teilnehmer haben (z. B. in ihrer beruflichen Praxis)?
  - Welche Bedeutung hat der Inhalt im gegenwärtigen Leben der Teilnehmer?
  - In welchem größeren Zusammenhang steht der Inhalt mit der Arbeit bzw. der persönlichen Entwicklung?
  - Für welchen weiteren Schritt ist der Inhalt zwingende Voraussetzung?
  - Wenn der Inhalt keinen direkten Bezug hat: Warum wird er aufgegriffen?
- Wie verteile ich die Inhalte auf die Unterrichtszeit?
- Bin ich fachlich gut vorbereitet und kompetent genug für das Thema, das ich unterrichte?

10.4 Rahmenbedingungen

- Welche äußeren Bedingungen (räumlich, zeitlich) brauche ich, um mich als Dozent im Unterricht wohl zu fühlen?
- Was werden für Rahmenbedingungen geboten, damit die Teilnehmer sich wohlfühlen?
- Wo kann ich noch etwas verbessern?
- Welche Argumente brauche ich, um die richtigen Rahmenbedingungen mit dem Auftraggeber aushandeln zu können?
- Wo sind Kompromissmöglichkeiten, wo nicht?
- Was wären die Konsequenzen, wenn Rahmenbedingungen nicht erfüllt werden?
- Wie sieht meine Raumgestaltung aus?

10.5 Planung und Vorbereitung

- Steht mein Grobkonzept mit Angaben über
  - Lernziele
  - Eingangssituation
  - Anforderungsprofil an die Teilnehmer
  - Gruppensituation
  - grundlegende Unterrichtsform
  - Kosten
  - Räume
  - Team
  - Zeitplan für die Vorbereitung
  - Alternativen?
- Habe ich das Einverständnis meines Auftraggebers für die Lernziele?
- Habe ich das Einverständnis des Auftraggebers für das Grobkonzept?
- Steht mein Unterrichtsleitfaden mit Angaben zu
  - Inhalt
  - Methoden
  - Sozialform
  - Zeit
  - Medien?
- Bin ich von meiner Methodenauswahl überzeugt?
- Welche Alternativen gibt es?
- Welche Medien setze ich ein?
- Wie zielführend sind sie gestaltet?

- Ist meine Gliederung des Unterrichts stringent?
- Kenne ich verschiedene Methoden des Lehrens und verfüge ich über genügend Wissen, sie im Unterricht anzuwenden?
- Zu den einzelnen Medien: vgl. Kap. 6, S. 34 ff.

10.6 Unterricht

- Sage ich meinen Teilnehmern, was sie in meinem Unterricht/in der Unterrichtseinheit/im Seminar lernen können und warum das wichtig ist?
- Welches Lernklima will ich insgesamt bereiten und wie schaffe ich das?
- Wie gut kenne ich meine Teilnehmer, ihr Vorwissen, ihre Kompetenzen, ihre Probleme, ihre Interessen, ihr Umfeld?
- Wie beziehe ich dieses Vorwissen mit in den Unterricht ein?
- Welche „Spielregeln" für die Arbeit mit der Gruppe sind mir wichtig?
- Werden diese Spielregeln und Feedbackregeln eingehalten?
- Welche Konsequenzen gibt es, wenn Regeln nicht eingehalten werden?
- Halte ich mich als Dozent ebenfalls an Regeln (z. B. Pünktlichkeit)?
- Welche meiner Verhaltensweisen stärken die Partnerschaftlichkeit zwischen mir als Dozent und den Teilnehmern?
- Welche meiner Verhaltensweisen gefährden die Partnerschaftlichkeit?
- Herrscht in meinem Unterricht ein Klima des gegenseitigen Respekts und der Rücksichtnahme?
- Begegne ich meinen Teilnehmern respektvoll – auch denen, die ich persönlich nicht so mag?
- Welches Verhältnis will ich zu meinen Teilnehmern haben (Kumpel, Vorgesetzter, Vater/Mutter)? Wie ist es tatsächlich und woran mache ich das fest? Welche Vor- und welche Nachteile erlebe ich dadurch?
- Bin ich mutig genug, auch unbequeme Entscheidungen durchzusetzen?
- Habe ich Humor und zeige ich ihn im Unterricht?
- Bin ich schlagfertig, ohne dabei verletzend zu wirken?
- Höre ich meinen Teilnehmern genau zu, bevor ich eine Antwort gebe?
- Wie beteilige ich die Teilnehmer an der Lösung von Konflikten?
- Wie gehe ich mit Störungen im Unterricht um? Kann ich ihnen sachlich und erfolgreich begegnen?
- Vermittle ich, dass ich gerne unterrichte und der Unterricht Spaß machen wird? Kenne und beherrsche ich Methoden, gute „Lernlaune" herzustellen?
- Bin ich bereit, meinen Teilnehmern die Verantwortung für ihr Lernen zu übertragen?

- Wie kann ich meine Teilnehmer für die Unterrichtsthemen motivieren?
- Wo lasse ich im Unterricht Raum für Emotionen (Lachen) und Kreativität?
- Gibt es genügend Möglichkeiten für meine Teilnehmer, sich körperlich zu aktivieren? Können sie sich auch während des Unterrichts im Raum bewegen?
- Welche Hilfestellung benötigen die Teilnehmer bezüglich der Lern- und Arbeitstechniken?
- Wodurch gestalte ich meinen Unterricht interaktiv?
- Wie beziehe ich Vorkenntnisse, Erwartungen und Erfahrungen der Teilnehmer in meinen Unterricht mit ein?
- Wie differenziere ich meinen Unterricht für unterschiedlich leistungsstarke und unterschiedlich interessierte Teilnehmer?
- Wie stelle ich sicher, dass alle Teilnehmer aktiv sind und sich beteiligen?
- Sorge ich für eine konstruktive Atmosphäre unter den Teilnehmern im Unterricht?
- Kann ich so gut moderieren, dass ertragreiche, ergebnisorientierte Gespräche herauskommen, die die Teilnehmer weiterbringen?
- Gibt es genügend Zeit, damit die Teilnehmer sprechen können – zu zweit, in Kleingruppen oder im Plenum?
- Ist der Redeanteil meiner Teilnehmer insgesamt höher als mein eigener?
- Bin ich in meinem Verhalten und meinen Anweisungen deutlich?
- Wurden Methoden und Medien richtig eingesetzt?
- Welche Methoden kamen bei den Teilnehmern besonders gut an?
- Haben die Fragen, die ich im Unterricht stelle, einen echten Bezug zur Praxis?
- Beherzige ich die „4-A-Regel"?
- Welche „Rituale" will ich in den Unterricht einbauen?
- Welche Merk- und Gedächtnishilfen werden entwickelt?
- Fordere und fördere ich meine Teilnehmer?
- Gebe ich meinen Teilnehmern genügend Zeit, die Ergebnisse ihrer Arbeit zu präsentieren?
- Wie werte ich die Ergebnisse aus?
- Kann ich meine Unterrichtseinheiten so beenden, dass sie noch nachwirken?
- Welche konkreten Ergebnisse nehmen die Teilnehmer mit, die sie anwenden können?
- Welche Rolle spielt die Lernmotivation der Teilnehmer für meine Unterrichtsgestaltung, und welche für mein persönliches Verhalten?
- Welche Gefühle zeige ich gegenüber meinem Lehrstoff? Welche Gefühle will ich bei den Teilnehmern erzeugen? Wo ist Raum dafür, Gefühl und Verstand zusammenzubringen?

10.7 Evaluation

- An welchen Stellen will ich eine Evaluation durchführen?
- Was genau will ich evaluieren?
- Sind meine Kriterien spezifisch, objektiv und valide?
- Habe ich genaue, vorab festgelegte Urteilsmaßstäbe, damit ich gerecht beurteilen kann?
- Ist der Prozess transparent und fair?
- Wo könnten Schwachstellen sein und was will ich dagegen tun?
- Worüber möchte ich von meinen Teilnehmern Feedback?
- Hole ich mir regelmäßig Feedback von meinen Teilnehmern zu den Inhalten und Methoden des Unterrichts?
- Welche Konsequenzen ziehe ich aus dem Feedback?

Teil II
Geeignete Methoden finden

Beschreibung ✍
- Sozialform ☺
- Gut geeignet für ✓
- Fragen zur Vorbereitung ❓
- Variationen ❐
- Vorteile der Methode ✚
- Nachteile/Grenzen —

Wie das Lernen vorbereitet und begleitet wird

11

Die diesem Abschnitt vorgestellten Methoden eignen sich für den Beginn eines Fachseminars genauso wie für Zwischenschritte. Den Kenntniserwerb begleiten können Sie außerdem durch „Rituale“, vor allem aus dem Bereich der Wiederholungsübungen. Ebenso können Sie kleine Evaluationen durchführen, sinnvollerweise zu Beginn bzw. als Abschluss einer Lerneinheit (vgl. auch die 4-A-Regel, S. 71).

11.1 Einladungen schreiben

Einige Tage bis wenige Wochen vor dem Kursbeginn bekommen die Teilnehmer von Ihnen ein freundliches Einladungsschreiben. Darin stehen nicht nur Formalia wie Ort und Zeit des Kursbeginns, sondern auch die Leitfrage des Kurses, der Nutzen für die Teilnehmer, ein paar Andeutungen zu den Methoden und zur Gruppenzusammensetzung. So bereiten Sie vor, dass die Teilnehmer sich positiv einstimmen können. Sie können eine kleine Vorbereitungsaufgabe stellen (die aktuellen Zeitungen auf ein Thema hin aufmerksam lesen, einen mitgeschickten Text lesen, die eigenen Erwartungen aufschreiben etc.). Das Schreiben kann mit Bildern und Piktogrammen gewürzt sein.

☺ Einzelarbeit.

✓ Vorbereitung auf den Kurs

J. Meyerhoff, C. Brühl, *Fachwissen lebendig vermitteln*,
DOI 10.1007/978-3-658-09625-0_11

- Welche Erwartungen/Gefühle möchte ich durch das Schreiben erzeugen?
- Wie steigere ich Neugier und Vorfreude?
- Was können die Teilnehmer schon im Vorfeld ohne allzu viel Aufwand vorbereiten?
- Mit welchen Bildern verleihe ich der Einladung eine freundliche, ungewöhnliche und Aufmerksamkeit erregende Note?

Die Teilnehmer kommen positiv gestimmt in die Veranstaltung. Eventuell sogar Zeitersparnis, weil die Teilnehmer schon etwas vorbereitet haben.

Nicht immer werden alle Teilnehmer die Vorbereitungsaufgabe bearbeiten. Es sollte deshalb im Kurs nicht allzu viel von ihr abhängen, die Aufgabe sollte eher einstimmenden Charakter haben.

11.2 Selbstlernphase, Vorlernphase

Immer häufiger haben Firmen das Problem, dass sie ihre Mitarbeiter ungerne mehrere Tage in eine Fortbildung schicken möchten. Immerhin fallen die Mitarbeiter während dieser Zeit aus. So besteht hier der Wunsch entweder nach einem E-Learning oder zumindest nach einem zeitoptimierten Lernen mit möglichst wenig Abwesenheitstagen.

Wie bekommt man so etwas hin? Nach unserer Erfahrung sind reine E-Learnings nicht immer optimal. Es können keine Fragen gestellt werden, der Spaß lässt häufig schnell nach und die Lernleistung entspricht nicht den Erwartungen. Selbst eine anschließende Fragerunde mit Skype oder Lync kann eine Stunde von Angesicht zu Angesicht nicht wirklich ersetzen.

Es bleibt aber dennoch eine Möglichkeit: Vorlernen. Hier gibt es gute Möglichkeiten den Teilnehmer auf das kommende Präsenztraining einzustimmen, ihm einen Überblick zu geben und auch bestimmte Inhalte über das Selbstlernen zu vermitteln. Das Vorlernen sollte strukturiert und zielorientiert sein.

Wer nur ein komplettes Skript versendet, wird mit dieser Methode wenig Gegenliebe erzeugen. Es ist oft zu umfangreich. Deshalb stellen Sie sich bei der Vorbereitung die richtigen Fragen.

Die Teilnehmer erhalten im Vorfeld des Kurses oder zwischen zwei Kursmodulen bereits Material zu Bearbeitung (die Zeit dafür muss eingeplant, d. h. rechtzeitig angekündigt werden). Dies könnten Texte, ein Hörbuch/Podcast (vgl. Seite 122) oder ein E-Learning-Modul sein. Zusätzlich zu dem Medium, das den Inhalt transportiert, gibt es Arbeitsblätter/-hefte mit kleinen Aufgaben dazu. Sie werden in den Kurs zur weiteren Bearbeitung mitgebracht.

Einzelarbeit.

Einstige in einen Kurs, eine Unterrichtseinheit

- Welche Inhalte kann ich aus dem Kurs „auslagern“, so dass dort mehr Zeit für Übung und Diskussion bleibt?
- Welche Medien sind ansprechend, abwechslungsreich und kompakt, so dass die Beschäftigung damit Freude bereitet?
- Welche aktivierenden Aufgaben, die den Teilnehmer auch durch die Aufgaben leiten, biete ich an?
- Ist der anschließende Präsenzkurs so aufbereitet, dass auch mit einem heterogenen Lernstand umgegangen werden kann? Nicht alle Teilnehmer werden sich gleich gründlich vorbereiten.
- Muss der Lernstand vor dem Präsenzkurs mit einem Test überprüft werden, um sicherzustellen, dass alle Teilnehmer vorbereitet sind?
- Biete ich alternative Wege zum Ziel an?
- Habe ich eine realistische Einschätzung für die Bearbeitungszeit? (Ggf. vorab eine Testperson die Aufgaben bearbeiten lassen.)

- Variationsmöglichkeiten liegen vor allem in der Art der medialen Aufbereitung des Inhalte sowie der Aktivierungen. Bewährt haben sich z. B. Lückentexte, Rätselaufgaben, Vervollständigung von Grafiken etc.
- Bei komplexeren Selbstlernphasen kann der Dozent auch eine Hotline/Fragestunde am Telefon anbieten.
- Wenn die Teilnehmer sich untereinander kennen und Kontaktaufnahme – mindestens per Telefon/E-Mail – möglich ist, können die Aufgaben auch in kleinen Gruppen bearbeitet werden. Hier können auch moderne Methoden zum Einsatz kommen wie Lync, Skype oder geschlossene „What's-app“-Gruppen.

Die Präsenzphase wird entschlackt und kann interaktiver gestaltet werden bzw. sich aufs Wesentliche fokussieren. Teilnehmer können nach ihrem Lerntempo vorgehen. Bei großen Teilnehmerzahlen werden unter Umständen Kosten gespart.

Teilnehmer werden unterschiedlich gründlich arbeiten; die Präsenzphase muss deshalb wichtige Aspekte unbedingt aufgreifen und vertiefen, um die Heterogenität auszugleichen. Wenn die Teilnehmer nicht ausreichend Zeit vor Kursbeginn hatten, kann die Selbstlernphase, auch wenn die Medien attraktiv sein, Frust erzeugen.

11.3 Erwartungen abfragen und Spielregeln als Vertrag

✍ Der Dozent fragt ab: „Welche Erwartungen haben Sie an den Kurs/die Lerneinheit?" (hinsichtlich Verlauf, dargebotener Inhalte, Art des Arbeitens). Er macht sich Notizen – z. B. auf Flipchart – und klärt mit den Teilnehmern, welche Erwartungen erfüllt werden und welche nicht, etwa weil sie nicht mit den vorgegebenen Lernzielen übereinstimmen. Anschließend wird ein „Vertrag" zwischen Dozent und Teilnehmern über die Lernziele geschlossen bzw. werden Spielregeln für das Arbeiten aufgestellt (vgl. S. 48). Eventuelle Unstimmigkeiten zwischen den Erwartungen und dem Vorhaben des Dozenten werden geklärt, ggf. mit Hinweis auf die Erwartungen des Auftraggebers. Die Spielregeln werden auf Flipchartpapier aufgeschrieben und für alle sichtbar im Raum aufgehängt. Sie können bei Bedarf ergänzt werden.

☺ Alle Sozialformen sind möglich (vgl. Variationen).

✓ Einstieg in einen Kurs, eine Unterrichtseinheit

- Mit welchen geäußerten Erwartungen der Teilnehmer rechne ich?
- Wo könnten Unstimmigkeiten auftreten (etwa wegen Differenzen der Erwartungen des Auftraggebers und der Teilnehmer)?
- Welche Erwartungen werde ich nicht erfüllen können, was ich vorab mitteilen sollte?
- Wie kann ich verhindern, dass sich im Vorfeld falsche Erwartungen bilden (z. B. genaue Formulierung des Kursprogramms in der Einladung oder Ausschreibung)?
- Welche Erwartungen werde ich erfüllen können?
- Welche Spielregeln sollte ich mit der Gruppe vereinbaren?

❐

- Die Erwartungen werden mündlich in einem Stuhlkreis sitzend reihum abgefragt.
- Zwei bis drei Teilnehmer tauschen sich 5 bis10 min über ihre Erwartungen aus und teilen sie danach gebündelt der Gesamtgruppe mit.
- Die Erwartungen werden auf Metaplankarten in Einzel-, Partner- oder Kleingruppenarbeit zusammengetragen. Alle bearbeiten die Fragen: „Was muss stattfinden, damit dies ein gutes Seminar wird?" – „Was soll nicht stattfinden, damit dies ein gutes Seminar wird?"
- Die Teilnehmer schreiben einzeln einen kurzen Brief an den Dozenten und an die Gruppe, in dem sie ihre Wünsche und Erwartungen vortragen. Die Briefe werden dann vorgelesen (evtl. vorher untereinander tauschen).

- Die Teilnehmer schreiben diesen Brief bereits im Vorfeld der Unterrichtsmaßnahmen oder werden durch den Dozenten durch ein kleines Formular um konkrete Angaben gebeten. Die Spielregeln müssen aber zu Beginn der Präsenzphase noch unabhängig aufgestellt werden.

Es wird eine Vertrauensbasis zwischen Dozent und Teilnehmern geschaffen. Es wird Zielklarheit erreicht, die Teilnehmer werden verantwortlich eingebunden.

Manche Teilnehmer haben nur sehr diffuse Vorstellungen von dem, was sie inhaltlich erwartet. Sie sind dann sogar dankbar, wenn der Dozent von sich aus klar macht, was er vorhat. Die einzelnen Spielregeln, d. h. das „Wie" des Arbeitens, sollten dann aber nicht auch vom Dozenten allein aufgestellt werden.

11.4 Der Überblick

In Form eines großen Posters werden wesentliche Zusammenhänge und „Meilensteine" der Lerninhalte abgebildet. Das Poster kann phantasievoll gestaltet sein, um den „Weg" der Teilnehmer und des Schulungsgeschehens darzustellen: z. B. als Flusslauf, als Wäscheleine, als Reiseroute durch eine Inselwelt. Die Themen können einfach in Begriffen dargestellt sein oder auch in Bildform. Wichtig ist aber in erster Linie nicht die Optik, sondern dass ein inhaltlicher Zusammenhang und eine Logik erkennbar wird.

Plenum.

Einstieg in eine (komplexere) Schulung, zum Rekapitulieren, wo die Gruppe steht, als Rückblick und Ausblick, um deutlich zu machen, wie die inneren Bezüge sind. Auf das Kommende einstimmen. Für Rückblicke und Wiederholungen.

Was sind die Schlüsselthemen und -schritte sowie wesentliche logische Schritte des Kurses?

- Statt eines Posters an der Wand kann die Übersicht auch als Tischvorlage auf Papier gestaltet sein.
- Wenn an manchen Stellen Freiheitsgrade in der Reihenfolge oder Themenwahl bestehen, dies entsprechen einbauen und im Gespräch mit der Gruppe entwickeln, das Poster damit ergänzen.

- Wer nur wenig Vorbereitungsaufwand betreiben kann, verzichtet auf schöne Bilder und schreibt die Schlüsselschritte auf. Es sollte mehr sein als eine klassische Agenda: Kurze ganze Sätze sind geeignet, die einen Zusammenhang wie ein „Storyboard“ bilden.

✚ Das Poster wird am Anfang einer Schulung und beim Erreichen der inhaltlichen Meilensteine immer wieder herangezogen, um einen großen Gesamtüberblick über die Thematik zu geben – Teilnehmer, die wissen wollen, worauf die Sache hinausläuft, fühlen sich besonders wohl damit.

— Naturgemäß muss die inhaltliche Übersicht noch fragmentarisch bleiben, um den Charakter der Übersicht zu bewahren. Das rechte Maß zwischen einer nur groben Agenda und einem Schnelldurchlauf durch die Details zu finden ist anspruchsvoll, ggf. hoher Vorbereitungsaufwand.

11.5 Das Ende an den Anfang

✍ Der Dozent bittet die Teilnehmer sich in die Situation zu versetzen, als wäre die Gruppe bereits am Ende der Unterrichtseinheit/des Kurses. Im Sinne einer Abschluss-Feedbackrunde sollen sie nun in der Vergangenheitsform sprechend ihr Feedback zum Unterricht und zur Gruppe geben. Wie ist es mir im Kurs ergangen? Was habe ich neu dazu gelernt? Wie leicht ist mir das Lernen gefallen? Warum? Was hätte ich mir noch gewünscht?

☺ Plenum.

❖ Keine spezifischen Fragen

✓ Einstiegsrunden in den Kurs oder eine größere Unterrichtseinheit.

✚ Durch diese „Zeitreise“ werden die Teilnehmer dazu angeregt, konkreter zu formulieren als in klassischen Erwartungsabfragen.

— Es wird den Teilnehmern ein Umdenkprozess abverlangt, der nicht leicht fällt. Die Aufgabenstellung muss ganz klar werden, indem der Dozent in seiner Rolle mit dem Spiel beginnt.

11.6 Mitschreiben

✍ Die Teilnehmer schreiben Notizen, Verlauf und Ergebnisse von Lehrgesprächen und Referaten usw. eigenständig mit. Die folgenden Vorschläge sind Variationen der freien, vom Dozenten nicht gesteuerten Mitschrift.

Mitschrift als Tabelle
Das DIN-A-4-Blatt wird im Hoch- oder Querformat in eine zweispaltige Tabelle unterteilt. Links werden die Inhaltsaspekte notiert. In der Spalte rechts können Vertiefungen eingetragen werden, z. B. Verständnisfragen, Querverweise auf Literatur, Skizzen und Visualisierungen, Leitfragen zum Thema usw.

Austausch von Mitschriften:
Der Dozent regt an, am Ende einer Unterrichtseinheit mit dem Sitznachbarn die Mitschrift zu tauschen und zu überprüfen:

- Ist sie aus meiner Sicht vollständig?
- Welche Aspekte finde ich in der Mitschrift, die ich anders verstanden habe?
- Finde ich Aspekte darin, die ich in meiner eigenen Mitschrift ergänzen möchte?

Kleine Haftnotizzettel können mit Kommentaren oder Fragen beschriftet und an den entsprechenden Stellen in der Mitschrift des anderen angebracht werden. Anschließend gibt man die Mitschrift an den Autor zurück.

Lückentext
Es wird ein Arbeitsblatt bzw. ein Lückentext ausgegeben, der im Laufe des Lehrgesprächs zu vervollständigen ist.

Verwendung von Farben
Zu Beginn der Unterrichtseinheit soll sichergestellt sein, dass alle Teilnehmer Stifte in mehreren Farben zur Verfügung haben. Es kann ein Farbcode festgelegt werden: Thesen und Definitionen in rot, Erklärungen und Herleitungen in schwarz, Konsequenzen in grün usw. Der Dozent sollte diesen Farbcode selber ebenso befolgen.

Mitschrift auf Karteiblätter
Statt fortlaufend auf klassischem DIN-A-4-Papier wird jede gedankliche Einheit auf ein postkartengroßes Karteiblatt geschrieben. Die Karteiblätter sollten nummeriert und mit einer Überschrift (z. B. Thema der Unterrichtseinheit) versehen werden. Der Dozent kann dazu Anregung geben, wie man mit solch einer Kartei selbstständig weiterarbeiten kann (z. B. als klassische Lernkartei). Die Teilnehmer sparen Zeit, wenn sie die Kartei gleich im Unterricht anlegen. Auf der Vorderseite kann in einer Ausbaustufe eine Frage stehen, die den Unterrichtsaspekt leitet, auf der Rückseite die Antwort. Wenn den Teilnehmern dazu zunächst noch das Zutrauen fehlt, kann die Aufgabe auch darin bestehen, nach dem Unterricht die klassische Mitschrift auf Karteiblätter zu übertragen (= Wiederholungsübung). Im nächsten Schritt können die Teilnehmer angeregt werden, im Unterricht die Kartei und zu Hause dann die „klassische" Mitschrift auf DIN-A-4-Blätter anzulegen – worauf viele Teilnehmer dann aber verzichten werden, da sie nur noch mit der Kartei arbeiten.

11.7 Leitfragen bilden

✍ Die Gruppe bekommt die Aufgabe, die wichtigste Frage für den Kurs/die Unterrichtseinheit zu formulieren (ggf. bis zu drei Fragen). Es sollen Fragen sein, um die sich alles dreht und für die am Ende eine – unter Umständen komplexe – Antwort gefunden sein muss. Die Frage soll einfach formuliert sein und grundsätzliche Aspekte des Themas behandeln. Im Grunde wird diese Leitfrage das Kursthema zum Inhalt haben: „Was macht eine Großmacht aus?" (Politik/Geschichte) – „Wie entstehen neue Arten?" (Biologie) – „Wie wartet und repariert man den neuen XY-Motor optimal?" (Mechanikerschulung) – „Was kennzeichnet ein faires, zuverlässiges und rechtmäßiges Versicherungsverhältnis?" (Versicherungsrecht).

An diese Leitfragen wird immer wieder im Unterricht erinnert, während man sich um Einzelinhalte kümmert. Die Leitfrage hilft, die Gruppe an einem „roten Faden" zu führen und den Sinn einzelner Methoden und Inhalte zu verdeutlichen. Zugleich wird der Anspruch an den Dozenten formuliert, gemeinsam die Leitfrage zu beantworten.

☺ Plenum.

✓ Einstieg ins Thema, Zusammenfassung bzw. Zwischenevaluationen.

❓
- Wie würde ich als Dozent die Leitfrage für den Unterricht formulieren?
- Welche Antwort gebe ich darauf?
- Inwieweit hilft die Beantwortung, die Lernziele zu erreichen?

- An welchen Stellen im Unterrichtsverlauf muss ich die Gruppe an die Leitfragen erinnern und schließlich zur Antwort auffordern?
- Welche Schritte muss ich mit der Gruppe gehen, damit eine Antwort gegeben werden kann?
- Bei geringen Vorkenntnissen oder diffusen Erwartungen der Gruppe formuliert der Dozent die Leitfrage.
- Die Gruppe kann aus Vorkenntnissen oder Vorahnung heraus um eine erste Beantwortung gebeten werden. Die Antworten können als zu prüfende Thesen im weiteren Verlauf bearbeitet werden.

✚ Der Kern des Unterrichts wird gut deutlich. Struktur wird geschaffen und von Anfang an Sinn vermittelt.

— Bei geringen Vorkenntnissen kann die Gruppe überfordert sein, selbst die Leitfrage zu formulieren. Als Dozent kann man im Eifer des Gefechts vergessen, immer wieder auf die Leitfrage zurückzukommen, deshalb: Aufschreiben und im Kursraum aufhängen. Ein Ritual einführen, um immer wieder (vorläufige) Antworten zu geben, z. B. nach jeder Unterrichtsstunde.

11.8 Partnerinterview

✍ Zwei Personen interviewen sich gegenseitig über ihre Person, ihre Erwartungen, ihren Bezug zum Unterrichtsthema oder ihre Vorkenntnisse. Der Dozent gibt konkrete Interviewfragen vor. Anschließend stellen sich die Partner gegenseitig im Plenum vor.

☺ Partnerarbeit, anschließendes Plenum.

✓ Kennenlernsituationen, aber auch zwischendrin beim Themenwechsel und Neueinstieg in ein Thema.

?
- Welche Interviewfragen sollen sich die Partner stellen?
- Wie kann ich die persönliche und die fachliche Ebene in der Übung verbinden?

✚ Persönliche Erwartungen und das Thema werden in Verbindung gebracht.

— Die Gruppe sollte nicht allzu groß sein, da sonst die Methode sehr zeitintensiv ist. Ggf. kann auf die Plenumsrunde verzichtet werden, wenn sich die Gruppe schon (gut) kennt.

11.9 Methodenwerkstatt

Der Dozent stellt einige grundsätzliche Methoden und Sozialformen vor, mit denen er zu arbeiten gedenkt. Entweder hält er ein Kurzreferat (max. 5 min) oder hängt kleine Poster zu jedem Thema in den Raum, so dass sich die Teilnehmer informieren können. Vorgestellt werden die verschiedenen Sozialformen und wesentliche Methoden, die sich deutlich voneinander unterscheiden (z. B. Lehrgespräch, Vortrag, Lesen, Video sehen, Modell basteln, Rollenspiel). Die Teilnehmer bewerten anschließend, welche Methoden sie bevorzugen oder eher ablehnen. Dies kann in einer Plenumsdiskussion geschehen, durch eine Punktwertung oder eine Kleingruppendiskussion. Außerdem wird die Frage gestellt: Welche Methoden wünschen Sie sich noch? Zugleich können schon methodenspezifische Spielregeln besprochen werden.

Alle Sozialformen sind möglich.

Beginn eines längeren Kurses.

- Welche Methoden möchte ich anbieten und präsentieren?
- Welche Spielregeln zu einzelnen, wiederkehrenden Methoden möchte ich besprechen?

Die Abfrage kann auch im Vorfeld eines Seminars durchgeführt werden.

Der Dozent erhält einen Eindruck über Vorlieben und Antipathien zu bestimmten Methoden. Lernerfahrungen der Teilnehmer kommen zur Sprache.

Nur Methoden zur Disposition stellen, für die der Dozent Alternativen hat. Ansonsten sollte der Dozent die Methoden als solche nur ankündigen, aber keine Meinung dazu einholen. Bei relativ kurzen Veranstaltungen ist diese Vorbereitungsphase im Sinne des Aufwand-Nutzen-Verhältnisses unangebracht.

12 Wie Sozialformen variiert werden können

12.1 Sandwich

✍ Die Teilnehmer beschäftigen sich zunächst in Einzel- oder Partnerarbeit mit einem Thema. Es geht dabei um einen ersten Eindruck zu einem Sachverhalt und ein oberflächliches Kennenlernen von Begriffen und Zusammenhängen. Diese Auseinandersetzung kann z. B. darin bestehen, dass ein Text grob überflogen wird, unbekannte (oder bekannte) Begriffe notiert werden. Als Partnerarbeit kann auch ein kurzer Austausch über Vorwissen und bisher Gelerntes erfolgen. Anschließend erfolgt ein Plenumsteil, etwa in Form eines Dozentenvortrags oder Lehrgesprächs. Der dritte Teil – sozusagen der Deckel des Sandwich – ist die erneute Auseinandersetzung mit dem Thema im Einzelarbeit. Dabei wird derselbe oder ein ähnlicher Text noch einmal gelesen, diesmal aber mit dem zusätzlichen Wissen aus dem Vortrag: Was habe ich jetzt besser verstanden? Was habe ich aus dem Vortrag wiedererkannt?

☺ Kombination von Einzel- und Plenumsarbeit.

✓ Schrittweise Vertiefung komplexer Inhalte, zu denen diffuses Vorwissen vorhanden ist.

❓
- Mit welcher Aufgabe sollen sich die Teilnehmer zu Beginn beschäftigen?
- Auf welche Grenze werden sie dabei vermutlich stoßen, die im Plenum überwunden werden soll?
- Wie kann Frust und zu großer Perfektionismus bei der Einstiegsaufgabe vermieden werden?

J. Meyerhoff, C. Brühl, *Fachwissen lebendig vermitteln*,
DOI 10.1007/978-3-658-09625-0_12

- Welche Aufgabe kann anschließend zur Bearbeitung gegeben werden, die die Einstiegsaufgabe mit dem Vortrag verknüpft und zu vertiefter Erkenntnis führt?
- Die Einzelarbeiten finden nicht im Unterricht, sondern in häuslicher Arbeit statt.

❐
- Statt zweimal denselben Text zu lesen, kann nach dem Vortrag ein eigener Text verfasst werden.
- Die Partner können in der Einstiegs- und Abschlussaufgabe wechseln. Dies ergibt wiederum neue Sichtweisen, wie der Lehrstoff verstanden wurde.
- Die Abschlussaufgabe kann auch so gewählt werden, dass sie dem Dozenten besseren Rückschluss auf den Grad der Verarbeitung zulässt als die Einzelarbeit (z. B. Podiums- oder Plenumsdiskussion unter Moderation eines Teilnehmers).
- Generell ergibt sich eine große Vielfalt dadurch, dass Einstiegs- und Abschlussaufgaben aus anderen Methoden schöpfen und unterschiedlich variiert werden können.

✚ Vertiefte Beschäftigung mit einem Thema. Teilnehmer erleben bewusst die Erweiterung ihres Verständnisses, „Aha-Effekte" werden erzeugt.

— Ist die Einstiegsaufgabe zu schwer, kann Frust entstehen. Deshalb die Aufgabe behutsam stellen und verdeutlichen, dass keine Perfektion angestrebt wird. Zeitintensive Methode.

12.2 World-Café

✍ Im Raum gibt es mehrere Tische, auf die die Teilnehmer verteilt sind. Die Tische haben Papiertischdecken, auf die mit Stiften geschrieben werden oder eine Collage angebracht werden kann. Pro Tisch wird eine unterschiedliche Aufgabenstellung bearbeitet. Nach einer festgelegten Zeit wechseln die Teilnehmer zum nächsten Tisch. Eine oder mehrere Personen bleiben jedoch bis zur nächsten Runde am Tisch sitzen („Gastgeber"), begrüßen die Neuankömmlinge, berichten vom Diskussionsstand der vorherigen Gruppe und führen in die Diskussion der nächsten Runde ein. Es wird so lange rotiert, bis jeder Teilnehmer jede der vorgesehene Aufgaben bearbeitet hat. Die Ergebnisse werden auf der Tischdecke notiert, so dass die Ergebnisse für die nächste Gruppe nachvollziehbar sind.

☺ Kleingruppenarbeit in wechselnder Zusammensetzung; da aber mit beliebig vielen Tischen gearbeitet wird, können auch große Teilnehmerzahlen auf diese Weise aktiviert werden. Die Untergrenze der Teilnehmerzahl für eine sinnvolle Durchführung liegt bei 12 bis 15.

✓ Aufgaben zur Wissensaktivierung, Wissenstransfer, aber auch zur Erarbeitung unterschiedlicher Themen und zur Diskussion.

- Wie muss die Aufgabenstellung formuliert sein, damit in mehreren Runden ein lebendiger Austausch zustande kommt?
- Wie gestalte ich die Zeitintervalle zum Wechsel, damit genug Zeit für die Aufgabe ist, aber auch keine Langeweile aufkommt?

- Statt Tische bespannte Pinnwände, die ebenfalls zum Malen, Zeichnen einladen
- Der Gastgeber bleibt die ganze Zeit fest an „seinem" Tisch sitzen und fasst am Ende im Plenum das Ergebnis aller Diskussionsrunden an seinem Tisch zusammen.

+ Hohe Interaktivität; auch für große Gruppen geeignet. Gruppenzusammensetzung verändert sich in jeder Runde, es hängen nicht immer nur die Cliquen zusammen.

– Die Fragestellungen müssen sehr gut vorbereitet und für die Gruppen gut verständlich sein. Hoher Zeitbedarf bei der Durchführung.

12.3 Gruppenpuzzle

✍ Eine Aufgabe wird arbeitsteilig in mehreren – möglichst gleich stark besetzten – Kleingruppen erarbeitet. Anschließend kommen Vertreter aus je einer Kleingruppe in neuen Gruppen zusammen und tauschen sich über die Arbeitsergebnisse aus („Expertenmix"). Schließlich findet man sich in den ursprünglichen Kleingruppen wieder zusammen, um die zusätzlich gewonnen Erkenntnisse einander mitzuteilen. Das Ganze wird durch schriftliche Protokolle begleitet.

☺ Kleingruppenarbeit.

✓ Einander ergänzende, aber doch unterschiedliche Themen, die zugleich auch einer Einordnung/Bewertung bedürfen.

- Wie kann ich ein großes Thema sinnvoll in kleine, etwa gleich große Teileinheiten unterteilen?
- Inwieweit sind die Themen einzeln gut zu bearbeiten und erfahren eine Bereicherung durch die Methode des Gruppenpuzzles?

✚ Hohe Interaktivität, alle Teilnehmer werden aktiv, nicht nur ein Gruppensprecher am Ende einer Gruppenarbeit.

— Die Gruppengröße, in der diese Konstellation funktioniert, ist relativ definiert. Zeitaufwändig in der Durchführung.

12.4 Zahnrad

✍ Die Gruppe wird in zwei Hälften geteilt. Die eine Hälfte bildet einen Innenkreis (Gesicht nach außen), die andere gegenüber einen Außenkreis (Gesicht nach innen). Jeder hat also einen Partner. Eine kleine Aufgabe wird gelöst. Danach rückt der Innenkreis einen Stuhl weiter, so dass neue Partnerkonstellationen entstehen. Man tauscht sich über die vorige Aufgabe aus oder bearbeitet eine neue usw., spätestens bis die ursprünglichen Partner einander wieder begegnen. ggf. Innen- und Außenkreis neu zusammensetzen.

☺ Partnerarbeit mit schnell wechselnden Partnern.

✓ Schnelle Abfolge von kleinen Aufgaben, die zu zweit zu erledigen sind, z.B. kurze Begriffswiederholungen.

? Welche Aufgabe(n) sollen die Partner bearbeiten?

✚ Hohe Interaktivität, Abwechslung.

— Es entsteht eine gewisse Unruhe. Die Aufgaben müssen so kurz sein, dass gewährleistet ist, dass alles etwa synchron abläuft, damit das Zahnrad „läuft wie geschmiert“.

12.5 Stationenlernen

✍ In verschiedenen Räumen warten unterschiedliche Aufgaben auf die Teilnehmer. Dies können Materialien zum Lesen sein, Gruppenarbeiten, Rollenspiele, Lernspiele und Auflockerungen. Mit den Teilnehmern wird der Ablauf bzw. die Aufgabe besprochen. Nun wandern sie nach einem festgelegten Plan in unterschiedlicher Reihenfolge die Stationen ab (vgl. auch Selbstbedienungsladen, S. 134).

☺ Alle Sozialformen sind möglich.

✓ Eine Gruppe von Einzelthemen, bei denen es nicht zwingend auf eine bestimmte Reihenfolge ankommt. Aufgaben und Themen sollten so angelegt sein, dass sie zur Variation der Sozialform einladen.

- Was können die Themen der einzelnen Stationen sein?
- Mit welchen Materialien sollen die Stationen bestückt werden?
- Wie kann es gefördert werden, dass die Teilnehmer zwischen den Sozialformen und Themen in angemessener Weise wechseln?
- Wie kann gesichert und überprüft werden, dass das Ziel erreicht wurde?

✚ Hohe Selbstverantwortung der Teilnehmer, Abwechslung, freie Arbeitsatmosphäre. Auch für hohe Teilnehmerzahlen umsetzbar bei entsprechend vielen Stationen und Betreuern. Dozenten- und Ortswechsel lockern auf (im Extremfall kann man die Stationen sogar innerhalb einer ganzen Stadt verteilen) und wirken sehr motivierend.

— In der Regel nur im Dozententeam durchführbar. Hoher Planungs- und Vorbereitungsaufwand.

12.6 Fishbowl

Die Teilnehmer werden auf zwei Gruppen aufgeteilt. Eine Gruppe bildet den (aktiven) Innenkreis, sozusagen die Fische im Glas. Die übrigen Teilnehmer setzen sich in einem Außenkreis darum herum und beobachten. Der Innenkreis bearbeitet aktiv eine Aufgabe, z. B. eine Debatte, ein Rollenspiel, die Entwicklung eines Schaubilds. Ist die Aktivität beendet, muss die Beobachtergruppe darüber sprechen, was sie beobachtet, geschlussfolgert, gelernt hat. Die jeweilige Aktivität soll unter der Vorstellung ablaufen, dass die jeweilige andere Gruppe gar nicht anwesend sei.

☺ Plenum, interagierende Gruppen.

✓ Themen, bei denen auch viel reflektiert werden muss oder für die es unterschiedliche Betrachtungsebenen gibt. Zur Reflexion über Arbeitsmethoden, Gruppendynamik.

- Welche zwei Ebenen der Aufgabe gilt es zu bearbeiten?
- Wie wird sie auf „Fische" und Beobachter aufgeteilt?
- Welche konkrete Beobachtungsaufgabe wird gestellt?

Personen können vom Außen- in den Innenkreis wechseln und mit einer anderen Person tauschen, wenn es sie „nicht mehr auf dem Stuhl hält". Dies muss in Spielregeln vereinbart werden. Die Regel sollte so lauten, dass die „Fische", wenn sie sich festgefahren haben, Hilfe von außen annehmen können. Derjenige, der von außen eingegriffen hat, rückt nach seiner Intervention wieder in den Außenkreis zurück in die Beobachterrolle. Die Gruppen können anschließend die Plätze tauschen. Der vormalige Außenkreis – nun selbst zu „Fischen" geworden – spricht nun über das, was er zuvor erlebt hat oder entwickelt eine Gegenposition (wiederum in der Vorstellung, es würde niemand anderes zusehen).

Eine Aktivität wird aus zwei Perspektiven bearbeitet, es gibt daher mehrere Sichtweisen auf eine Sache. Alle haben eine Aufgabe.

Die Spielregeln müssen gut erklärt und klar eingehalten werden. Der Außenkreis beobachtet also nur (außer o. g. Variation). Ggf. macht der Dozent zunächst als ein „Fisch" mit.

12.7 Staffette

Die Großgruppe wird in mehrere Kleingruppen aufgeteilt. Sie erhalten eine Aufgabe, die in irgendeiner Weise weiterbearbeitet werden kann (z. B. Fragen zum Lehrstoff formulieren, einen Text schreiben, Fakten sammeln). Die Bearbeitung der Aufgabe darf nicht zu lange dauern. Die Arbeitsergebnisse werden auf Karten geschrieben. Danach werden die Karten reihum weitergegeben. Jetzt wird die Aufgabe weiterbearbeitet (z. B. die Fragen ergänzt oder beantwortet, der Text weitergeschrieben, die Fakten in eine Ordnung gebracht). Das Ganze kann beliebig weitergeführt werden je nach Aufgabe. Am Schluss werden die Arbeitsergebnisse im Plenum vorgestellt.

Kleingruppen-/Partnerarbeit, ggf. Einzelarbeit.

Einstiegs-, Bearbeitungs- und Wiederholungsübungen, Strukturierungen.

- Wie kann ich eine längere Aufgabe in eine „Staffette“ unterteilen?
- Worin könnte der Gewinn bestehen, wenn mehrere Gruppen arbeitsteilig an einer Aufgabe arbeiten?
- Sind die Aufgaben so knapp gehalten, dass sie einigermaßen synchron zum Abschluss kommen?

- Statt zwischen Kleingruppen kann die Staffette auch mit mehreren Einzelpersonen durchgeführt werden.
- Zwischen den Arbeitsaufgaben kommt ein Mini-Referat des Dozenten mit neuen Inhalten.
- Statt eines Ringtausches kann auch das Ergebnis an die erste Gruppe schon nach einem Durchgang zurückgegeben werden.
- Statt eines Ringtausches werden die Karten per Los der nächsten Gruppe zugeteilt.

✚ Kleingruppen arbeiten gemeinsam und schaffen unterschiedliche Lösungen, inspiriert von den Ergebnissen der Vor-Gruppe. Spaß durch die intensive Interaktion.

— Gruppen werden nicht synchron fertig. Zu komplexe Aufgaben sind ungeeignet für diese Methode.

Wie Sie Vorkenntnisse aktivieren 13

Ob es eine systematische Selbstlernphase im Vorfeld des Unterrichts gegeben hat oder einfach nur sporadisch vorhandenes Vorwissen aus den Tiefen des Gedächtnisses hervorgeholt werden soll: Beim Einstieg in ein Thema kann es hilfreich sein, diese Vorkenntnisse zu aktivieren.

13.1 Fragenpinnwand

✍ Die Teilnehmer stellen zu Beginn einer Lerneinheit Fragen zum Thema: Was hat mich schon immer dran interessiert? Was muss ich alles wissen, um am Ende Experte für das Thema zu sein? Wo waren für mich in der Vorbereitung des Themas Unklarheiten? Die Fragen dürfen und sollen durchaus ins Detail gehen. Die Fragen werden gesammelt und geordnet, z. B. auf Moderationskarten an einer Pinnwand oder als Mindmap. Der Dozent gibt einen Überblick darüber, mit welcher Systematik die Fragen im Unterricht behandelt werden sollen. Der Katalog wird regelmäßig im Unterricht begutachtet: Welche Fragen sind beantwortet, welche kommen neu dazu?

☺ Alle Sozialformen sind möglich.

✓ Einstieg in ein neues Thema, zu Beginn einer Präsenzphase nach vorbereitendem Selbststudium.

❓
- Mit welchen Fragen rechne ich?
- Wo muss ich die Teilnehmer mehr aus der Reserve locken, um die Qualität der Fragen zu steigern?
- Nach welchen Gesichtspunkten sollen die Fragen gegliedert werden?

J. Meyerhoff, C. Brühl, *Fachwissen lebendig vermitteln,*
DOI 10.1007/978-3-658-09625-0_13

- Die Teilnehmer sollen sich in eine Rolle versetzen (z. B. Journalist auf Recherche, Dozent, Manager) und zusammenstellen, zu welchen Unterthemen sie Informationen brauchen, um ihre Aufgabe zu lösen.
- Die Teilnehmer werden gebeten, sich mental in die Zeit des Kursendes zu versetzen: Zu welchen Themen haben wir etwas gelernt? Wozu können wir dann Rede und Antwort stehen?

Die Neugier der Teilnehmer wird angeregt, ihre Verantwortung und Mitbeteiligung ebenso (= es werden nicht einfach fertige Ergebnisse serviert). Der Dozent erhält einen Eindruck von den Vorkenntnissen und dem Interesse der Teilnehmer.

Fehlen Vorkenntnisse völlig, bleiben die Fragen oft sehr an der Oberfläche. Die Teilnehmer erwarten zunächst Informationen vom Dozenten. Der Dozent sollte dennoch auf der Aufgabe bestehen, evtl. mithilfe einer Variation der Aufgabe.

13.2 Mindmaps

Die Teilnehmer entwickeln einzeln oder in Gruppen eine Themengliederung in Form einer Mindmap. Der Dozent gibt ggf. die Hauptäste vor. Dabei können je nach Aufgabe unterschiedliche Schwerpunkte gesetzt werden. Kommt es auf die Vollständigkeit einer Aufzählung an? Oder die richtigen Punkte? Oder die Zusammenhänge zwischen den Themen? – Der Diskussion über diesen Schwerpunkt wird freier Raum gelassen. Die Teilnehmer schlagen währenddessen noch einmal in ihren Unterlagen nach.

Gesamtgruppe (ideal eine kleinere Gruppe mit 10 bis 12 Personen, in der noch gut diskutiert werden kann).

Komplexe Zusammenhänge, Themen, zu denen viele Begriffe und Einzelfakten zugeordnet werden sollen.

- Wie könnte die fertige Mindmap aussehen? Wo sind Variationen denkbar?
- Welches Medium eignet sich am besten (Papierarbeitsblatt, Pinnwand, abwaschbare Tafel, Erstellung über Software …), um möglichst ungezwungen agieren zu können?
- Welche zusätzliche Aufgabenstellung soll gegeben werden, um Assoziationen, Phantasie und Erinnerung anzuregen?
- Hier ein Beispiel für eine Mindmap (vgl. Abb. 13.1): Möglichkeit 1 auf der linken Seite gibt schon eine etwas strengere Struktur vor. Ähnlich sehen Mindmaps aus, die mit dem Computer erstellt wurden. Die zweite Möglichkeit ist weniger hierarchisch und ähnelt dem Denken unseres Gehirns.

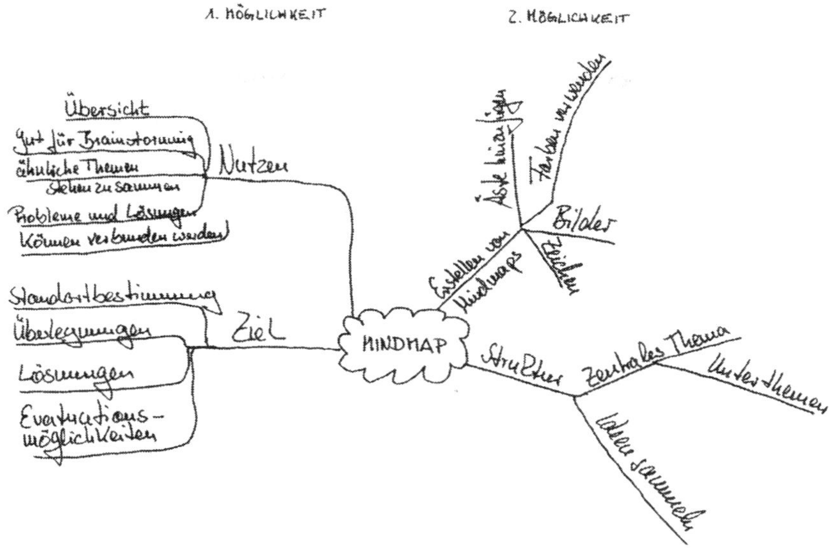

Abb. 13.1 Beispiel für eine Mindmap

❐
- Die Themen der Mindmap werden auf kleine Karten geschrieben. Die Teilnehmer sollen eine sinnvolle Mindmap mithilfe dieser Karten entwickeln.
- Die Mindmap existiert bereits (z. B. aus dem Einstieg in eine Lerneinheit, in dem Vorwissen aktiviert wurde). Die Teilnehmer suchen sich einen Ast aus, zu dem sie – gestützt durch die Mindmap – etwas referieren oder ergänzen.
- Zu einer bereits existierenden Mindmap wird eine Alternativ-Mindmap erstellt, indem ein etwas anderer Themenschwerpunkt vorgegeben wird, der die Gedanken neu anregt.
- Die Mindmap enthält auch Bilder, nicht (nur) Worte.

✚ Recht freier Gedankenfluss. Gedankliche Verknüpfungen werden gefördert.

— Ungeübtheit in der Technik des Mindmapping. Zu viele Vorgaben vom Dozenten engen ein.

13.3 Vorurteilen

✍ Pinnwände werden mit Thesen oder „Vor-urteilen" zum Thema bestückt. Dies können Thesen und Aussagen über Fakten sein, Überschriften aus Zeitungsartikeln oder Wertungen, wie sie wahrscheinlich in den Köpfen der Teilnehmer vorhanden sind. Einzeln oder in Kleingruppen müssen nun Wertungen abgegeben werden. Man kann sie direkt in der Pinnwand darunter notieren oder eine Klebepunkt-Skala anbringen. Zu bewerten ist z. B.: richtig/falsch; stimme zu/stimme nicht zu; da weiß ich Bescheid/da weiß ich nichts. Anschließend wird über die Ergebnisse diskutiert und ggf. ein Themenkatalog für den Unterricht entwickelt (vgl. auch Fragenpinnwand, S. 111 f.).

☺ Alle Sozialformen sind möglich.

✓ Einstieg, vor allem bei Themen, wo viel (diffuses) Vorwissen vermutet werden darf.

❖
- Welche Aussagen, Thesen und Wertungen können möglicherweise Vorwissen bei den Teilnehmern aktivieren?
- Zu welchen Aspekten erwarte ich bereits eine qualifizierte Resonanz?
- Wie arbeite ich mit dem Ergebnis weiter?

❐
- Die Teilnehmer werden nicht zu Wertungen aufgefordert, sondern zu Fragen, die sie zu den Aussagen haben oder von diesen ableiten.
- Teilnehmer, die schon etwas mehr zu einer Sache wissen, werden gebeten, aus dem Stegreif ein Kurzreferat (2 bis 3 min) zu halten.

✚ Meinungen abzugeben, macht den meisten Teilnehmern Spaß.

— Themen, die nicht auf Allgemeinwissen aufbauen oder einer systematischen Vorbereitung aller, laufen ins Leere.

13.4 Graffitiwand

✍ Ein Begriff oder ein Thema wird vorgegeben. Auf einer oder mehreren Pinnwänden (je nach Gruppengröße) sollen die Teilnehmer kreuz und quer das notieren oder zeichnen, was ihnen zur Sache einfällt.

☺ Plenum.

✓ Einstieg, Wiederholung (vor allem nach längerer Zeit) oder Abschluss eines Themas.

❖ Wie genau formuliere ich die Aufgabe, dass sie möglichst viel Bilder und Begriffe bei den Teilnehmern reaktiviert?

❒
- Jeder malt für sich ein Graffiti, anschließend werden die Blätter ausgestellt (vgl. Vernissage, S. 167).
- Zum Abschluss eines Themas als Überschriften: „Was nehme ich mit?“ – „Das war mir neu“ – „Das will ich mir merken“

✚ Alle sind aktiv und kreativ. Auch fragmentarische Erinnerungen werden festgehalten. Die gemeinsame Graffiti-Malerei inspiriert die Teilnehmer gegenseitig.

— Es bleibt bei diesen Fragmenten. Alles ist noch unsystematisch.

13.5 Assoziationen

✍ Ein Wort wird vorgegeben. Zu jedem Buchstaben des Wortes soll ein Begriff gefunden werden, der zum Thema passt und mit diesem Buchstaben beginnt, z. B. POLITIK: P = Parteien, O = Ökonomie, L = Liberalität, I = Intrigen, T = Totalitarismus. Von dort aus kann weiter „gesponnen“ werden. Anschließend werden die Assoziationen geordnet und mit dem Kursprogramm in Verbindung gebracht.

☺ Alle Sozialformen sind möglich.

✓ Spielerischer Einstieg, Wiederholung oder als Auflockerung zwischendrin, als Gedächtnisübung.

❖ Welche Begriffe können als Einstieg dienen?

❒
- Freie Assoziation: Fachwörter/Themen werden auf Karten geschrieben. Jemand zieht zufällig zwei Karten und spricht über die Verknüpfung zwischen den Themen, die es aus seiner Sicht gibt. Reihum geht es weiter mit den Karten. Auch als Wiederholungsmethode geeignet.

- Domino: Man beginnt mit einem zusammengesetzten Substantiv und nimmt das Ende des einen als Beginn des nächsten oder umgekehrt (kleine Abweichungen sind natürlich erlaubt, wo es vom Sinn oder der Grammatik nötig ist). Z. B.: Textilindustrie, Industrieanlage, Anlagenbau, Baumaschine, Maschinenöl …
- Wortfamilie: Ende oder Anfang der Wörter stimmen immer überein. Z. B.: Mikrobiologie, Mikroskopie, Mikrochirurgie, Mikrofon, Mikrometer.
- Auch kombinierbar mit Methode „heißer Ball“, vgl. S. 156.

✚ Auflockerung.

— Es bleibt beim lockeren Spiel, Tiefgang haben die Ergebnisse nicht.

13.6 Stichwortkatalog

✍ Zu einem Thema, das den Teilnehmer aus früheren Kursen oder anderem Kontext bekannt ist, werden Stichworte an die Wand geworfen oder an eine Pinnwand geheftet – am besten nicht als starre Liste sondern auch optisch ein wenig ungeordnet. Die Teilnehmer bekommen Zeit, in kleinen Gruppen ihr Wissen zu diesen thematischen Stichworten auszutauschen, aber auch offen Fragen zu formulieren. Anschließend erfolgt ein kurzer Dialog darüber mit dem Dozenten.

☺ Partner- oder Gruppenarbeit.

✓ Für den Einstieg in ein Thema, das zu einem anderen Zeitpunkt schon einmal gelernt wurde, aber auch als lockere Wiederholung vom Vortag.

❖
- Welches sind die geeigneten Stichworte?
- Welche Themen möchte ich gründlicher aktivieren? Was sind die dafür geeigneten „Unterstichworte“?
- Sollen die Teilnehmer zu den Stichworten etwas notieren oder reicht ein mündlicher Austausch?
- Welches sind die absolut essenziellen Punkte, die zu den Stichworten erinnert werden sollen und die in der Nachbesprechung erwähnt werden müssen?

❐
- Die Stichworte auf Karteikarten schreiben und jeder Kleingruppe einen Stapel dieser Karten geben. Oder die Stichworte im ersten Schritt von den Teilnehmern selbst sammeln lassen und einer Nachbargruppe zur Bearbeitung übergeben.

- Zusätzlich zu den Stichworten oder anstelle dieser können auch Bilder verwendet werden.
- Man kann zwei bis drei Runden machen und die Gruppen jedes Mal neu zusammensetzen. In jeder Runde kommen so ggf. noch weitere Aspekte zusammen.
- Die Teilnehmer sollen so tun, als wäre das Stichwort die Kapitelüberschrift eines Buches. Welche Unterkapitel und thematischen Aspekte müsste dieses Kapitel umfassen? Was wären die wichtigsten Inhalte?

✚ Sehr aktivierende Methode in lockerer Atmosphäre. Durch den Austausch mit anderen kommt manchmal Wissen aus den Tiefen des Langzeitgedächtnisses empor, so dass Erfolgserlebnisse („Ich habe noch eine Menge behalten!") zu Beginn eines Kurses für die weitere Arbeit motivieren.

— Vollständigkeit kann nicht erwartet werden. Sehr wichtige Themen sollten daher systematisch mit anderen Methoden wiederholt werden. Bei der Nachbesprechung muss der Dozent aufpassen, nicht einseitig lange Vorträge zu halten, sondern nur knapp auf die Fragen der Teilnehmer zu antworten oder ganz kurze ergänzende Informationen zu geben sowie durch Nachfragen ggf. weiteres noch vorhandenes Wissen zu aktivieren.

13.7 Brainstorming

✍ Diese Methode aus der klassischen Moderation kann auch zur Aktivierung vorhandenen Wissens eingesetzt werden: „Was haben Sie im Sinn zu …?" – „Wenn Sie … hören, was fällt Ihnen dazu ein?" – „Was wissen Sie schon heute zu …?" Die Ergebnisse werden stichwortartig notiert (auf Moderationskarten, jeder für sich oder im Plenum auf Zuruf) und nicht kommentiert, nur gesammelt. – In einem weiteren Schritt (Mindmaps, vgl. S. 112) können sie strukturiert werden.

☺ Alle Sozialformen sind möglich.

✓ Einstieg in ein Thema.

❓
- In welcher Form sollen die Ergebnisse gesammelt werden?
- Was mache ich mit den Ergebnissen, um sie anschließend zu strukturieren?

❐
- Es wird vorn vornherein eine Mindmap gebildet.
- Nach dem Prinzip Staffette (s. 108) wird ein Brainstorming schriftlich und still durchgeführt mit einem wandernden Zettel. Nach drei notierten Punkten wird der Zettel weitergereicht. Wem nichts mehr einfällt, steigt aus der Staffette aus.

✚ Es kommen schnell viele verschiedene Punkte zusammen. Bei entsprechender Lernatmosphäre wird u. U. schon viel Wissen aktiviert. – Gegenseitige Inspiration.

— Ein Brainstorming liefert (das ist der Sinn) noch unstrukturierte, fragmentarische Ergebnisse. Es muss unbedingt eine geeignete strukturierende Methode anschließen. – Bei Zuruf-Brainstorming besteht die Gefahr, dass die Gedanken bald nicht mehr frei fließen, sondern sich bald um einige wenige Ideen kreisen. Deshalb erst einmal eine Stillarbeitsphase vorschalten.

13.8 Reportervorbereitung

✍ Die Teilnehmer schlüpfen in die Rolle von Zeitungsredakteuren, Reportern, die zum Unterrichtsthema etwas schreiben sollen. Was ist alles nötig für die Recherche? Wie soll der Artikel aufgebaut sein? Worüber will man seine Leser (Experten oder Laien?) anschließend informieren? Welche Quellen sollen dazu erschlossen werden? Ein Plan soll erstellt werden, der darstellt, auf welchem Weg am Ende ein guter Artikel zustande kommen soll. Sind Teilnehmer mit stärkeren Vorkenntnissen anwesend, können diese auch gleich interviewt werden. Anschließend spricht der Dozent mit der Gruppe darüber, wie man im tatsächlichen Unterricht vorgehen wird.

☺ Einzel- oder Kleingruppenarbeit.

✓ Einstieg in ein umfangreicheres Thema.

❖
- Wie sollen die Teilnehmer die Aufgabe angehen?
- Welche Ergebnisse werden erwartet und wie sollen sie dargestellt werden?
- Wie können Vorkenntnisse einbezogen werden?

❒ Am Ende des Unterrichts wird der Artikel dann tatsächlich geschrieben (vgl. Zeitungsartikel schreiben).

✚ Vorkenntnisse werden einer Systematik unterworfen. Interaktion der Teilnehmer möglich.

— Zu geringes Vorwissen lässt die Aufgabe ins Leere laufen.

Wie Neues abwechslungsreich gelernt wird 14

Wir haben nur wenige Sinneskanäle, um Informationen neu aufzunehmen, hauptsächlich durch Hören und Sehen, ergänzt durch das eigene Erleben. Wir gruppieren die Methoden im Folgenden in die drei Unterkapitel „Hören“, „Lesen“ und „Schauen und Erleben“. Alle Methoden eignen sich, um zuvor unbekannte Inhalte neu zu vermitteln. Alle sind aber mit wenig Variation auch für die Wiederholung und Vertiefung geeignet.

14.1 Lernen durch Hören

14.1.1 Dozentenvortrag

✍ Der Dozent erklärt ein Thema, unterstützt durch Visualisierungen (vgl. S. 50).

☺ Plenum, beliebig große Gruppen.

✓ Für die kompakte, gut gegliederte Information, die für alle Teilnehmer gleich sein soll. Zur Einführung in ein Thema und zur Bildung wesentlicher Grundlagen.

❓
- Welche Gliederung befolge ich und wie mache ich sie den Teilnehmern deutlich?
- Wie kann ich beim Zuhören erreichen, dass die Entwicklung eines Gedankens wirklich mitvollzogen werden kann und die Vorstellungskraft angeregt wird?
- Welche Medien, Visualisierungen verwende ich?
- Welche sprachlichen Bilder erleichtern das Verständnis?
- Welche Hilfen gebe ich in meinem Vortrag den Teilnehmern, Wichtiges von weniger Wichtigem zu unterscheiden?

J. Meyerhoff, C. Brühl, *Fachwissen lebendig vermitteln*,
DOI 10.1007/978-3-658-09625-0_14

- Welche Redundanzen schaffe ich für die wesentlichen Botschaften?
- Gibt es eine andere, stärker aktivierende Lernform, die in gleicher Zeit dasselbe erreicht? Dann evtl. auf den Vortrag verzichten?
- Wie fasse ich am Ende zusammen („take-home-messages")?
- Welche kleinen Übungen, Aktivierungen baue ich in die Präsentation ein, um die Inhalte zu verankern und die Strecke aufzulockern?

❐

- Statt des Dozenten wird ein Experte zum Thema eingeladen, der das Referat hält (vgl. Experteninterview, S. 125).
- Der Vortrag wird nach kürzeren Sinneinheiten immer eine Zeitlang unterbrochen. Die Teilnehmer haben in dieser Zeit Gelegenheit, das Gehörte aktiv zu verarbeiten, z. B. ihre Mitschrift mit einem Partner zu besprechen, zu ergänzen oder neu zu strukturieren, das Gehörte zu überdenken, Fragen zu formulieren, einen kurzen Begleittext zu lesen. Der Dozent gibt dazu ggf. einen kurzen Arbeitsauftrag.
- Der Dozent schlüpft als Vortragender in eine Rolle: als Forscher, Computer, Manager ... Der Phantasie sind keine Grenzen gesetzt.
- Nach der Präsentation werden die Teilnehmer gebeten, eine bestimmte Anzahl Fragen und Antworten aus dem Stoff zu entwickeln und sich gegenseitig abzufragen.
- Das Präsentationsmedium wird öfter gewechselt: Mal ein paar PowerPoint-Folien, dann ein Modell, als nächstes gemeinsamer Durchgang durch einen Text – so bleiben alle dabei.

+ Alle erhalten dieselbe Information. Sie ist bereits durchstrukturiert und auf das Wesentliche konzentriert. Im Unterricht sehr zeitsparende Methode zur Inhaltsvermittlung. Durch die Rhetorik des Dozenten ist es den Teilnehmern leichter möglich, Wichtiges von Unwichtigem zu unterscheiden als durch das Lesen. Chance, durch die Emotionalität des Dozenten für eine Sache zu begeistern.

– Relativ große Passivität der Teilnehmer, evtl. Übermüdung und Überfrachtung mit Information. Es steht sehr in der Eigenverantwortung der Teilnehmer, was sie aus dem Vortrag mitnehmen: Die Qualität dessen hängt sehr von der Qualität des Vortrags ab. Der Dozent hat kein unmittelbares Feedback, was verstanden wurde. Weil die Methode zeitsparend ist und von vielen Teilnehmern als bequem empfunden wird, besteht die Gefahr, dass ein Training zu viele Vortragsteile enthält.

14.1.2 Lehrgespräch

✍ Der Dozent entwickelt das Thema durch die geschickte Abfolge von Fragen aus einer Diskussion mit der Gruppe. Die Fragen haben anregenden Charakter und sind kein „Abfragen" von Wissen. Beispiele: „Wenn die These A stimmt, was folgt dann für …?" – „Was würde passieren, wenn …? " – „Wie beurteilen Sie …?" – „Wie kann man hier weiter machen, um zu … gelangen?" – „Welche Erfahrungen haben Sie mit …?" – „Wenn Sie dies mit … vergleichen, was fällt Ihnen auf?" Zwischendrin streut der Dozent Informationen (mündlich oder visuell) ein, auf die sich seine Fragen beziehen. Die Teilnehmer haben ihrerseits Gelegenheit, Fragen an den Dozenten zu richten. Dieser gibt, wann immer möglich, die Frage an die Gruppe zurück. Wesentliche (Zwischen-) Ergebnisse werden für alle sichtbar niedergeschrieben.

☺ Plenum bis ca. 25 Personen, optimal bis 15 Personen.

✓ Themen, die durch Mitdenken und mündliche Teilnehmerbeiträge weiter-/entwickelt werden können. Themen und Gedanken, auf die die Teilnehmer mit etwas Hilfestellung selbst kommen können. Themen, die durch Erfahrung von Teilnehmern weiterentwickelt werden können.

- Welche Fragen können der Gruppe gestellt werden?
- Welche Medien benötige ich, um die sich das Gespräch dreht?
- Wie kann erreicht werden, dass die Gruppe insgesamt den Eindruck erhält, dass sie selbst auf die wesentlichen Gedanken gekommen ist?
- Regen die Fragen das Mitdenken an? Oder sind es nur „Abfragen" von Wissen (diese Form ist wenig geeignet für ein gutes Lehrgespräch)?
- Sind die Fragen so klar formuliert, dass die Gedanken in die richtige Richtung gehen?
- Welche Erfahrungen bzw. welches Vorwissen der Teilnehmer kann eingebracht werden?
- Welche Informationen muss ich in das Gespräch einstreuen, um die Entwicklung des Themas zu steuern?
- Wie kann ich sicherstellen, dass auch die Stillen und scheinbar Passiven in der Gruppe aktiviert werden?
- An welchen Stellen kann ich mich zurückhalten und reine Moderatorenfunktion übernehmen?

❐
- Andere Methoden (z. B. Arbeit mit Texten, Modellen, Videos) werden eingestreut, allerdings in extrem verkürzter Form, so dass sie nicht als eigene Methode, sondern nur als Auflockerung des eigentlichen Lehrgesprächs verstanden werden können.
- Es werden Arbeitsblätter verwendet, auf denen zentrale Fragen vermerkt sind und die von den Teilnehmern während des Lehrgesprächs ausgefüllt werden.
- PowerPoint-Animationen (= schrittweises Einblenden) von Informationen unterstützen den Gedankengang. Zuerst finden die Teilnehmer eine Antwort, danach wird die Lösung eingeblendet.
- Das Lehrgespräch wird als Presseveranstaltung inszeniert: Die Teilnehmer sind „Journalisten", die die Informationen gezielt erfragen müssen.

✚ Teilnehmer werden stärker aktiviert als beim reinen Vortrag. Der Dozent erhält unmittelbares Feedback. Die Teilnehmer müssen stärker mitdenken. Bei geschickten Fragen und angeregter Diskussion haben die Teilnehmer viel Spaß – vor allem an der eigenen Erkenntnisfähigkeit. Ein Dozent mit guten Fähigkeiten zum Moderator zeigt der Gruppe, dass das meiste in ihr selbst steckt.

— Meist beteiligt sich höchstens ein Viertel der Gruppe spontan und aktiv am Gespräch. In großen Gruppen können sich etliche Personen „verstecken". Über sie erhält man wieder kein Feedback, sie erleben das Gespräch ähnlich wie einen Vortrag. Deshalb Elemente einstreuen, die alle aktivieren. Die Qualität des Lehrgesprächs hängt – ähnlich wie beim Dozentenvortrag – enorm von der Qualität des Dozenten ab. – In der Gruppe muss eine Diskussionskultur bestehen.

14.1.3 Hörbücher und Podcasts

✍ Der Lernstoff wird als Hörbuch auf CD, USB-Stick oder als MP3-Datei produziert. Dazu muss ein genaues Manuskript angefertigt werden, da der Anspruch prinzipiell der ist, Alternative zu einer aufwändige Lektüre zu bieten. Bei optimaler technischer Ausführung wird das Manuskript von professionellen Sprechern in einem Tonstudio aufgezeichnet, ggf. mit Musik aufgelockert (es gibt auch GEMA-freie Musik).

Ein Podcast ist prinzipiell ähnlich, eigentlich ein aufgezeichneter Radiobeitrag im Internet im MP3-Format. Ein Podcast ist bezüglich der Laufzeit kürzer als ein Hörbuch und eher als Ergänzung zum Lernen mit anderen Medien gedacht. Es ist weniger aufwändig als ein Hörbuch und kann auch in freier Rede gesprochen werden. Es kann auch mit einfachen Mitteln selbst am PC produziert werden, z. B. mit der freien Software Audacity. – Empfehlenswert bei beiden Medien ist der Einsatz mehrerer Sprecher (am besten männlich und weiblich), um lebendiger zu wirken.

☺ Einzelarbeit.

✓ Alle Phasen der Auseinandersetzung mit Lernstoff von der erstmaligen Beschäftigung damit und zur Wiederholung.

- Soll es ein festes Manuskript geben oder kann auch frei gesprochen werden?
- Welches „journalistische Format" soll gewählt werden?
- Welche Technik will ich nutzen? Wie soll das Ergebnis an die Teilnehmer gelangen (CD, MP3-Download etc.)?
- Bei der Arbeit mit festen Manuskripten: Ist der Text „ohrenfreundlich" (eher kurze Sätze, nicht zu lange Beschreibungen)?
- Beim Aufsprechen: Wirken die Sprecher authentisch? Ist das Sprechtempo schnell genug, damit es nicht einschläfernd wirkt?

- Viel Variation ist in der Darbietung möglich: Vom nüchternen Sachtext bis hin zur Phantasiereise; Reportagen, Interviews z. B. mit Experten, Songs – der Phantasie sind keine Grenzen gesetzt.
- Podcast-Serien, z. B. einmal monatlich oder gar wöchentlich können den Charakter eines regelmäßigen Nachrichtenmagazins annehmen.
- Eine kurze Hörbuchsequenz oder ein Podcast kann auch zum Tagesausklang einer Präsenzschulung als leicht aufnehmbare Wiederholung oder zur Einstimmung in einen Themenabschnitt eingesetzt werden (vgl. folgende Methode „Radiobeitrag anhören").
- Podcasts können auch von den Teilnehmern selbst erstellt werden (zur Vertiefung von Lerninhalten), wenn die Technik bereitsteht. Ausreichend Vorbereitungszeit ist der Schlüssel.

+ Hochwertige Ergänzung für andere Medien. Gut gemachte Hörbücher motivieren für den Lernstoff und können – wie es der Anspruch ist – eine Skript-Lektüre ersetzen. Hörbücher werden gerne im Auto gehört. MP3-Dateien können leicht per E-Mail/Internet an den Nutzerkreis verbreitet werden und auch bei der Hausarbeit oder beim Sport genutzt werden. Somit wird das Lernen außerhalb des Seminarraums gefördert.

– Professionelle Hörbuchproduktion ist teuer (Sprecher, Tonstudio und CD-Produktion je nach Umfang 5000 bis 10.000 €), die Manuskripterstellung aufwändig. Ein Hörbuch z. B. auf CD lohnt nur bei großen Nutzerzahlen und Lernstoff, der nicht nach Kurzem an Aktualität verliert. – Inhalte, die besser mit Bildern erklärt werden, sind weniger geeignet.

14.1.4 Podcast anhören

✍ Die Gruppe hört dem Mitschnitt eines Podcast (= Radiosendung als MP3-Datei) zu. Die Gruppe hat vorher besprochen, worauf beim Zuhören geachtet werden soll.

☺ Plenum.

✓ Alle Themen, für die eine geeignete Sendung zur Verfügung steht. Zur Einführung, Vertiefung und zum Abschluss eines Themas. Themen, die auch ohne Visualisierung gut verständlich sind.

❖
- Worauf soll die Gruppe beim Zuhören achten?
- Welche Ausschnitte des Radiobeitrags sind besonders aufschlussreich und sollten vielleicht zweimal gehört werden?
- An welchen Stellen ist eine Unterbrechung sinnvoll?

❐
- Die Sendung wird an geeigneter Stelle unterbrochen und durch Informationen des Dozenten oder kurzes Lehrgespräch ergänzt.
- Die Sendung wird über eine längere Unterrichtssequenz aufgesplittet.
- Eine kürzere Sendung kann zweimal gespielt werden: am Anfang zur Einführung und am Ende einer Unterrichtssequenz zur Bestätigung/Festigung. Dazwischen liegt eine aktive Arbeitsphase der Teilnehmer.
- Ein vorbereitetes Arbeitsblatt wird parallel zum Zuhören ausgefüllt (wichtig: Die Reihenfolge auf dem Arbeitsblatt soll dem Auftreten der Elemente in der Sendung entsprechen).

✚ Abwechslung: Es redet mal jemand anderes, zumal gute moderne Radiofeatures durch Musikelemente und den Wechsel zwischen den Sprechern abwechslungsreich sind.

— Auswahl einer geeigneten Sendung. Zu lange Sendungen können ermüden, daher eventuell nur Ausschnitte verwenden.

Tipp: Die Internetseiten der Rundfunkanstalten helfen bei der Beschaffung von Podcasts weiter. Über die Nutzungsrechte informieren die Sender, bitte dort ggf. nachfragen.

14.1.5 Experteninterview

✍ Ein Experte zum Thema wird in den Unterricht eingeladen und befragt. Zur Einführung kann der Experte ein Referat halten. Im Unterschied zum reinen Gastvortrag bereitet die Gruppe gezielt Fragen und Themen vor, die sie mit dem Experten besprechen will. Der Experte wird im Vorfeld auf diese Form der Veranstaltung vorbereitet. Eventuell lässt man ihm die Fragen und Themen vorab zukommen, so dass er sich vorbereiten kann.

☺ Gruppen jeglicher Größe, optimal aber so, dass noch interaktiv gearbeitet werden kann.

✓ Themen, die durch die spezielle Sichtweise des Experten bereichert werden.

- Welches Thema könnte durch das Auftreten eines Experten besondere und neue Aspekte erhalten? Wer ist dafür geeignet?
- Welche Zeit steht zur Verfügung?
- Was soll der Experte der Gruppe unbedingt präsentieren?
- Zu welchen Themen soll die Gruppe im Vorfeld Fragen erarbeiten?
- Was muss mit dem Experten besprochen werden?
- Wie soll das Experteninterview konkret ablaufen (Moderation)?

- Mehrere Experten werden zu einer Podiumsdiskussion eingeladen.
- Statt einen Experten von außerhalb auftreten zu lassen, bekommen einzelne Teilnehmer diesen Status, entweder aufgrund besonderer Erfahrungen auf einem Gebiet oder als Aufgabe, auf die sie sich intensiv vorbereiten sollen.
- Kleingruppen suchen Experten an ihrem Arbeitsplatz auf und interviewen ihn dort; anschließend Bericht im Plenum.

\+ In der Regel hat der eingeladene Experte eine hohe Glaubwürdigkeit. Ein Experte aus der „Praxis“ ist besonders geeignet. Die persönliche Begegnung mit einem Experten bleibt häufig nachhaltig in Erinnerung.

– Die Auswahl und das Vorgespräch mit einem geeigneten Experten kann hohen Aufwand bedeuten. Die Fähigkeit des Experten, auf die Teilnehmer einzugehen, ist manchmal nicht optimal. Der Dozent ist dann als Moderator stärker gefordert.

14.1.6 Phantasiereise

✍ Die Teilnehmer schließen die Augen. Der Dozent führt durch die Beschreibung eines imaginären Weges die Teilnehmer durch eine fiktive Umgebung und lässt Bilder und Erlebnisse im Kopf entstehen. Die Sprache des Dozenten ist ruhig und hat meditativen Charakter. Er führt die Teilnehmer behutsam auf den Weg der Reise und lässt sie am Ende wieder in die Realität „zurückkehren". Natürlich öffnen dann alle ihre Augen wieder. Anschließend kann besprochen werden, wie jeder die Reise erlebt hat, ob und welche „Aha"-Erlebnisse ihm gekommen sind. Bitte beachten: Die Teilnehmer müssen langsam „zurückgeholt" werden, es darf nicht zu abrupt passieren. Sonst fühlen sie sich anschließend etwas unwohl. Eventuell kann geeignete Musik leise im Hintergrund spielen.

☺ Gruppen aller Größen.

✓ Themen, die eine räumliche bzw. bildliche Vorstellung verlangen. Z. B.: Reise durch den Körper, Flug über ein Land. Auch Themen, die einen Entwicklungsprozess beschreiben, sind geeignet.

Beispiel

Liebe Teilnehmer, wir begeben uns jetzt auf eine Forschungsreise durch den Körper. Dazu benutzen wir ein U-Boot, welches wir auf Bakteriengröße schrumpfen. Bitte nehmen Sie dazu eine bequeme Haltung ein und entspannen Sie sich. Wenn Sie möchten, können Sie jetzt die Augen schließen. Langsam senkt sich die Schrumpfungsapparatur über unser U-Boot. Das grüne Licht durchdringt uns. Wir werden kleiner. Langsam werden wir immer kleiner. Jetzt haben wir nur noch die Größe eines Babys. Wir schrumpfen weiter. Das Stadium einer Erbse ist erreicht und wir schrumpfen immer noch. Endlich ist die endgültige Größe erreicht. Wir sind so winzig wie eine Bakterie. Wir werden in den Mund der Versuchsperson eingeführt. Vor uns liegt der Rachen. Der riesige Stalagmit, der von oben herabhängt, ist das Zäpfchen am Ende des Rachens. Bitte halten Sie sich gut fest! Es geht abwärts! Eine tolle Fahrt durch die Speiseröhre! Platsch! Wir sind im Magen angekommen. Um uns herum sehen die den Sumpf der vorherigen Mahlzeit. Hinter uns liegt … Vor uns … (etc.). Wir sind an der Endstation unserer Reise angelangt. Nach einer kurzen Reinigung kommen wir wieder unter unsere Apparatur. Deutlich merken wir, wie wir wieder größer werden: Apfelgröße, kleines Kind, Teenie und jetzt, ahhh, haben wir unsere Ursprungsgröße erreicht. Sie können noch ein wenig entspannt sitzen bleiben. Langsam recken, genießen Sie Ihre Größe.

Zur Nachbereitung eines Tages. Hier können die Ereignisse und Ergebnisse des Tages noch mal zusammengefasst werden. Durch die Phantasiereise lassen sich Schwerpunkte legen.

Beispiel

Liebe Teilnehmer, wir lassen jetzt den Tag nochmals Revue passieren. Bitte nehmen Sie dazu eine bequeme Haltung ein und entspannen Sie sich. Wenn Sie möchten, können Sie jetzt die Augen schließen. Unser Tag war wie eine Reise in unbekanntes Land. Am Morgen haben wir uns vorbereitet und unsere Sachen gepackt. Die Übung X hat uns den Weg gewiesen. Schon vor der Abreise war klar, wohin wir heute wollten, aber auch, dass es Menschen gab, die nicht gerne auf diese Reise gehen wollten. Die erste Station war … (etc.).

- An welcher Stelle im Unterricht führt eine solche „Reise" eher zu Erkenntnissen als nüchterne Beschreibungen und komplizierte Skizzen?
- Inwieweit kann sich der Teilnehmerkreis einer solchen Phantasiereise öffnen?
- Welche Stationen werden auf der Reise beschritten und wie kann ich sie beschreiben?

- Nicht der Dozent, sondern ein Teilnehmer moderiert die „Reise".
- Statt der Beschreibung einer (statischen) Umgebung kann auch eine Handlung imaginiert werden (z. B.: ein biologischer Entwicklungszyklus, ein chemischer oder physikalischer Ablauf, die Veränderung einer antiken Stadt über die Jahrhunderte, die Entstehung eines Kunstwerks, die Veränderung einer Landschaft).
- In der Imagination schlüpfen die Teilnehmer in eine andere Rolle und tun etwas. (z. B.: Forscher, Archäologe, Arzt, Mediziner, Architekt). Diese Rolle kann auch ein Gegenstand sein (z. B.: Wassertropfen, Geldschein, Blutkörperchen, Werkzeug, Rohmaterial).

Die Phantasie und das räumliche Vorstellungsvermögen werden angeregt – und damit die rechte Gehirnhälfte. Ein emotionaler Zugang wird eröffnet. Gut geeignet für Teilnehmer mit ausgeprägter Phantasie und bildlichem Vorstellungsvermögen. Geringer Zeitbedarf.

— Der Dozent muss selbst bereit sein, diesen emotionalen Weg zu gehen, sonst wird seine „Meditation“ lächerlich. Eventuell mal mit einem guten Freund vorher üben. Ist die Phantasiereise zu lang, werden die Teilnehmer schläfrig.

14.2 Lernen durch Lesen

14.2.1 Leseraster ÜFALAZ

✍ Ein Text wird nicht einfach nur durchgelesen, sondern in mehreren Schritten bearbeitet:

- **Ü**berblick verschaffen: Inhaltsverzeichnis, Zwischenüberschriften etc.
- **F**ragestellung an den Text formulieren. Sich fragen: Was will ich von dem Text lernen und erfahren? Was macht mich neugierig?
- **A**uswählen: Welche Teile des Textes werden mir die Antwort liefern? Manchmal ist es nicht nötig, alles von vorn bis hinten durchzustudieren.
- **L**esen und dabei die Antworten anstreichen. Das kann nach einem Schema erfolgen: ein Farbcode, Symbole am Rand (Smileys, Blitze ...).
- **A**ntwort formulieren: Wie lautet nun Antwort auf meine Frage?
- **Z**usammenfassen. Am besten mündlich ohne Hilfsmittel mit einem Partner.

☺ Einzelarbeit, ggf. streckenweise Gruppen- und Partnerarbeit.

✓ Erarbeitung komplexer Texte.

❓
- Welche Fragestellung könnte ich den Teilnehmern beim Lesen mit auf den Weg geben? Es kann z. B. die Leitfrage der gesamten Unterrichtseinheit sein.
- Welche Symbole oder Farbcodes zum Anstreichen empfehle ich?

❐
- Vgl. auch Teil 1, S. 61 f.
- Variationen in der Sozialform in den interaktiven Teilen (Fragen suchen, Antworten geben, zusammenfassen). Hier sind Kleingruppenarbeiten möglich und sinnvoll.

✚ Es wird aktiv und aufmerksam gelesen. Durch die Fragestellung wird mehr Motivation und Neugier auf den Text geschaffen. Durch das anschließende Zusammenfassen merkt man sich viel mehr vom Text.

— Zeitaufwändiger als bloße Lektüre. Techniken müssen erst eingeübt werden, bis sie verinnerlicht sind.

14.2.2 Text lesen und Arbeitsblatt ausfüllen

✍ Die Teilnehmer erhalten zusätzlich zu einem komplexeren Text ein Arbeitsblatt, das konkret zu beantwortende Fragen an den Text enthält in Form von z. B. offenen Fragen, zu ergänzenden Tabellen oder Grafiken. Anschließend werden die Arbeitsergebnisse in der Gruppe besprochen.

☺ Einzel- oder Gruppenarbeit (alle Gruppengrößen).

✓ Wichtige Texte, die detaillierte Auseinandersetzung erfordern. Sehr gut geeignet auch für längere und komplexere Selbststudiumsphasen in Vorbereitung auf ein Präsenzseminar.

❓
- Auf welche Fakten und Aussagen soll der Teilnehmer unbedingt stoßen?
- Welche Fakten und Aussagen werden auf dem Arbeitsblatt nur abgefragt, welche erfordern bereits erste Verknüpfungsleistungen?
- Welche andere Art der Darstellung als im Text (z. B. Zahlen in Grafiken umwandeln) kann mithilfe des Arbeitsblatts induziert werden?
- Eignet sich das Arbeitsblatt für spätere Wiederholungsübungen, Prüfungsvorbereitungen o. ä.?

❐
- Die Teilnehmer tauschen vor oder während der Besprechung ihre Arbeitsblätter zur Korrektur aus.
- Statt eines Arbeitsblatts für jeden Teilnehmer werden ein oder mehrere Arbeitsposter für alle sichtbar aufgestellt und gemeinsam bearbeitet (z. B. freie Beschriftung mit Filzstiften, Bastelmaterial o. ä.).
- Lückentext.

✚ Strukturierter Umgang mit dem Text, alle haben sich am Ende auf dieselben Sachen konzentriert. Das Arbeitsergebnis kann von den Teilnehmer auch in anderen Zusammenhängen weiter verwendet werden. Kann auch zur häuslichen Vorbereitung auf ein Seminar verwendet werden, in dem dann Anwendung und Transfer im Vordergrund stehen und nicht die reine Inhaltsvermittlung. Zeitweise Entlastung des Dozenten.

— Unterschiedlicher Zeitbedarf der Teilnehmer. Isoliertes Beschäftigen mit den Fragen des Arbeitsblattes, dabei werden möglicherweise weitere interessante Zusammenhänge aus dem Text nicht so beachtet. Die Phantasie des Dozenten (die sich im Arbeitsblatt niederschlägt) überträgt sich stark auf die Teilnehmer und lässt eigenen Gedanken weniger Raum.

14.2.3 Texträtsel

✍ In einer Kopie eines komplexeren Textes sind wichtige Stellen vom Dozenten markiert, so dass sie von den Teilnehmern leicht gefunden werden. Jede Textstelle ist mit einem Buchstaben am Rand bezeichnet (Empfehlung: mindestens 10 bis 12 Stellen anbieten). Es wird ein Arbeitsblatt ausgeteilt, das Fragen oder Aufgaben zu dem Text enthält, welche man durch Zuordnung der Textstellen beantworten bzw. lösen kann. Die entsprechenden Buchstaben der Textstellen werden hinter die Fragen auf dem Arbeitsblatt geschrieben und ergeben ein Lösungswort.

☺ Einzel- oder Partnerarbeit.

❓
- Auf welche Fragen sollen die Teilnehmer mithilfe des Textes antworten können?
- Kann die Zuordnung der Textpassagen zum Arbeitsblatt eindeutig vorgenommen werden?

❒
- Es wird etwas raffinierter, wenn auch einige wenige Buchstaben ohne Bedeutung an den Textrand angebracht werden – als kleine Irreführung.
- Es werden nur Textstellen markiert vorgegeben, ohne Fragen dazu. Die Teilnehmer schreiben selbst Fragen an den Rand oder bringen Klebezettel an, auf denen eine Frage formuliert ist, die durch die Textstelle beantwortet wird.
- Die Fragen und Textpassagen können als Puzzleteile vorbereitet werden (z. B. auf Pappe aufgeklebt) und passen ineinander.

✚ Intensive und aktive Auseinandersetzung mit dem Text findet statt. Der Ehrgeiz zur Lösung wird geweckt.

— Der Fokus liegt auf der gezielten Beantwortung der Fragen – daher sind Texte, die mehr als Ganzes wirken und komplexe Gedankenwelten ausbreiten, nicht geeignet. – Intensive Vorbereitung seitens des Dozenten nötig (Fragen formulieren und Textmarkierung).

14.2.4 Textvergleiche

✍ Einige Texte zum selben Thema werden von allen gelesen und auf bestimmte Fragestellungen miteinander verglichen. Die Ergebnisse des Vergleichs werden schriftlich ausgearbeitet, z. B. als Tabelle oder Zusammenfassung der Gemeinsamkeiten. Im Unterschied zur Textcollage (vgl. S. 135) werden nicht die Texte selbst, sondern die Thesen, Interpretationen und Erkenntnisse in bzw. aus ihnen gegenübergestellt.

☺ Einzel- und Kleingruppenarbeit, Zusammenfassung im Plenum.

✓ Vergleichbare Themen, die von verschiedenen Autoren unterschiedlich bearbeitet wurde bzw. die unterschiedliche Sichtweisen zum Thema haben.

- Welches ist das übergeordnete Thema, zu dem unterschiedliche Texte herangezogen werden sollen?
- Unter welchem Aspekt soll der Vergleich stattfinden?
- Welche Erkenntnisse sollen aus dem Vergleich entstehen?
- In welcher Form werden sie am besten dargestellt?
- Wozu sollen sich die Teilnehmer am Ende eine eigene Meinung bilden?

- Nicht jeder liest alle Texte, sondern es wird arbeitsteilig verfahren.
- Die Positionen aus den Texten werden anschließend in einer Debatte von den Teilnehmern im Sinne einer Podiums- oder Pro- und Kontra-Diskussion vertreten.

+ Nach der Beschäftigung mit den Positionen/Methoden der einzelnen Autoren müssen Verknüpfungen hergestellt werden. Die Teilnehmer erhalten verschiedene Sichtweisen auf ein Thema und werden angeregt, sich eine eigene Meinung zu bilden.

– Keine spezifischen Schwierigkeiten.

14.2.5 Texte mit „Brille" lesen

Die Teilnehmer lesen einen Text erst, nachdem sie die Aufgabe bekommen haben, ihn mit einer bestimmten „Brille“ zu lesen. Diese „Brille“ kann eine vorgefasste Meinung oder eine Intention sein, die anschließend diskutiert wird. Während des Lesens sollen Argumente aus dem Text entnommen werden, die sich „mit der Brille gut lesen“, d. h. diesen Standpunkt oder die Intention unterstützen (oder widersprechen). Ggf. können die Teilnehmer aufgefordert werden, beim Lesen alle Argumente, die sie durch ihre „Brille“ sehen, besonders zu markieren. Verschiedene Gruppenmitglieder bekommen verschiedene „Brillen“. Anschließend ist eine Diskussion (z. B. Pro und Kontra, Podiumsdiskussion) zu empfehlen.

Einzelarbeit.

Texte zu Themen, bei denen Meinungsbildung trainiert und eine Argumentation erarbeitet werden soll.

- Welche verschiedenen Auffassungen gibt es zu dem Thema, so dass man den Text von verschiedener Seite auffassen könnte?
- Welche Standpunkte sollen am Ende der Arbeitsphase einander gegenüberstehen?

- Statt eines einzelnen Textes kann eine vorbereitete Textcollage zur Grundlage der Arbeit gegeben werden.
- Eine „extreme“ These (ggf. auch die Antithese dazu) wird vom Dozenten vor der Lektüre propagiert. Die Teilnehmer sollen nun die Lektüre auf Falsifizierung oder Bestätigung dieser These(n) hin lesen.

Der Auftrag für eine „Brille“ schärft früh den Blick für Argumente und Meinungen. Es wird mehr Interesse für den Text geweckt, als wenn eine neutrale Haltung eingenommen wird.

Andere Auffassungen erfahren geringere Aufmerksamkeit. Sie müssen daher in der anschließenden Diskussion entsprechend herausgearbeitet werden. Die Methode des Lesens mit „Brille“ soll daher nie isoliert stehen.

14.2.6 Interview erstellen

Ein langer Sachtext wird umgestaltet: Über die einzelnen Abschnitte werden Fragen gestellt, die der nachfolgende Abschnitt beantwortet. Am Ende hat der Text ein neues Gesicht und sieht aus wie die Mitschrift eines Experteninterviews. Kleber und Schere helfen eventuell bei der Umgestaltung. Unter Umständen müssen aber auch Abschnitte neu geschrieben werden, indem sie schriftlich zusammengefasst oder unter einer anderen Perspektive dargestellt werden.

Einzel- und Kleingruppenarbeit.

Längere Sachtexte, die ein Thema umfassend behandeln. Texte, die auf den ersten Blick unübersichtlich erscheinen und einer stärkeren Gliederung bedürfen.

❓ Welche Fragen sollen die Teilnehmer mindestens entwickeln?

❐ • Statt Blattkopien zu zerschneiden und zwischen die Textabschnitte Fragen zu schreiben, können in Bücher auch Haftnotizzettel an den Anfang der Kapitel geklebt werden. Die Aufgabenstellung lautet dann nicht, ein fiktives Interview aus dem Text zu erstellen, sondern schlicht die Fragen zu notieren, die das Kapitel beantwortet.
• Der Text wird gelesen und zwei Teilnehmer führen das „Interview" mündlich vor der Gruppe durch.

✚ Die Teilnehmer setzen sich aktiv mit den Antworten des Textes auseinander. Das Arbeitsergebnis kann wiederverwendet werden, vor allem nach längerer Zeit. Dann haben die Teilnehmer schneller wieder den Überblick, worum es in dem Text geht.

— Relativ hoher Zeitbedarf.

14.2.7 Geführtes Lesen

✍ Die Fragestellung, die ein vorliegender Text beantworten soll, ist in der Lerngruppe bereits behandelt. Nun weist der Dozent der Gruppe den Weg durch einen (längeren) Text, indem er etwa nach folgendem Schema ansagt: „Auf Seite 2 im ersten Absatz beschreibt der Autor das Ziel der Arbeit. Auf Seite 4 in Tab. 1 finden Sie die zentralen Ergebnisse. Sie sind unten auf der Seite in der Abbildung dargestellt. – Auf Seite 4 unten steht die Schlussfolgerung …". Der Dozent kann unterstützend den Text auf Folie kopieren und die Stellen anstreichen, so dass sie jeder noch schneller findet. Zwischen den Ansagen können im Sinne eines Lehrgesprächs Fragen gestellt und kleine Diskussionen geführt werden.

☺ Plenum.

✓ Erste Orientierung über einen längeren Text, um die Fokussierung auf wichtige Stellen in kurzer Zeit und synchron in der Lerngruppe zu gewährleisten. Hilft den Teilnehmern sehr, den roten Faden für eine wiederholende/vertiefende Lektüre im Anschluss zu finden. Gut geeignet für nicht ganz so zentrale Texte, die nicht ganz durchgearbeitet werden müssen, in denen aber einige wenige wesentliche Aussagen stehen, die allen zur Kenntnis gegeben werden sollen.

- Auf welche Textstellen sollen die Teilnehmer unbedingt aufmerksam gemacht werden?
- Welche direkten Fragen kann man in einem Lehrgespräch zu diesen Passagen stellen?

- Es kann auch eine schriftliche „Wegbeschreibung“ ausgeteilt werden, jeder Teilnehmer befasst sich dann einzeln damit.
- Die Teilnehmer können während der „Führung“ kleine Haftnotizzettel an die Stellen kleben und mit ihren Kommentaren oder denen des Dozenten beschriften.

Es ist sichergestellt, dass alle Teilnehmer einer Lerngruppe auf dieselben wichtigen Stellen aufmerksam werden. In sehr kurzer Zeit können auch große Texte umrissen werden. Die Teilnehmer fühlen sich durch die Führung sicher, auf das Wesentliche zu stoßen.

Bei der (mündlichen) Führung durch den Dozenten werden alle Teilnehmer auf dasselbe Tempo verpflichtet. Die Verantwortung, welche Textstellen als wichtig identifiziert werden, wird komplett an den Dozenten abgegeben und ist für sehr selbstständige Teilnehmer eine unnötige Einengung.

14.2.8 Selbstbedienungsladen

Im Unterrichtsraum werden verschiedene Tische aufgebaut. Auf jedem Tisch liegt Material zu einem (Unter-) Thema. Dies können verschiedene Aufsätze oder Bücher (auch Nachschlagewerke) sein. Dem Literaturangebot liegt eine übergeordnete Fragestellung zugrunde, die die Teilnehmer in beliebiger Reihenfolge der Unterthemen beantworten können. Die Teilnehmer wandern frei von Tisch zu Tisch und befassen sich mit den einzelnen Unterthemen in Eigenarbeit. An den Tischen entstehen spontane, kleine Diskussionsgruppen. Nach einer längeren Arbeitsphase werden im Plenum die Erkenntnisse besprochen.

Gesamtgruppe beliebiger Größe (bei sehr großen Gruppen die Tische redundant bestücken), mit freier Bildung von Kleingruppen oder Einzelarbeit.

Selbstständige Erarbeitung größerer Themenfelder (die sich gut in unabhängige Unterthemen aufsplitten lassen). Für Gruppen, die gut selbstständig arbeiten können.

- Welche sinnvollen, unabhängigen Unterthemen hat das Hauptthema?
- Welche Medien stehen für jedes Thema zur Verfügung, die sich selbstständig bearbeiten lassen?
- Welche Hilfestellung muss gegeben werden (z. B. Glossare, Tipps für eine sinnvolle Reihenfolge)?
- Wie kann es gefördert werden, dass die Teilnehmer zwischen den Sozialformen und Themen in angemessener Weise wechseln?
- Wie kann überprüft werden, ob das Ziel erreicht wurde?

- Auf den Tischen stehen (zusätzlich) Computer mit Software oder Internetseiten zu den entsprechenden Unterthemen.
- Zu den Unterthemen werden Arbeitsblätter, Arbeitsaufträge verteilt.
- Statt langer, unübersichtlicher Texte werden Kopien vorbereiteter „Arbeitsexemplare" ausgelegt, in denen die wichtigsten Stellen bereits markiert sind.
- Nicht jeder bearbeitet alle Themen, sondern ausgewählte Aspekte, über die man sich anschließend im Plenum austauscht.

Jeder Teilnehmer kann nach seinem persönlichen Tempo arbeiten. Der Unterrichtsraum bekommt ein völlig neues Gesicht durch die Tischanordnung und die Wanderung durch ihn hindurch; dies schafft Abwechslung. Entlastung des Dozenten.

Teilnehmer entwickeln sehr unterschiedliches Arbeitstempo. Gefahr, dass jeder einzeln für sich liest und keine Diskussionen aufkommen. Gruppe muss relativ homogen in ihrer Fähigkeit sein, Texte selbstständig zu erfassen und Verknüpfungen zwischen Unterthemen herzustellen.

14.2.9 Textcollage

Die Teilnehmer stellen mit Schere, Kleber und vorbereiteten Textausschnitten verschiedener Sachtexte eine Textcollage oder eine Tabelle her. Die Kategorien der Tabelle oder Felder der Collage werden vom Dozenten grob vorgegeben. Die Teilnehmer müssen die Textausschnitte also zunächst lesen, dann bewerten und in eine sinnvolle Anordnung bringen. Der Dozent sollte die Textausschnitte so darbieten, dass das Lesen und Sortieren der Texte stärker im Vordergrund steht als die eigentliche Bastelarbeit. Anschließend wird der Vergleich gemeinsam diskutiert und zusammengefasst.

Einzel- oder Kleingruppenarbeit (bei insgesamt beliebiger Gruppengröße).

✓ Themen, in denen es auf Vergleiche verschiedener bzw. ähnlicher, gut vergleichbarer Texte, Inhalte ankommt.

- Was soll verglichen bzw. gegenübergestellt werden?
- Wie sieht das Endprodukt aus, so dass damit weitergearbeitet werden kann?

- Stark vergrößerte Textausschnitte können für alle sichtbar auf ein großes Poster geklebt werden (statt auf Einzelblätter für jeden Teilnehmer). Damit liegt der Schwerpunkt stärker auf der Gruppenarbeit.
- Teile der Tabelle/Collage können durch eigene Texte/Zeichnungen ergänzt werden.
- Statt vorbereiteter Textausschnitte werden Fragestellungen an Pinnwände geheftet. Die Teilnehmer arbeiten verschiedene Texte durch, die Antwort auf die Fragen geben können und füllen die Pinnwände mit eigenen Ausschnitten der Texte als „Wandzeitung".
- Statt Textausschnitte werden Bilder oder Grafiken zusammengetragen.

✚ Mehrere Texte werden parallel bearbeitet und das Augenmerk wird sofort auf einen Vergleich bzw. eine Kategorisierung gerichtet. Gut geeignet, um mit trockenen Sachtexten (z. B. technische Inhalte) aktiv zu arbeiten. Zügige Verarbeitung mehrerer, ähnlich strukturierter Texte, da eine Gliederungsstruktur sofort auf alle Texte angewendet wird. Arbeitsergebnis kann weiterverwendet werden.

— Nicht geeignet für lange, zusammenhängende Texte mit abstrakten Inhalten. Aufwändige Vorbereitung durch den Dozenten (Textauswahl, Vorbereitung der Collagen-Elemente).

14.2.10 Internetrecherche

Das Thema, über das recherchiert werden soll, wird kurz vom Dozenten umrissen, so dass jeder Teilnehmer einen Eindruck davon hat, worum es geht. Dabei wird eine konkrete Frage zum Lern-/Informationsziel in schriftlicher Form gestellt, die mit dem Rechercheergebnis beantwortet werden kann. Je nach Erfahrung der Gruppe mit dem Internet kann man dann sofort an die Recherche gehen oder zuvor noch gemeinsam die Suchstrategie besprechen. Anschließend recherchieren die Teilnehmer alleine oder zu zweit über das Thema im Internet. Dabei hilft der Dozent ggf. bei der Such- und Auswertungsstrategie. Die Ergebnisse werden zusammengefasst im Plenum vorgestellt (Methoden hierzu: z. B. Vernissage, Teilnehmer-Referat).

☺ Einzel- oder Partnerarbeit, Zusammenfassung im Plenum.

✓ Aktuelle Themen, für die im Internet informative Quellen zu finden sind und die möglichst in ihrem Informationsgehalt über übliche Lehrbuchtexte o. ä. hinausgehen

- Findet sich mit einer einfachen Suchstrategie interessantes und verwertbares Material zum Thema im Internet, auch abseits von Wikipedia?
- Wie viel Aufwand kostet die Selektion von relevanter und nicht relevanter Information auch für jemanden, der noch nicht so sehr mit dem Thema vertraut ist?

❐
- Die Web-Adressen werden direkt zur Verfügung gestellt und aufgesucht. Die eigentliche Recherche entfällt damit. Man erreicht eine stärkere Standardisierung der Ergebnisse der Teilnehmer.
- Web-Quiz: Eine Reihe konkreter Fragen sind mit Hilfe des Internets zu beantworten. Die Adressen, auf denen sich die Lösung findet, sind entweder angegeben oder Hinweise zur Suchstrategie werden gegeben.

✚ Verwendung aktueller Informationen, auch unter Einbeziehung von interessanten Rand-Informationen (z. B. über Fachgesellschaften und ihre Organisation). Interaktiver Zugang zur Information. Dozent nur in der Rolle des Coachs beim Suchen.

— Hohe technische Voraussetzungen, die in üblichen Seminarräumen meist nicht gegeben sind – kann evtl. als Hausaufgabe gestellt werden. Teilnehmer müssen mit der Nutzung des Internets vertraut sein. Teilnehmer müssen den Wert einer Information beurteilen können.

14.2.11 Texte als Poster

✍ Ein entscheidender längerer Text, in dem sich die Teilnehmer sehr gut auskennen müssen, wird in Form großer Poster (je nach Schriftgröße der Vorlage mindestens DIN-A-0, ggf. noch größer) angefertigt und an die Wand gehängt. Beispiele für solche Texte: ein mehrseitiger Vertrag oder eine Fachinformation für Arzneimittel.

Die Teilnehmer haben eine Liste mit Fragen zum Text auf Zetteln oder als nummerierte Liste. Nun läuft man zu Mehreren an den Postern entlang und versucht die Antwort auf die Fragen im Text zu finden. Die Stellen werden mit Klebezetteln oder Stiften markiert.

☺ Kleingruppenarbeit.

✓ Aktive Arbeit mit dem Text, um den Aufbau eines Dokuments zu verinnerlichen und Fragen zum Text zu beantworten. Ideal sind Texte, die 6 bis 10 Seiten lang sind.

- Welchen Text müssen die Teilnehmer bezüglich seines Aufbaus sehr gut kennen?
- Welche Fragen sollen sie mithilfe des Textes beantworten können?

- Als Wettspiel: Der Dozent liest eine Frage vor, wer als erster auf die relevante Textstelle zeigt, bekommt einen Punkt.
- „Schnitzeljagd“: Textstellen mit Buchstaben am Rand versehen und Fragen zum Text stellen. Die entsprechenden Buchstaben ergeben ein Lösungswort.
- Diskussionsaufgabe für die Teilnehmer, die mittels einer oder mehrere Texte als Poster angeregt wird.

✚ Die körperliche Aktivierung durch das Umhergehen und die schiere Größe der Poster vermittelt eine andere sinnliche Erfahrung des Textes, die nicht nur mehr Spaß macht, sondern auch besser haften bleibt. Die Diskussion in der Gruppe wird gefördert, da man gemeinsam auf ein Poster besser schauen kann als auf übliche DIN-A-4-Blätter.

— Man braucht viel Platz an der Wand. Die Gruppe darf nicht zu groß sein, sonst braucht man mehrere Postersätze.

Tipp: Bei großen Gruppen Stationenlernen einplanen und die Text-Vernissage als eine von mehreren Stationen anbieten.

14.2.12 Vortragsmaterial

Der Dozent gibt vorgefertigtes Vortragsmaterial aus, z. B. eigene Folien, PowerPoint-Präsentationen auf CD-ROM oder ein Vortrags-Manuskript zu einem überschaubaren Thema. Die Teilnehmer beschäftigen sich einzeln oder in Kleingruppen mit dem Material – ggf. unter Hinzuziehung erläuternder Texte. Dabei wird ein größeres Thema in kleine Abschnitte auf die Teilnehmer verteilt. Ziel ist, es den Vortrag selbst aus dem Stegreif halten zu können. Der Dozent steht für Fragen zur Verfügung. Nach einer Vorbereitungsphase versuchen sich die Teilnehmer darin, das Referat vor dem Plenum zu halten (Teilnehmer-Referat).

Kleingruppen oder Einzelarbeit, anschließend Plenum. Geeignet für zwei bis vier Kleingruppen.

- Themen, für die Vortragsmaterial existiert und die mit wenig Einarbeitung für die Teilnehmer zu verstehen sind.
- Themen, die oberflächlich bekannt sind und durch Referieren der Teilnehmer geübt werden.
- Zur Lernstandsevaluierung und zur Wiederholung.

- Welche Themen sind vom Schwierigkeitsgrad geeignet für den Lernstand der Gruppe?
- Ist das Vortragsmaterial weitgehend aus sich heraus verständlich?
- Welche Missverständnisse könnten die Materialien erzeugen?
- Welche begleitenden Texte müssen zur Verfügung gestellt werden?

- Der Dozent beginnt einen Vortrag (oder hält ihn mit Lücken) und lässt ihn durch die Teilnehmer ergänzen.
- Die Teilnehmer bekommen den Auftrag, nicht ein Referat, sondern ein interaktives kleines Lehrgespräch durchzuführen.

Vorhandenes Präsentationsmaterial wird für eine Aktivierung der Teilnehmer benutzt. Hoher Lerneffekt beim Referenten bzw. der zugehörigen Kleingruppe.

Ungünstig, wenn Teilnehmer Grundregeln des Präsentierens noch nicht beherrschen (Teilnehmer-Referat). Lerneffekt für die übrige Gruppe ggf. begrenzt. Falls noch kein Präsentationsmaterial vorhanden ist, muss es erstellt werden (müsste es aber auch bei einem Dozenten-Vortrag).

14.3 Lernen durch Schauen und Erleben

14.3.1 Beobachten

Eine Handlung/ein Experiment wird vorgeführt. Der Dozent kann dies tun, ein Experte oder ein bereits versierter Teilnehmer. Alternativ kann ein Video(ausschnitt) gezeigt werden. Im Gegensatz zum einfachen „Anschauen" bedeutet „Beobachten", dass die Teilnehmer sich zuvor spezielle Aspekte überlegt haben, auf die sie achten wollen. Die Teilnehmer gehen also mit konkreten Fragestellungen oder Hypothesen an die Beobachtung heran. Anschließend werden die Antworten auf die Fragen besprochen.

☺ Gruppengrößen je nach Art des Mediums und der Beobachtung.

✓ Kennenlernen komplexer Handlungsabläufe. Zur Hypothesenbildung und -beurteilung. Zur Einführung ins Erlernen eigener Handlungsmuster.

❖
- Welcher Sachverhalt kann durch eine Vorführung verdeutlicht werden?
- Welche Beobachtungsaufgaben erhalten die Teilnehmer?
- Wie werten die Teilnehmer ihre Beobachtung anschließend sinnvoll aus?

❐
- Nicht jeder Teilnehmer erhält alle Beobachtungsaufgaben, sondern die Aufgaben werden innerhalb der Gruppe verteilt.
- Wenn sehr komplexe Handlungen beobachtet werden sollen, kann die Auswertung in Teilschritten erfolgen. Die Beobachtung wird dann mehrfach durchgeführt oder unterbrochen.

✚ Hohe Anschaulichkeit und Praxisnähe.

— Wenn die Beobachtungsaufgabe nicht sorgfältig besprochen ist, entgehen den Teilnehmern wichtige Informationen („Man sieht nur, was man weiß"). Handelt es sich um Handlungen, die die Teilnehmer selbst anschließend erlernen sollen, darf es niemals bei der reinen Beobachtung bleiben. Das Ausprobieren muss folgen.

14.3.2 Ausprobieren

✍ Die Teilnehmer führen eine Handlung selbst durch. Dies kann direkt nach einer Vorführung/Beobachtung stattfinden oder durch direkte mündliche oder schriftliche Anleitung. Alternativ erhalten die Teilnehmer eine theoretische Erläuterung und versuchen sie umzusetzen. Eine weitere Alternative: Die Teilnehmer erhalten nur die Zielsetzung und nähern sich ihr durch Versuch und Irrtum. Die Handlung kann am Modell oder in einer Realsituation ausprobiert werden.

☺ Einzel- oder Kleingruppenarbeit.

✓ Handlungen, die die Teilnehmer am Ende der Lerneinheit selbst beherrschen müssen. Themen, die durch eigenes Tun mehr Anschaulichkeit erhalten. Handlungen, für die die Lösung nicht gleich offensichtlich ist und die somit einen Experimentalcharakter erhalten.

- Welche (Teil-) Themen erhalten mehr Anschaulichkeit, wenn ich sie die Teilnehmer durchführen lasse?
- Welche Handlung sollen die Teilnehmer zu dem Lehrstoff selbst durchführen können?
- Welche Materialien brauche ich dazu?
- Welche Aufgabenstellung gebe ich?
- Welche Zusatzinformationen benötigen die Teilnehmer?
- Auf welche Fallstricke muss ich die Teilnehmer vorher hinweisen?

- Die Teilnehmer leiten sich gegenseitig an, u. U. in der Vorstellung, der andere habe noch nie mit der Handlung zu tun gehabt. Ist die Anleitung unklar, dürfen dementsprechend „Fehler" gemacht werden, um dem Anleitenden die Unklarheit seiner Anleitung aufzuzeigen.
- Die Teilnehmer drehen selbst ein Demonstrationsvideo zur Handlung (Video drehen, vgl. S. 164).

Eigenes Tun bleibt besonders nachhaltig in Erinnerung. Spaß.

Beschaffung geeigneter Materialien evtl. schwierig. Gelegentlich müssen erst Modelle beschafft werden, an denen die Handlung ausprobiert wird.

14.3.3 Hospitieren

Die Lerngruppe sucht einen Experten vor Ort auf, beobachtet ihn bei seinem Tun und stellt Fragen dazu. Möglicherweise kann mitgeholfen werden. Evtl. kann jeder Teilnehmer auch eine Einzelhospitation machen. Experten können sein: künftige Kunden, erfahrene Kollegen, Zulieferer, Kollegen aus Schnittstellen-Abteilungen. Die Fragen, die man stellt, sollen zuvor im Unterricht gemeinsam erarbeitet werden. Außerdem sollten konkrete Beobachtungsaufgaben gestellt werden. Nach Abschluss der Hospitation gibt jeder Teilnehmer einen Bericht ab, falls unterschiedliche Stationen besucht wurden.

Plenum, Teilgruppen oder einzeln.

Aufzeigen alternativer Sichtweisen auf ein Thema, Herstellung von Praxisbezug.

- Welcher Teilaspekt des Unterrichtsthemas ist interessant und bereichernd, so dass eine Hospitation sinnvoll ist?
- Welche Gastgeber sind für eine Hospitation geeignet?

- Welche Erkenntnisse sollen aus der Hospitation gewonnen werden?
- Welche Beobachtungsaufgaben haben die Teilnehmer?
- Welche Fragen können sie dem Gastgeber stellen?
- Wie muss der Gastgeber vorher informiert werden, damit der Nutzen der Hospitation optimal wird?
- In welcher Phase des Lernprozesses ist die Hospitation optimal (meist ist die Mitte gut geeignet)?

❐ Experteninterview.

✚ Hoher Erlebnis-Charakter und Praxisbezug, dadurch besonders eindrücklicher Lerneffekt. Oft erleben die Hospitanten einen erheblichen Motivationsschub.

— Akquisition geeigneter Hospitationsplätze. Hoher Zeitaufwand, da mit der Hospitation meist An- und Abfahrtszeiten sowie Vor- und Nachbereitung anfallen. Teilnehmer sollen schon genügend theoretisches Hintergrundwissen besitzen, um von der Hospitation zu profitieren.

14.3.4 Videovorführung

✍ Die Gruppe sieht sich ein Video zu einem Thema an. Dies kann wahlweise und je nach Inhalt zur Einführung in ein Thema, zur Vertiefung oder zum Abschluss geschehen. Es ist vorher besprochen worden, worauf beim Zuschauen geachtet werden soll (vgl. Beobachten, S. 139).

☺ Plenum.

✓ Themen, die durch bewegte Bilder und das dazu gesprochene Wort besonders plastisch werden.

❓
- Worauf soll die Gruppe beim Zusehen achten?
- Welche Ausschnitte des Videos sind besonders aufschlussreich und sollten vielleicht zweimal angesehen werden?
- An welchen Stellen ist eine Unterbrechung sinnvoll?

❐
- Das Video wird an geeigneter Stelle unterbrochen und durch Informationen des Dozenten oder kurzes Lehrgespräch ergänzt.

- Ein kürzeres Video kann zweimal gespielt werden: am Anfang zur Einführung und am Ende einer Unterrichtssequenz zur Bestätigung, Festigung. Dazwischen liegt eine aktive Arbeitsphase der Teilnehmer.
- Ein vorbereitetes Arbeitsblatt wird parallel zum Zuschauen ausgefüllt. (Wichtig: Die Reihenfolge auf dem Arbeitsblatt soll dem Auftreten der Elemente in der Sendung entsprechen.)
- Auch kleine Videosequenzen in Beamervorträgen lockern auf und sind hilfreich.
- Als Wiederholungsübung: Die Teilnehmer sehen nur das Bild und müssen den Kommentar selbst sprechen (vgl. Video drehen, S. 164).

✚ Videos werden praktisch immer als Entspannung und Abwechslung erlebt. – Schwierige Stellen können identisch wiederholt werden. Dynamische Prozesse werden durch die Verwendung bewegter Bilder deutlich.

— Beschaffung geeigneter Videos, wenn nicht Youtube etwas bietet. Ggf. helfen Rundfunkanstalten über ihren Mitschnitt-Service weiter. (Internet: Viele Sender bieten ihre Inhalte auch auf entsprechenden Portalen an, z. B. ZDF-Mediathek.) – Teilnehmer erleben Video oft wie Fernsehen: Man lehnt sich zurück und lässt sich „berieseln“.

14.3.5 Modell basteln

✍ Die Teilnehmer basteln mit buntem Papier, vorgefertigten Bauelementen o. ä. ein Schema eines komplexeren Zusammenhangs. Schritt für Schritt wird das Schema vervollständigt, während der Dozent die Schritte erläutert. Am besten führt der Dozent die Bastelschritte an einem auf die Pinnwand angebrachten Papier vor. Dreidimensionale Gegenstände werden in vereinfachter Form der Realität nachgebaut. Während der Bastelarbeit erklärt der Dozent nicht nur die Bastelschritte, sondern auch das, was sie symbolisieren. Anschließend Ausstellung der Ergebnisse.

☺ Gesamtgruppe mit Dozent, kleine bis mittlere Gruppen.

✓ Dreidimensionale Gegenstände, dynamische Sachverhalte, komplexe zweidimensionale Schemata.

❓

- Welche Dynamik will ich darstellen und eignet sich daher evtl. für ein dynamisches Bastelgeschehen?
- Wo entsprechen Bastelschritte realen Entwicklungsschritten des dargestellten Sachverhalts?

- Welcher 3-D-Gegenstand hilft der Anschauung meines Themas?
- Inwieweit wäre das Basteln an sich eine Lernhilfe?
- Welches zweidimensionale Schema, das bisher vielleicht nur als gedruckte Grafik existiert, könnte ich für eine Bastelarbeit aufbereiten?
- Gibt es „Halbfertigware" (z. B. Molekülbaukästen, fertig dimensionierte Papierelemente, Holzklötze …)?

❐
- Die Teilnehmer bekommen nur die Aufgabe und sollen selbst die Bastelarbeit entwerfen und herstellen.
- In klassischer, wenig aktivierender Variation werden die Teilnehmer im Rahmen eines Lehrgesprächs mit fertigen Modellen konfrontiert.

✚ Spaß für praktisch jeden, abwechslungsreich. – Ganzheitliche Verknüpfung von Aufnahme neuen Wissens und handwerklicher Aktivität. Manchmal sogar ästhetische Ergebnisse. – Hohe Aufmerksamkeit fürs Thema, nachhaltige Erinnerung an die Methode.

— Zeitbedarf in Vorbereitung und Unterricht. – Komplexe und handwerklich anspruchsvolle Bastelarbeiten können vom eigentlichen Lerngegenstand ablenken.

14.3.6 Assoziationsanker

✍ Verschiedene Gegenstände, die direkt oder indirekt zum Thema passen, werden gesammelt. Das können kleine Modelle sein oder (handliche) reale Gegenstände. Sie müssen nicht unbedingt ganz direkten Bezug zum Unterrichtsgegenstand haben; sie können auch ein sprachliches Bild symbolisieren. Im Verlauf des Unterrichts – etwa im Rahmen eines Lehrgesprächs – werden die Gegenstände verwendet als Erinnerung für einen Lernabschnitt. Dazu wird der entsprechende Gegenstand herumgereicht, so dass jeder Teilnehmer ihn befühlen kann. In einer späteren Phase des Unterrichts kann nur noch mit den Gegenständen bzw. Bildern gearbeitet und so die Assoziation mit den erlernten Inhalten abgerufen werden.

☺ Plenum.

✓ Unterrichtsinhalte, in denen ein haptisches Erlebnis zur Steigerung der Gedächtnisleistung beitragen kann. Versinnbildlichung (im wörtlichen Sinne) zur Steigerung der Behaltensleistung.

- Welche kleinen, leicht zu beschaffenden Gegenstände können einen Anker darstellen?
- Mit welchen Materialien/Gegenständen kann durch Begreifen das Lernerlebnis intensiviert werden?
- Welchen Bezug hat der Gegenstand zum Thema?
- Welches sprachliche Bild zum Thema gibt es und wie kann es durch einen Gegenstand versinnbildlicht werden?

- Die Teilnehmer werden aufgefordert, Gegenstände selbst zu beschaffen.
- Statt realer Gegenstände sucht man in der Gruppe nach sprachlichen Eselsbrücken, Bildern und Assoziationen, die das Merken erleichtern.
- Diese Bilder können von Teilnehmern und/oder Dozenten hergestellt werden (freie Zeichnung oder Collagen aus vorhandenen Bildern).
- Die Teilnehmer werden aufgefordert, in ihre Mitschrift (Platz am Rand lassen) kleine, skizzenhafte Assoziationsanker zu zeichnen.

Kleine Auflockerung, die die Phantasie anregt und die Behaltensleistung verstärkt.

Meist relativ viel Vorbereitung.

14.3.7 Lernsoftware

Die Teilnehmer erarbeiten selbstständig einen Inhalt mithilfe geeigneter Software. Diese kann kommerziell beschafft worden, im Internet zugänglich oder eigens erstellt worden sein. Auch Software, die ursprünglich für andere Zielgruppen (z. B. Kunden) erstellt wurde, kann sich eignen. Die konkrete Arbeitsaufgabe kann sich aus dem Programmablauf selbst ergeben oder wird zuvor besprochen. Dies ist vor allem dann wichtig, wenn es sich weniger um Lernsoftware als vielmehr um eine Multimedia-Demonstration handelt (vgl. Videovorführung, S. 142).

Einzel- oder Partnerarbeit.

Themen, die durch Ton, bewegtes Bild, Text/Sprache und Interaktion besondere Anschaulichkeit erlangen. Für technikbegeisterte bzw. spielerische Teilnehmerkreise.

- Welchen Zusatznutzen bietet die Software gegenüber anderen, möglicherweise einfacher und preiswerter zu verwendenden Medien (Bücher, Videos ...)? Ist also wirklich Gebrauch von Ton, bewegtem Bild, Text/Sprache und Interaktion gemacht?

- Ist die Benutzerführung hinreichend einfach, dass die Teilnehmer sich mehr mit den Inhalten als mit der Bedienung beschäftigen können?
- Bekommt der Teilnehmer vom System Rückmeldung über seine Lernleistung?
- Wie muss eine Vor- und Nachbereitung der Arbeit mit der Software aussehen?
- Falls es sich nicht um eigentliche Lernsoftware, sondern um ein Demo-Programm o. ä. handelt: Welche Aufgaben können zur Bearbeitung mit der Software gestellt werden?

- Ggf. kann eine Software auch im Plenum einer (nicht zu großen) Gruppe gemeinsam mit dem Dozenten durchgegangen werden.
- Die Arbeit mit Software kann auch mit dem Einsatz von Texten in Papierform kombiniert werden.

Individuelles Lerntempo, hoher Aufmerksamkeitswert, Wiederholbarkeit von Sequenzen. Vom Dozenten unabhängige Rückmeldung. Aktivität der Teilnehmer.

Hoher technischer Aufwand, meist auch lange und kostenintensive Beschaffungszeiten. Zeitaufwand bei der kritischen Auswahl vorhandener Software. Zusätzliche Vor- und Nachbereitungszeiten.

14.3.8 Bewegungsmodelle

Eine (dynamische) Situation wird von den Teilnehmern unter der Leitung des Dozenten durch angeleitete Bewegung nachgestellt. Teilnehmer nehmen die Rollen von anderen Personen, Maschinen(teilen), Gegenständen, Körperteilen usw. ein. Es wird also ein „lebendiges Modell“ eines Prozesses nachgestellt. Dabei wird nicht unbedingt viel sprachlich kommuniziert – es ist also kein klassisches Kommunikationsrollenspiel – sondern die Bewegung steht im Vordergrund. Die Teilnehmer können aber ansagen, was sie gerade tun. Geeignete Gegenstände als Hilfsmittel (z. B. Bälle, Seile) können das Spiel unterstützen. Beispiele für solche Bewegungsmodelle können sein: Blutkreislauf, Zusammenarbeit der Hardwarekomponenten eines Computers, Produktionsstraße, Handels- und Wirtschaftsbeziehungen, Warenfluss, chemische Reaktionen …

Gruppen ab mittlerer Größe.

Spielerische, offene Teilnehmerkreise. Themen, die besondere Dynamik und Wechselspiele zum Inhalt haben. Themen, bei denen es auf das Verständnis der Räumlichkeit, Funktionsweise und/oder das Ineinandergreifen verschiedener Einzelteile ankommt.

- Welche Themen werden durch ein Bewegungsmodell besonders anschaulich?
- Welche Aspekte des Themas sollen veranschaulicht werden und wie können die Teilnehmer sie aus dem Bewegungsmodell lernen?
- Ist der Raum groß genug?
- Welche Hilfsmittel erleichtern den Aufbau des Modells?
- Passt eine solch nicht alltägliche Methode zum Teilnehmerkreis und zur Unterrichtssituation?

- Nur einige Teilnehmer stellen das Modell vor der Gruppe dar.
- Die Teilnehmer bekommen die Aufgabe, solch ein Modell zu planen und nachzustellen. Vom Dozenten kommen entsprechend weniger Vorgaben.

Hohe Aktivität der Teilnehmer. Hoher Aufmerksamkeitswert, Spaß. Anschaulichkeit. Kontaktförderung innerhalb der Gruppe. Bei Phantasie des Dozenten sind auch ganz spontane, kleine Sequenzen solcher Modelle ohne Vorbereitung umsetzbar.

Die spielerische Natur dieser Methode eignet sich nicht für Gruppen mit sehr herkömmlicher Methodenerwartung. Auf körperliche Handicaps einzelner Teilnehmer Rücksicht nehmen. Es geht nicht um sportliche Leistungen! Nicht alle Unterrichtsräume sind geeignet.

Wie das Gelernte geübt wird, bis es „sitzt“

15

Die Methoden in diesem Kapitel setzen voraus, dass die Inhalte des Lernstoffs den Teilnehmern bereits zugänglich gemacht wurden. Der Stoff ist jedoch noch eine unverarbeitete Rohmasse, ein klares Bild fehlt den Teilnehmern noch. Im Festigungsprozess eignen sich die meisten Methoden aus dem vorherigen Kapitel, indem ein bereits bearbeitetes Thema in anderer Methodik noch einmal dargeboten wird. In diesem Kapitel sollen weitere, speziell für diesen Verarbeitungsprozess geeignete Methoden beschrieben werden.

Methoden zur Wiederholung und Reflexion des Lernstoffs schließen sich an. Alle Methoden dienen auch der Zwischenevaluation und geben dem Dozenten einen Einblick in den Lernstand der Teilnehmer.

15.1 Poster erstellen

✍ Aus dem bisherigen Lernstoff (der mehrere Kapitel umfassen kann) wird eine übergeordnete, einen Zusammenhang herstellende Frage gebildet. Diese Frage wird zumeist vom Dozenten aufgeworfen. Die Teilnehmer fertigen nun auf großen Papierbögen eine Zusammenstellung von Textausschnitten, Grafiken usw. an, die diese Frage beantworten. Sie können eigene Beiträge auf das Poster anbringen oder aber auch kopierte Ausschnitte/Grafiken aus Lehrbüchern bzw. Sachtexten (vergleichbar der Methode Textcollage, diesmal suchen jedoch die Teilnehmer selbst die Materialien für das Poster zusammen).

☺ Einzel-, Kleingruppen und Plenumsarbeit (bei noch überschaubaren Gruppen bis ca. 10 Personen).

J. Meyerhoff, C. Brühl, *Fachwissen lebendig vermitteln*,
DOI 10.1007/978-3-658-09625-0_15

✓ Neubearbeitung von komplexeren Themen, die durch gezielte Fragestellung in neue Kontexte und Zusammenhänge gestellt werden können.

- Welche Fragestellungen zum Thema verlangen eine Verknüpfung bisher gelernter Inhalte?
- Welche Medien stehen zur Erstellung der Poster zur Verfügung? (Vor allem: Ist ein Kopiergerät in der Nähe des Unterrichtsraums, so dass geeignete Textausschnitte und Grafiken zur Gestaltung des Posters schnell reproduziert werden können?)

- Gibt es keine einzelne, „große" Fragestellung, kann man auch viele einzelne kleine bearbeiten und auf die Vorderseite von Moderationskarten schreiben. Auf die Rückseite werden die Antworten in Skizzen und Notizen notiert.
- Auch die Mitschriften der Teilnehmer können auf das Poster in Teilen rückübertragen werden.

✚ Der Stoff wird unter neuen Gesichtspunkten noch einmal bearbeitet. – Der Stoff kann so bearbeitet werden, dass man sich von den berufspraktischen Fragen her nähert, was in der Erstaneignung des Lernstoffs nicht immer möglich ist. – Die Poster können aufgehängt und im weiteren Unterrichtsverlauf zur Erinnerung sichtbar bleiben.

— Keine spezifischen Schwierigkeiten.

15.2 Teilnehmerreferat

Nach einer Phase der Stoffaneignung (z. B. in Einzel- oder Gruppenarbeit) sollen die Ergebnisse von den Teilnehmern selbst ins Plenum getragen werden. Dazu wird ein Kurzreferat gehalten – möglichst mit selbstverfertigten Visualisierungen. Abhängig davon, wie hoch der Standard der Vortragstechnik bei den Teilnehmern ist, werden Vorgaben gemacht:

1. über die Länge des Referats,
2. über die gedanklichen/inhaltlichen Schritte (vgl. Lesen und Arbeitsblatt ausfüllen),
3. über die Art der Visualisierung.

☺ Einzelne oder Partner vor dem Plenum.

✓ Abschluss einer Einzel- oder Gruppenarbeit, vor allem, wenn die Personen bzw. Gruppen unterschiedliche Themen bearbeitet haben.

- Was muss das Referat enthalten, damit das Gruppenergebnis für alle sichtbar und verwertbar wird?
- Welche Vorgaben müssen vom Dozenten für das Referat gemacht werden, damit die Qualität des Teilnehmer-Referats ohne allzu großen Aufwand und Übung für die Gruppe von Nutzen ist?
- Welche Arbeitsblätter und fertigen Visualisierungen helfen?

- Interview, vergleichbar mit dem Experteninterview: Das Plenum stellt gezielte Fragen an den Sprecher oder die gesamte Teilgruppe der Gruppenarbeit, u. U. nach dem Schema eines Arbeitsblatts.
- Statt eines Referats wird eine kurze schriftliche Ausarbeitung (z. B. ein ausgefülltes Arbeitsblatt) rasch für alle vervielfältigt und ans Plenum verteilt.
- Ergebnisse aus Einzel- und Gruppenarbeiten können auch mit den Methoden Vernissage, Podiumsdiskussion allen zugänglich gemacht werden.

+ Bearbeitung der Aufgabenstellung umfasst nicht nur die Inhalte selbst, sondern auch die Vermittlung an andere. Der Lerneffekt besonders für den Sprecher ist hoch. Das Plenum erfährt die Ergebnisse aller Gruppen.

– Das Referat ungeübter Teilnehmer entspricht mitunter in der Qualität nicht der vorherigen Ausarbeitung. Hier muss der Dozent weitsichtig in seiner Aufgabenstellung planen. Evtl. muss das Teilnehmerreferat vom Dozenten ergänzt werden. Bei längeren Lernphasen und wenn die Methode öfters verwendet werden soll, sollte daher das Referieren als solches geübt werden. – Viele Gruppen wählen den gewandtesten und aktivsten Teilnehmer zu ihrem Sprecher. Der Lerneffekt bleibt für die anderen gering. Der Dozent könnte den Sprecher vorher bestimmen.

15.3 Einem Partner erklären

✍ Der Dozent stellt den Teilnehmern eine Aufgabe, die es erfordert, einen Zusammenhang zu erklären. Innerhalb der Gruppe sollen sich spontan Paare bilden. Ein Partner erklärt dem anderen den Zusammenhang, wobei so getan wird, als sei dieser ein „unbedarfter" Zuhörer. Der zuhörende Partner kann Verständnisfragen stellen. – Bevor die Rollen getauscht werden, sollen sich neue Partnerschaften formieren. Sonst ist die Gefahr groß, dass der zweite Partner nur dass vorher Gesagte wiederholt. – Nach der Erklärung gibt der zuhörende Partner ein Feedback über das, was er verstanden hat und korrigiert eventuelle Fehler (sofern sie ihm aufgefallen sind).

☺ Partnerarbeit mit wechselnden Partnern.

✓ Themen, bei denen es nicht vordergründig um Wissen, sondern mehr um Verständnis von Zusammenhängen geht. Themen, welche die Teilnehmer aktiv beherrschen müssen.

- Welchen Zusammenhang sollen die Teilnehmer wiedergeben können?
- Worauf will ich als Dozent achten, wenn ich zuhöre, wie sich die Teilnehmer etwas gegenseitig erklären und wie sie sich Feedback geben?

❐

- Die Teilnehmer werden explizit aufgefordert, auch Skizzen während ihrer Erklärung zu machen.
- Falls in der beruflichen Situation eine Visualisierung nicht möglich ist (z. B. bei telefonischen Kundenkontakten), kann man die Teilnehmer während der Erklärung Rücken an Rücken setzen.

✚ Hohe Aktivität der Teilnehmer. – Der Dozent bekommt Rückmeldung, was wirklich verstanden wurde. – Spontan ohne Vorbereitung durchführbare Methode, auch in großen Gruppen zur Auflockerung.

— Wenn beide Partner nur ein unzureichendes Verständnis des Zusammenhangs haben, können sie sich Fehler und Lücken nicht rückmelden.

15.4 Quizkarten

✍ Zu einem Fachgebiet wird ein Satz Karten zur Verfügung gestellt: Auf der Vorderseite steht eine Frage, auf der Rückseite eine Antwort. Mit diesen Quizkarten kann man unterschiedliche Dinge tun (vgl. Abschnitt „Variationen“). Z. B. ein Mannschaftsquiz: Zwei Teams von je 2 bis – 4 Personen spielen gegeneinander. Der Kartenstapel wird gleichmäßig zwischen den Teams verteilt. Ein Team beginnt mit einer Frage. Die andere Mannschaft muss eine Antwort geben, die vom Fragen stellenden Team bewertet werden muss, z. B. 10 Punkte für komplett richtige Antwort und entsprechende „Abzüge“ für teilweise richtige Antworten. Die Teams wechseln sich in Fragen und Antworten ab. Wer am Schluss mehr Punkte hat, gewinnt. Man kann ggf. die Zeit begrenzen.

☺ Kleingruppen oder Partnerarbeit; Variationen auch als Einzelarbeit.

✓ Zur Gesamtwiederholung umfangreicherer Themengebiete, zur Selbstkontrolle. Vor allem für Inhalte, bei denen es auf genaues Faktenwissen ankommt.

❓ Welche Fragen müssen die Teilnehmer genau beantworten können?

❐
- Nachschlagen erlaubt: Die Antworten müssen nicht auswendig gewusst werden, sondern dürfen auch nachgeschlagen werden. Das kann in der Punktwertung berücksichtigt werden (z. B. 10 Punkte für auswendig gewusste richtige Antwort, 8 Punkte für nachgeschlagene richtige Antwort und ggf. Abzüge bei Fehlern).
- „Jeopardy": Die Antwort wird vorgelesen und eine sinnvolle Frage muss vom anderen Team gefunden werden, auf die die Antwort passt. Die „Frage" kann natürlich am Ende anders sein als auf der Karte, dient aber als alternatives Beispiel.
- Karten zuordnen: (Einzeln oder in Kleingruppe). Jeder erhält zwei identische Kartenstapel; das Format sollte nicht zu groß sein. Ein Stapel liegt mit der Frageseite nach oben, der andere mit den Antworten. Am besten deshalb die Seiten farblich unterschiedlich gestalten. Nun müssen Fragen- und Antworten einander richtig zugeordnet werden. Jeden Stapel deshalb vorher mischen. Zur Kontrolle dient, dass am Schluss die gleichen Karten nebeneinander zu liegen kommen. Diese Methode ist etwas leichter, weil die Antworten schon vorgegeben sind und noch nicht auswendig gewusst werden müssen.
- Die Karten sind nicht vom Trainer fertig vorbereitet, sondern werden im Unterricht erstellt. Entweder formulieren die Teilnehmer die Karten komplett oder jeder Teilnehmer erhält zu Beginn der Unterrichtseinheit einen Satz Karten, auf dem nur die Fragen stehen, die Rückseite ab leer oder lückenhaft ist. Im Laufe des Unterrichts müssen die Teilnehmer selbstständig die Antworten ausfüllen. Anschließend kann man sie für eines der o. g. Lernspiele benutzen.
- Fertig vorbereitete Karten auch mit komplexeren Fragen und Antworten (dann z. B. im DIN-A-5-Format) können auch als Lernkarten zum Eigenstudium zur Verfügung gestellt werden.
- Vgl. auch Abschnitt „Trivial Pursuit und andere Quizspiele" (s. S. 180).

✚ Viel Saß beim gegenseitigen Bewerten, Sportsgeist flammt auf. Teilnehmer erhalten guten Überblick, was von ihnen an Wissen erwartet wird und können sich selbst einschätzen. Sehr stark aktivierend.

— Zu viele oder zu wenige Karten (ideal sind ca. 20 bis 30 Stück, je nach Komplexität des Stoffs), zu schwierige oder zu leichte Fragen sind ungünstig.

15.5 Ampel

✍ Die Teilnehmer stehen oder sitzen im Kreis. In der Mitte liegen Gegenstände, Symbole oder Karten mit schwierigen Begriffen oder Fragen (pro Teilnehmer mindestens ein Objekt/Karte). Jeder Teilnehmer erhält verschiedenfarbige kleine Papierkreise in rot, gelb und grün (gibt es fertig als Moderationsmaterial zu kaufen). Der erste Teilnehmer beginnt, indem er sich ein Objekt aussucht (oder eine Karte mit einer Frage/einem Begriff aufnimmt), es aus der Mitte nimmt und dazu einige Sätze sagt: Was ist mir dazu noch in Erinnerung/Wie kann man den Begriff erklären usw.

Wenn er fertig ist, zeigen die übrigen Teilnehmer mit den Papierkreisen an, wie sie die Ausführungen bewerten: grün – es war alles richtig; rot – falsch oder es sind Teile zu korrigieren; gelb – zwar richtig, aber es sind wesentliche Dinge zu ergänzen. Man kann seine Wertung auch kombinieren: z. B. grüner Kreis, hinter dem der rote ganz knapp hervorlugt, d. h. fast alles war richtig, nur eine kleine Korrektur. Der nächste Teilnehmer sucht sich ein weiteres Objekt aus. Die Übung geht so lange, bis alle Objekte besprochen wurden.

☺ Plenum bis ca. 15 Personen.

✓ Für alle Wiederholungen oder zur Einstimmung auf ein zu Hause erarbeitetes Thema.

❓
- Welche Begriffe sollen zur Auswahl stehen?
- Welche Fragen müssen auf alle Fälle dabei sein?

❐
- Die Karten liegen verdeckt oder Objekte sind in einer Schachtel verborgen, so dass nicht frei ausgesucht werden kann, sondern ein Überraschungseffekt besteht.
- Die Teilnehmer bereiten in Kleingruppen oder einzeln selbst die Fragen vor.
- Wenn man keine Karten zum Anzeigen hat, kann das Feedback auch mit Daumen hoch/runter/Mitte gegeben werden.

- Vor Beginn der Runde Lose ziehen lassen, auf welchen bei ca. ¼ „Lüge“ steht. Die Losinhaber sollen dann bewusst Fehler in ihren Mini-Vortrag einbauen. So kann man testen, ob die Fehler auch gefunden wurden.
- Nicht beantwortete Fragen werden durch das Plenum beantwortet.
- Falls beschriftete Karten nicht offen, sondern verdeckt liegen: Durch die Möglichkeit die Karte zurückzulegen, steigt die Motivation.
- Paare können zusammenarbeiten.

✚ Teilnehmer müssen aktiv ihr Wissen im Kopf ordnen und mit eigenen Worten formulieren. Alle müssen genau zuhören, um die Fragen bewerten zu können und somit jederzeit voll konzentriert sein. Trainer bekommt einen Eindruck über den Kenntnisstand aller Teilnehmer (Wurden Fehler erkannt? Wer kann noch etwas ergänzen?).

– Manche Teilnehmer warten erst ab, was die anderen anzeigen, bevor sie selbst ihre Bewertung abgeben. Dies kann man verhindern, indem auf Kommando alle gleichzeitig ihre „Ampelfarbe“ hochzeigen. – Wer sehr häufig keine richtige Antwort geben kann, blamiert sich.

15.6 Pro und Kontra-Debatte

✍ Zwei Gruppen von Teilnehmern werden aufgefordert, zu einem Thema unterschiedliche Standpunkte einzunehmen. Eine dritte Gruppe bildet eine Jury oder ein sich eine Meinung bildendes Publikum. Die Diskutanten werden aufgefordert, einen gegensätzlichen Standpunkt zu einer Frage zu vertreten, diesen in einer Diskussion darzustellen und zu begründen. Die Diskussion verläuft nach klaren Regeln: Die Redezeit jedes Beitrags ist begrenzt. Die Diskussion beginnt und endet mit einem Eingangs- bzw. Schluss-Plädoyer, dazwischen gibt es eine oder mehrere Runden, in denen Debattenbeiträge ausgetauscht werden. Zum Ende der Diskussion (ggf. auch zu Beginn als Eingangsvotum) geben Jury bzw. Publikum ihre Überzeugung wieder (z. B. Kärtchen verschiedener Farben hochhalten für Pro oder Kontra). Es wird danach geurteilt, welche Gruppe ihren Standpunkt überzeugender vertreten hat.

☺ Gruppen nahezu aller Größen. Bei sehr großen Gruppen nimmt die Übung mehr den Charakter einer Podiumsdiskussion (vgl. S. 158) ein.

✓ Themen, die kontrovers bearbeitet werden können und hinreichend viel Debattenstoff bieten. Dabei sollen die Standpunkte sachlich untermauert werden. – Im Anschluss an eine Gruppenarbeit zur Vorbereitung des Debattenthemas.

- Welche Themen gewinnen durch eine Diskussion an Kontur?
- Sind die möglichen Argumente etwa gleich verteilt, so dass das Debattenthema fair und der Ausgang einigermaßen offen ist?
- Welche Informationen stehen den Teilnehmern zum Zeitpunkt der Debatte zur Verfügung und welche brauchen sie noch zusätzlich?
- Welche Kriterien soll die Jury/das Publikum am Ende anlegen?
- Welche „Spielregeln" werden für die Debatte aufgestellt?

- Die Debatte kann schriftlich in zwei Gruppen erfolgen (so als würden zwei Anwaltsparteien ihre Schriftstücke austauschen). Diese Methode gibt den Gruppen zwischendrin die Möglichkeit, sich vor der Antwort Informationen zu besorgen.
- Analog einer Fernsehdiskussion kann ein Setting mit Kamera und Moderator (Dozent) geschaffen werden (vgl. Podiumsdiskussion, S. 158).
- Es wird eine „Gerichtsverhandlung" zum Thema inszeniert.

✚ Hohe Aktivität bei den Diskutanten. Auseinandersetzung mit den Argumenten. Spaß.

— Ist das Thema ungeschickt gewählt, kann es einen ungleichen Kampf geben, vor allem wenn eine Partei tatsächlich mehr objektivierbare Argumente hat. – Steigert die Gruppe sich in die Auseinandersetzung hinein, kann der Spaß am Spiel die hinreichend tiefe Bearbeitung des Themas verhindern.

15.7 Heißer Ball

✍ Die Teilnehmer stehen im Kreis. Ein „heißer Ball" (den man also nicht lange in der Hand behalten kann) wird geworfen. Wer ihn fängt, sagt ein Wort, einen Satz, eine Definition, eine Zahl usw., das/die ihm aus dem Lernstoff einfällt, und wirft den Ball schnell weiter. Die Aktion endet, wenn niemandem mehr etwas einfällt. Es darf nichts doppelt genannt werden. Wer gerade keine Idee hat, wirft den Ball erst einmal weiter (und kann z. B. rufen „der Ball ist mir zu heiß"), damit Tempo im Spiel bleibt.

☺ Plenum bis 15 Personen.

Abschluss einer Lerneinheit, Beginn oder Ende eines Tages, auch als Ritual.

- In größeren Gruppen können sogar zwei oder drei Bälle fliegen.
- Auch zur Abfrage von Stimmungsbildern/Befindlichkeiten geeignet.
- Als Merkspiel: Man wiederholt immer das zuvor Gesagte, bevor man etwas Neues hinzufügt.
- Dozent gibt Struktur vor, nach der Dinge aufgezählt werden sollen.

Körperliche Aktivierung, schnelle Assoziationen. Keine Vorbereitung nötig. Teilnehmer erinnern sich punktuell an viele Einzelaspekte. Oft sind die Teilnehmer erstaunt: „So viel haben wir heute durchgenommen!"

Unstrukturierte Übung, kein Tiefgang.

15.8 Advocatus Diaboli

Zwei Personen führen eine Diskussion, in der sie zwei völlig entgegengesetzte Standpunkte einnehmen. Die Aufgabe einer Person ist, alles in Frage zu stellen und der anderen Position zu widersprechen.

Partnerarbeit, evtl. vor dem Plenum.

- Wenn bekannte Positionen in Frage gestellt werden sollen.
- Zu Beginn neuer Lerneinheiten, um verschiedene Positionen darzustellen und kritisch zu beleuchten.
- Argumente zu bestimmten Themen sammeln.
- Inhaltliche Positionen bestimmen.
- Diskussionen führen und auszuhalten lernen.

- Sind die Rollen klar?
- Sind Lachen und Ernst ausgewogen?
- Überschäumende Emotionalität während der Diskussion im Auge behalten!

Der „Verteidiger" kann aus mehreren Personen bestehen.

Hier werden Inhalte in Diskussionen transferiert. Die Teilnehmer müssen für eine gute Diskussion den Standpunkt zu ihrem eigenen machen; das bedeutet, sie müssen ihn genau hinterfragen. Diese Methode rüttelt die Teilnehmer auf. Die Diskussionen verlaufen oft sehr emotional.

— Wenn die Teilnehmer sich so in die Rolle der „Diskutanten“ hineinversetzen, dass sie den anderen Teilnehmern gegenüber verletzend werden, ist der Dozent gefragt.

15.9 Podiumsdiskussion

✍ Nachdem einzelne Teilnehmer oder Kleingruppen ein Thema bearbeitet haben, wird eine Podiumsdiskussion einberufen. Der Dozent ist der Moderator. Es findet eine kleine Rolleneinweisung statt, in der allen beschrieben wird, in welchem Rahmen die Diskussion abläuft (Fernsehen, wissenschaftlicher Kongress, Messe-Rahmenprogramm…). Zu diskutieren ist ein kontroverses Thema (für oder gegen eine neue Methode, Konsequenzen neuer Rahmenbedingungen, Vergleich verschiedener Produkte, Bedeutung neuer Erkenntnisse…). Den Teilnehmern der Podiumsdiskussion werden kurz oder schon während der vorbereitenden Gruppenarbeit zu einem Standpunkt, den sie einnehmen sollen, Rollen zugewiesen. Das Publikum darf auch durch Beifall oder Fragen aktiv werden.

☺ Plenum größerer Gruppen (ab 12 Teilnehmer).

✓ Abschluss einer intensiveren Gruppenarbeit mit unterschiedlichen Einzelthemen. Entwicklung von Standpunkten.

❓
- Welche Fragestellung eignet sich für eine Podiumsdiskussion?
- Welche Standpunkte sollen deutlich werden und welche Rollenzuweisungen sind dafür sinnvoll?
- Wie kann die Podiumsdiskussion organisch aus der vorausgehenden Gruppenarbeit abgeleitet werden?

❐ Vgl. Pro- und Kontra-Debatte, S. 155.

✚ Unterschiedliche Aspekte werden meist deutlich herausgearbeitet. Unterhaltsame, lebhafte Methode, mit hohem Aufmerksamkeitswert. Teilnehmer identifizieren sich bei guter Aufgabenstellung gerne mit der Rolle und engagieren sich sehr. Gut geeignet auch zur konstruktiven Einbindung kritischer Teilnehmer.

— Das Thema für die Diskussion muss sorgfältig gewählt werden. Ungeeignete Themen sind solche, die zur nachvollziehbaren Beschreibung eines Standpunkts sehr viel Detailwissen erfordern, die der Diskussionsteilnehmer dem Publikum erst mühsam darlegen müsste.

15.10 Arbeitsblätter

✍ Der Dozent lässt Arbeitsblätter bearbeiten, die verschiedene Aufgaben enthalten können: offene Fragen, Multiple-Choice-Fragen, zu vervollständigende Tabellen und Grafiken, Rechenaufgaben, Kreuzworträtsel, Lückentexte usw. Die Arbeitsblätter können anschließend im Plenum besprochen werden. (vgl. auch „Checkpoints")

☺ Einzelarbeit, Partner-/Kleingruppenarbeit.

✓ Gezielte (Neu-)Bearbeitung von Stoff. Vorbereitung auf schriftliche Prüfungen.

❓
- Welche Aufgaben, die über ein Arbeitsblatt gestellt werden, fördern die Auseinandersetzung mit dem Stoff?
- An welchen Stellen wird von den Teilnehmern erwartet, dass sie die Antworten direkt finden, wo ist Nachschlagen erwünscht bzw. erlaubt?
- Welche Aufgaben regen die Diskussion in der Kleingruppe an?
- Inwieweit lassen sich die Ergebnisse in späteren Unterrichtsphasen oder zur Prüfungsvorbereitung noch einmal verwenden?

❒
- Die Teilnehmer werden aufgefordert, sich selbst geeignete Aufgaben auszudenken.
- Statt eines Arbeitsblatts wird ein Poster für alle sichtbar gemeinsam bearbeitet.
- Die Teilnehmer tauschen die Arbeitsblätter zur Korrektur untereinander aus.
- Bei geeigneten Voraussetzungen können auch Computerprogramme statt Arbeitsblätter verwendet werden. Es gibt auch Software-Tools zur Erstellung interaktiver Aufgaben. Auch einfache PowerPoint-Animationen funktionieren.

✚ Schriftliche Auseinandersetzung erfordert Festlegung, daher auch zur Lernstandsevaluation geeignet.

— Aufwändige Vorbereitung seitens des Dozenten.

15.11 Checkpoints

✍ Am Ende jeder Lerneinheit wird ein Arbeitsblatt ausgeteilt, das unmittelbar zum Lernstoff passende Fragen enthält, die schnell zu beantworten sind, z. B. durch Ankreuzen oder einfache „richtig oder falsch"-Wahlmöglichkeit. Die Antworten werden anschließend besprochen. Die Methode wird am besten mehrfach als „Ritual" in einer Unterrichtssequenz eingesetzt.

☺ Einzel- oder Kleingruppenarbeit.

✓ Zum sofortigen Wiederholen und Zusammenfassen einer Lerneinheit.

❖ Was sind die wesentlichen Inhalte, die die Teilnehmer direkt nach der Lerneinheit reproduzieren oder beurteilen können müssen?

❐
- Die Lösung wird ohne den Dozenten im Plenum autonom besprochen, bei Kontroversen muss die Gruppe selbst Klärung herbeiführen.
- Fang- oder Scherzfragen einbauen.
- Eine schriftliche kommentierte Lösung wird nach der Besprechung ausgeteilt, so dass die Teilnehmer noch Möglichkeit der privaten Nachbereitung haben. Ein Schulungsskript kann auf diese Weise auch modularisiert und peu à peu an die Teilnehmer ausgegeben werden.
- Als Mannschaftsspiel: Die Mannschaft mit den meisten richtigen Antworten aller Checkpoints gewinnt am Ende des Unterrichts einen kleinen Preis.

✚ Verständnisprobleme werden schnell erkannt. Schnelle, häufige Erfolgserlebnisse werden möglich. Es wird gut deutlich, was das Wichtigste dieser Lerneinheit war.

— Komplexe Themen sollten ausgelassen werden, da die Methode dann zu trocken wird. Der Reiz besteht im schnellen Abrufen des Wissens.

15.12 Merk-Würfel

✍ Auf einer Vorlage aus kräftigem Papier oder Pappe (z. B. Fotokarton, mindestens DIN-A-3-Format) ist eine Bastelvorlage für einen Würfel eingezeichnet. Die Teilnehmer tragen zunächst auf die Würfelflächen „merk-würdige“ Fakten ein. Jede Seite des Würfels kann einen unterschiedlichen Aspekt des Themas beleuchten oder eine (vorgedruckte) Frage enthalten. Anschließend wird der Würfel mit Schere und Kleber zusammengesetzt. Das Objekt kann nach der Schulung noch als Schreibtisch-Memo dienen. Ggf. können mit farbigen Stiften Bilder und Skizzen angebracht werden

☺ Einzelarbeit.

✓ für umfassendere Wiederholungen/Zusammenfassungen mehrerer Themen.

- Welche „Seiten“ des Themas sollen zusammengefasst werden?
- Sollen spezifische Fragen auf den Würfelflächen vorgegeben sein?

- Auch andere geometrische Körper können vorgegeben werden: Pyramide, Fünf-Flächner, Doppel-Pyramide mit 6 oder 8 Seiten.
- Nach Anfertigung des Würfels tauschen die Teilnehmer die Würfel untereinander aus und betrachten die Zusammenfassungen der anderen Teilnehmer.
- Auf dem Würfel können strengere Vorgaben über das, was einzutragen ist, gemacht werden. Dadurch entstehen einheitlichere Würfel.
- Würfel zu verschiedenen Themen können erstellt werden und anschließend mit einem Bindfaden aneinander montiert und aufgehängt werden. Oder man baut im Schulungsraum einen Turm.

Auch für die Zeit nach der Schulung bleibt ein Objekt bestehen, das an die Inhalte erinnert. Es kann nicht so leicht verloren gehen. Der Würfel als Objekt ist nicht so langweilig wie ein Notizzettel.

Bis jetzt noch keine bekannt (außer Transport im Koffer).

15.13 Zeitungsartikel schreiben

Die Teilnehmer sollen sich in die Rolle eines Fachjournalisten versetzen und für ein bekanntes Medium einen kurzen Zeitungsartikel schreiben. Ggf. lässt man dazu die Teilnehmer sich in die Vergangenheit zurückversetzen, als der Inhalt des Zeitungsartikels noch Neuigkeitswert hatte. Die Texte werden vorgelesen oder für alle kopiert und ausgeteilt.

☺ Einzel- oder Partnerarbeit.

✓ Wissen festigen, Abstraktionsvermögen steigern, schwierige Sachverhalte einfach formulieren, wichtige Punkte prominent formulieren. Themen, die eine gewisse Pointe oder gar Sensation enthalten. Auch als Hausaufgabe einsetzbar.

- Welche Vorgaben müssen den Teilnehmern gemacht werden, damit sie mit Spaß und Erfolg diese Aufgabe angehen?
- Welche unterstützenden Hinweise brauchen die Teilnehmer (z. B. Umgang mit Fachwörtern, Beschreibung der imaginären Leserschaft…)?

- Wie lang soll der Text am Ende sein?
- Welche Texte können den Teilnehmern (stilistisch, inhaltlich) als Vorbild angeboten werden?

❐
- Der Stil der Zeitung wird vorgegeben (FAZ, Bild der Wissenschaft o. ä.).
- Jeder Teilnehmer schreibt denselben Inhalt für eine andere Zeitung.
- Jeder Teilnehmer schreibt unterschiedliche Inhalte für dieselbe Zeitung.
- Schreiben für eine Radioshow/Lokalradio/Internetseite.
- Vgl. Methode „Video drehen"; hier könnten die Teilnehmer in die Rolle von Fernsehreportern schlüpfen.

✚ Wie ein Journalist müssen die Teilnehmer die Themen abstrahieren und sprachlich anschaulich machen. Gute Übung, um sich verständlich auszudrücken bzw. Verständnis für das Thema zu beweisen. Teilnehmer üben außerdem, Wesentliches herauszuarbeiten und vom Unwesentlichen zu unterscheiden. Fördert die Kreativität der Teilnehmer.

— Relativ hoher Zeitaufwand für im schriftlichen Ausdruck ungeübte Teilnehmer. Zu hohe Erwartungen an die entstehenden Texte.

15.14 Spickzettel schreiben

✍ Am Ende einer thematischen Einheit werden die Teilnehmer gebeten, auf einen farbigen Karton (DIN-A5 oder A6) die nach ihrer Ansicht wichtigsten Punkte aufzuschreiben, die sie sich unbedingt merken wollen/müssen. Anschließend wird gemeinsam besprochen, was auf dem Spickzettel stehen sollte. Der Spickzettel darf in anderen Übungseinheiten benutzt werden (z. B. bei einem Quiz).

☺ Einzelarbeit.

✔ Abschluss und Transferüberleitung. Themen, bei denen es bestimmte Aspekte zu memorieren gilt.

❖
- Was sollen die Teilnehmer am Ende auf ihrem Spickzettel stehen haben?
- Welche Übung kann sich jetzt oder später anschließen, bei dem der Spickzettel zum Einsatz kommt?

❐
- Brief an mich selbst: Der Spicker wird als Brief umformuliert: „Woran ich in x Wochen erinnert werden möchte." Der Brief wird in einem an sich selbst adressierten Umschlag dem Dozenten übergeben. Der Dozent verschickt die Briefe zum vereinbarten Zeitpunkt.
- Die Teilnehmer tauschen ihre Spickzettel untereinander aus, evtl. im Ringtausch schon während der Erstellung.
- Die Spickzettel einer Gruppe werden eingesammelt und untereinander vor einem Wiederholungsteil verlost. Damit entsteht Spannung, ob auf einem fremden Spicker auch die gewünschte Information steht (oder ob man sich in Wirklichkeit doch alles selber merken muss…).

✚ Einzelne und gemeinsame Reflexion für eine griffige Zusammenfassung der Arbeitsergebnisse. – Das Erstellen des Spickzettels ist eine Festigungsübung, die den Spickzettel selbst oft schon überflüssig macht.

— Nicht geeignet für stark subjektiv gefärbte Themen.

15.15 Rollenspiel

✍ Die Teilnehmer werden gebeten, zu einem Sachthema den Standpunkt zu wechseln und aus ihrer normalen Rolle hinein in eine andere zu schlüpfen. In dieser neuen Rolle sollen sie dann einen Bericht abgeben (Ich-Form) zu einem Thema, eine Diskussion oder ein Streitgespräch führen u. ä. Sie werden aus der Gruppe oder vom Dozenten „in der Rolle" befragt über ihr Wissen, ihre Gedanken und Empfindungen. Anschließend werden die Teilnehmer aus ihrer Rolle entlassen. Der Teilnehmer und die Gruppe werten anschließend aus, welche neuen Sichtweisen sich auf das Thema ergeben haben. Diese Methode, bekannt als Element des „Psychodramas", wird meist in Kommunikations- und Verhaltensseminaren eingesetzt. Sie wird hier übertragen auf Sachthemen: Schlüpfen in die Rolle eines Produkts, eines Kunden bzw. Produktanwenders, eines Produktmanagers, Forschers usw.

☺ Gesamtgruppe bzw. Teilgruppe.

✓ Produkt- und Argumentationstrainings, kreative Phasen, Verknüpfung von Sachebene und emotionaler Ebene zu einem Thema.

❓
- Aus welchen Blickwinkeln (auch ungewöhnlichen) könnte man ein Thema beleuchten?

- Mit welchen Anweisungen kann der Teilnehmer möglichst mühelos in die neue Rolle schlüpfen?
- Welche Fragen sollen den Teilnehmern gestellt werden, um die Erkenntnisgewinnung zu fördern?

❐
- Alle Teilnehmer schlüpfen in eine andere Rolle und erarbeiten bzw. diskutieren in dieser Rolle ein Thema (z. B. eine Marketingstrategie), vgl. auch Podiumsdiskussion, S. 158.
- Die Teilnehmer können einer Rolle zugelost werden.
- Die Teilnehmer entwickeln selbst eine Situation, in der sie die Rolle tauschen werden. (Dies geht, wenn die Teilnehmer die Methode im Grundsatz bereits kennen und schätzen.)
- Mehrere Personen übernehmen gleichzeitig eine Rolle und beraten sich ganz kurz vor der Äußerung.

✚ Es ergeben sich völlig neue Sichtweisen auf ein Thema. Die Bearbeitung manch nüchterner Aufgabe wird lebendiger und motivierender. Spaß und Spiel bewirken eine Auflockerung.

— Spielungewohnte Gruppen müssen sich damit erst anfreunden. Entscheidend ist die Einführung des Dozenten in die Methode und die Erläuterung von Sinn und Zweck. In der Trainingsatmosphäre muss Lust zum Spielen aufkommen können. Die Rolleneinweisung bestimmt entscheidend, wie gut die Teilnehmer sich darauf einlassen können und tatsächlich die Rolle leben. Mut zur Phantasie mitgeben! Ist das Fachwissen noch nicht ausreichend gefestigt, sind die Teilnehmer in ihren Rollen gehemmt.

15.16 Video drehen

✍ Die Teilnehmer bekommen die Aufgabe, einen Video-Dokumentarfilm zu drehen. Was in dem Film vorkommt, hängt vom Thema ab: Ein Reporter berichtet, im Hintergrund laufen Bilder. Oder es wird nur das Bild gedreht, der Kommentar dann live gesprochen. Nach der Aktion werden die Erkenntnisse ausgewertet.

☺ Gruppenarbeit.

✓ Themen, die sich ohne viel Aufwand in eine filmische Visualisierung umsetzen lassen. Themen, bei denen es auf das Erlebnis während des Spiels ankommt und das Hineinversetzen in eine Rolle leicht fällt.

- Bei welchem Thema ist es wichtig, dass alle oder einzelne Teilnehmer sich in eine Handlung oder Rolle hineinversetzen?
- Welche Vorgaben müssen den Teilnehmern gemacht werden, damit die Aufgabe mit Spaß und Erfolg angegangen werden kann (z. B. Länge des Films, Szenen)?
- Welche Erkenntnisse aus der Aktion sollen erarbeitet und anschließend herausgestellt werden?

- Der Stil wird vorgegeben: wissenschaftliche Sendung, Diskussionsforum, Werbefilm etc.
- Statt ein Video drehen zu lassen, kann ein fertiges Video ohne Ton gezeigt werden. Die Teilnehmer werden abwechselnd gebeten, einen Kommentar dazu zu sprechen.
- Steht kein Videogerät zur Verfügung, kann auch mit einer (Digital-) Fotokamera, einem iPad, einem Smartphone oder ähnlichem gearbeitet werden. Ein Stativ hilft die Qualität zu verbessern.
- Es wird völlig auf die Technik verzichtet und das „Drehbuch" live abgearbeitet. (Diese Aufgabe verliert aber deutlich den Reiz, der von der Technik ausgeht.)
- Eine Fotoreportage wird erstellt, vorzugsweise mit einer Digitalkamera oder einem Tablet-PC. Die Fotos können ausgestellt oder als Beamervortrag gezeigt werden, mit mündlicher oder schriftlicher Erläuterung.
- Nur ein Drehbuch wird als Konzept erstellt.

Ganzheitliche Herangehensweise an ein Thema. Auseinandersetzung mit dem Thema ganz ähnlich wie im Rollenspiel (vgl. S. 163). Neue Blickwinkel auf ein Thema werden eingenommen. Kreativen Gruppen macht diese Übung sehr viel Spaß, besonders bei technikbegeisterten Teilnehmern.

Technischer Aufwand. Relativ hoher Zeitaufwand. Nicht geeignet in Gruppen, die sich noch schlecht auf spielerische Aufgaben einlassen können.

15.17 Mitschriften tauschen

Am Ende einer Lerneinheit tauschen die Teilnehmer ihre Mitschriften paarweise aus. Sie prüfen zunächst jeder für sich, wie der andere Teilnehmer die Inhalte dokumentiert hat. Dinge, die unterschiedlich verstanden wurden, werden diskutiert und ggf. mit dem Dozenten noch einmal besprochen. Ggf. ergänzen die Teilnehmer ihre eigenen Mitschriften anschließend. Die Methode sollte der Dozent vor Beginn der Lerneinheit ankündigen.

☺ Partnerarbeit.

✓ Lerneinheiten, deren Reiz darin liegt, dass die Teilnehmer unterschiedliche Schwerpunkte in ihrer Wahrnehmung hatten.

❐ Ringtausch zu dritt oder zu viert, vgl. Kombination mit Spickzettelübung.

✚ Die Teilnehmer arbeiten mit ihren eigenen Materialien, was den Lerneffekt noch einmal vertieft.

— Teilnehmer sollten vorab informiert werden, damit es keine Widerstände gibt („Meine Schrift kann doch keiner lesen.“).

15.18 Bilder und Schemata zeichnen

✍ Die Teilnehmer werden angeregt, zu einer Lerneinheit ein Bild zu malen. Es kann ein Cartoon werden, ein Bilderrätsel, ein „sprachliches Bild“, das Bild kann die Dynamik eines Themas darstellen usw. Der Phantasie sollen möglichst keine Grenzen gesetzt werden. Die Bilder werden anschließend aufgehängt und betrachtet. In einem anderen Fall können Teilnehmer auch gebeten werden, in der Lerneinheit gezeigte Bilder (z. B. Schemazeichnungen) vor ihrem geistigen Auge zu reproduzieren und zu Papier zu bringen. Der Dozent diskutiert anschließend, auf welche Merkmale der Zeichnung es ankommt.

☺ Einzelarbeit oder Kleingruppen bis 5 Personen.

✓ Kreative Entspannung, zur Anregung der Phantasie. –
Überprüfung des Verständnisses für ein Thema mithilfe von Bildern.

❖
- Welcher Teil der Lerneinheit kann durch Bilder eine Entspannung und Festigung durch angeregte Phantasie erfahren?
- Wie kann die Arbeitsanweisung gestaltet werden, ohne dass die Phantasie eingeschränkt wird und doch qualitativ interessante Ergebnisse entstehen?
- Dürfen Worte in der Zeichnung verwendet werden oder hemmt dies den Gedankenfluss in Bildern?
- Welche inhaltlichen Zusammenhänge lassen sich am besten durch eine selbst hergestellte (Schema-) Zeichnung festigen, die die Teilnehmer (re-)produzieren sollen?

❐ Statt einer freien Zeichnung kann auch eine Collage mit Bildern aus alten Zeitungen, Zeitschriften angefertigt werden.

✚ Förderung von Teilnehmern, die visuelle Lerntypen sind. – Entspannung und Auflockerung.

— Es irritiert die Teilnehmer eventuell, dass sie malen sollen. Malen stößt als ungewohnte Arbeitsform leicht auf Widerstand.

15.19 Vernissage

✍ Produkte des Unterrichts wie Texte, Poster, Zeichnungen, Collagen, Modelle, Gegenstände usw. werden locker im Raum verteilt und ausgestellt. Dies können Ergebnisse unterschiedlicher Gruppen- oder Einzelarbeiten sein. Die Teilnehmer wandern ungezwungen im Ausstellungsraum umher und tauschen sich untereinander über die Ausstellung aus. Eine Leitfrage kann für diese freie Diskussion vom Dozenten vorgegeben werden.

☺ Plenum, vor allem in größeren Lerngruppen.

✓ Abschluss einer Gruppenarbeit mit unterschiedlicher Aufgabenstellung, um alle auf denselben Stand zu bringen.

❓
- Wie kann sichergestellt werden, dass bei allen Teilnehmer die „Botschaften" der Ausstellungsstücke auch ankommen? (Z. B. durch exakte Anweisung zu Beginn einer Gruppenarbeit, von welcher Qualität das Ergebnis sein soll.)
- Soll sich ein Plenumsrunde anschließen, in denen die Erkenntnisse ausgetauscht werden?

❐
- Die Teilnehmer wandern geschlossen von einem Ausstellungsstück zum nächsten und bekommen in Mini-Referaten dazu eine Erläuterung des Urhebers.
- Das Ergebnis der Vernissage kann vom Dozenten in einem Fotoprotokoll mit Digitalkamera festgehalten werden und so eine Mitschrift ersetzen.

✚ Ungezwungenheit. Aktivierung durch Bewegung und spontane Diskussionen. Jeder nimmt sich so viel Zeit, wie er braucht. – Im Allgemeinen geringer Zeitbedarf.

— Die Qualität der Ausstellung bestimmt wesentlich den transportierten Inhalt. Die Ungezwungenheit der Ausstellung führt zu Ablenkung und Seitengesprächen. Viele Teilnehmer schauen nur, notieren sich aber nichts, obwohl es oft sinnvoll wäre. Hier hilft das erwähnte Fotoprotokoll.

15.20 Doppelter Dreier

✍ Sechs Teilnehmer sitzen sich paarweise gegenüber; davon bilden jeweils drei Teilnehmer eine Gruppe. Jede Gruppe überlegt sich aus dem letzten behandelten Lerngebiet sechs Fragen; also jeder Teilnehmer zwei Fragen. Die Fragen werden notiert. Die Gegenübersitzenden nennen sich wechselseitig die erarbeiteten Fragen und beantworten sie. Unbeantwortbare Fragen werden notiert. Die Gruppen kommen wieder zusammen und helfen sich mit den noch offenen Fragen. Die Paare kommen wieder zusammen und beantworten die Fragen. Der Dozent beurteilt die Richtigkeit der Antworten.

☺ Gruppen, Gesamtgruppengröße sollte mindestens sechs Personen betragen.

✓ Wiederholungen in und nach einem Lernabschnitt, zur Gruppen- und Eigenevaluation.

❖
- Genügt diese Fragerunde, um den Stoff in der richtigen Form zu vertiefen?
- Wie sollen die Gruppen zusammengesetzt sein?

❒ Der Dozent gibt einen Teil oder alle Fragen an die Gruppen.

✚ Entspricht nicht der typischen Abfrage, hohe Motivation der Teilnehmer durch Gruppenzwang. Teilnehmer tauschen sich gedanklich zu einem Unterrichtsthema aus. Dozent erhält Rückmeldung über deren Lernerfolg.

— Die Teilnehmer werden sich nur Fragen stellen, deren Inhalt sie gut beherrschen.

15.21 Auktion

✍ Aus der Gesamtgruppe wird ein Auktionator und ein Assistent bestimmt (bzw. der Dozent ist Auktionator). Die Teilnehmer werden in Spielgruppen aufgeteilt. Die Spielgruppen können sich einen Namen geben und erhalten dafür Schilder. Jede Gruppe erhält außerdem ein Anfangskapital von 5000 €. Jede Gruppe erhält ein

Blatt mit verschiedenen Sätzen zur Thematik. Diese sind zum Teil richtig, zum Teil falsch. Diese Sätze stellen die Auktionsstücke dar. Die Teilnehmer diskutieren in ihrer Spielgruppe, welche Sätze sie ersteigern wollen und welche nicht. Jeder Satz wird nacheinander versteigert – die Spielgruppen geben dabei jeweils ihr Gebot ab. Ein als richtig erkannter und ersteigerter Satz bedeutet einen Punkt für die Spielgruppe. Falsche ersteigerte Sätze sind zu bezahlen. Sie ergeben jedoch noch einen halben Punkt, wenn sie richtig gestellt werden können. Der Assistent des Auktionators hält ersteigerte Punktzahlen und die aktuellen Kontostände der Spielgruppen an der Tafel/Flipchart fest. Sieger ist, wer die meisten Punkte hat – bei gleicher Punktzahl entscheidet der Kontostand.

☺ Paare, Kleingruppen, evtl. einzelne Teilnehmer; Auktion findet im Plenum statt.

✓ Zum Abschluss, größerer Themengebiete.

❓

- Auf welche Fakten und Aussagen soll der Teilnehmer unbedingt stoßen?
- Welche Fakten und Aussagen werden auf den Karten nur abgefragt, welche erfordern bereits erste Verknüpfungsleistungen?

❐ Es spielt jeder Teilnehmer für sich. Für falsch ersteigerte Aussagen gibt es keine Punkte.

✚ Die Teilnehmer wiederholen spielerisch den behandelten Unterrichtsstoff. Die Teilnehmer bewerten Aussagen/Sätze in richtiger Weise bzw. erkennen und berichtigen sachliche Fehler.

— Die Fragen müssen mit dem Stoff des Unterrichts übereinstimmen. Bei zu schwierigen Aussagen sinkt die Motivation. Die Aussagen und Sätze dürfen nicht zu offensichtlich richtig oder falsch sein, sonst wird es zu leicht.

15.22 Puzzle „Die drei Seiten der Wahrheit"

✍ Der Dozent verteilt Briefumschläge, in denen sich Dreiecke, Rechtecke oder Puzzleteile befinden. An den Stoßflächen stehen Fragen und passende Antworten. Die Teilnehmer legen in Partner- oder Einzelarbeit gemeinsam die einzelnen Dreiecke (Puzzleteile) aneinander, bis keine Teile mehr übrig sind.

☺ Einzel- oder Gruppenarbeit.

✓ Bei allen Wiederholungen.

- Welches sind die wichtigsten Inhalte?
- Auf welche Fakten und Aussagen soll der Teilnehmer unbedingt stoßen?
- Will ich eine Zeitbegrenzung einführen?
- Wo gibt es die Möglichkeit für Verwechslungsfehler?

- Die schwierigste Variante ist das Trimino (alles gleiche Dreiecke).
- Beim Puzzle geben die Formen der Teile eine weitere Hilfestellung. Hier hilft es, ungewöhnliche Puzzle zu verwenden: ohne glatte Außenflächen, mit freien Formen in der Mitte.
- Die Teilnehmer erstellen selber die Schnittflächeninhalte und tauschen dann mit jemandem aus der Gruppe.

✚ Den Teilnehmern wird eine spielerische und doch systematische Wiederholung und Vertiefung der erarbeiteten Lerninhalte ermöglicht. Sie erhalten einen Überblick über ihren fachlichen Kenntnisstand (Selbsteinschätzung).

— Bei sehr weit hergeholten Bezügen an den Schnittflächen wird es schnell frustrierend für die Teilnehmer.

15.23 Memory

Es werden gleiche Kärtchen oder Moderationskarten verwendet. Zueinander passende Begriffe oder passende Fragen und Antworten sind jeweils paarweise darauf. Die Karten werden in Umschlägen an die Teilnehmer oder an die Spielgruppen verteilt. Die Spielregeln sind gleich denen eines Memoryspiels: Die Karten werden alle auf den Tisch gelegt, so dass die Beschriftung nach unten liegt. Der erste Teilnehmer der Gruppe nimmt zwei Karten auf. Passen diese beiden inhaltlich zusammen, darf er das Spiel fortsetzen. Passen die aufgenommenen Paare allerdings nicht zusammen, müssen die beiden Karten wieder umgedreht auf den Tisch gelegt werden, und der nächste Spieler der Gruppe nimmt zwei Karten auf. Sieger ist derjenige, der die meisten Paare aufgedeckt hat.

☺ Einzelarbeit, Kleingruppen.

✓ Zur Sicherung von Fachkenntnissen, die vorher miteinander erarbeitet wurden. Für Vokabeln, Fremdwörter oder andere vergleichbare Begriffspaare.

- Auf welche Fakten und Aussagen muss der Teilnehmer unbedingt stoßen?
- Genügend Memory-Karten mit Begriffspaaren versehen?

- Die Teilnehmer erstellen das Memory selber.
- Es können mehr als zwei Karten zusammenhängend verwendet werden (nicht mehr als vier).
- Paarweise gleich bedruckte Karten mit gleicher Rückseite bzw. ein klassisches Memory-Spiel werden sortiert und auf der Oberseite (!) mit Begriffspaaren oder zusammengehörigen Halbsätzen o. ä. versehen. Alle Kärtchen werden nun mit dem Text nach oben und dem Bild nach unten gemischt auf dem Tisch ausgebreitet. Reihum sind die Teilnehmer dran. Wer ein zusammengehöriges Paar ausgemacht zu haben scheint, nimmt die Karten und vergleicht die Bilder auf der verdeckt liegenden Seite. Sind die Bilder gleich, ist dies eine Rückmeldung, dass das Begriffspaar richtig zugeordnet wurde.

Fördert die Erkenntnis von Zusammenhängen. Schnelles, spielerisches Wiederholen von Vokabeln, Begriffen u. ä. Sofortige Rückmeldung über die Richtigkeit der Zuordnung.

Wenn die Teilnehmer das Spiel selber erstellen, werden nur Paare vorkommen, über deren Inhalt sich die Teilnehmer sicher sind. Methode erst sinnvoll ab 20 bis 25 Begriffspaaren mit Verwechslungsgefahr (sonst ist das Spiel zu leicht).

15.24 Domino

Wie bei einem Dominospiel geht es darum, passende Flächen aneinander zu legen. Jeder Teilnehmer erhält etwa fünf „Dominosteine" (beschriftete Moderationskarten). An den Stoßflächen stehen Fragen und passende Antworten oder zueinander passende Begriffe. Ein „Dominostein" wird in die Mitte gelegt. Der erste Teilnehmer beginnt, indem er versucht, einen seiner Steine anzulegen. Hat er weitere Steine, die er anlegen kann, darf er das Spiel fortsetzen. Befindet sich in seinem Bestand aber kein Stein, der auf einer Hälfte inhaltlich mit dem auf dem Tisch liegendem Stein übereinstimmt, muss er einen Stein aufnehmen und der nächste Spieler ist an der Reihe. Wer zuerst keine Steine mehr auf der Hand hat, ist der Sieger.

Einzelarbeit im Plenum oder größeren Gruppen.

Wiederholung und Festigung von Inhalten.

- Auf welche Fakten und Aussagen soll der Teilnehmer unbedingt stoßen?
- Welche Fragen lassen mehrere Antworten zu (für verschiedene Anlegemöglichkeiten)?

Die Teilnehmer erstellen selbst mit Hilfe ihrer Arbeitsunterlagen in Partner- oder Gruppenarbeit ein eigenes Dominospiel. Nach der Fertigstellung wird das Dominospiel von den anderen Gruppen gespielt.

Fördert die Erkenntnis von Zusammenhängen. Teilnehmer können sich damit selber einschätzen, der Dozent kann ebenfalls eine Leistungseinschätzung vornehmen.

Beim Selbermachen kommen nur Fragen vor, die die Teilnehmer wirklich verstanden haben. Bei zu schwierigen Fragen frustriert das Spiel.

15.25 Merksprüche

Die Teilnehmer werden aufgefordert, zu einem Inhalt einen griffigen Merkspruch zu formulieren. Dies kann eine Eselsbrücke sein oder ein Spruch, der sich gut merken lässt, ähnlich wie ein Werbespruch. Reime, Rhythmen, Lautmalereien und Humor sind ausdrücklich gewünscht.

Bekannte Sprüche, die viele kennen, sind z. B.: „753 – Rom kroch aus dem Ei“ oder „Mein Vater erklärte mir jeden Sonntag unsere neun Planeten“(= jeder Anfangsbuchstabe im Satz steht für einen Planeten im Sonnensystem in der richtigen Reihenfolge von der Sonne aus) oder aus dem Lateinunterricht „a, ab, e, ex und de, cum und sine, pro und prae“ (= Präpositionen, die mit dem Ablativ stehen).

Alle Sozialformen sind möglich.

Wiederholung, Abschluss.

- Welches Beispiel kann ich geben, um der Gruppe zu zeigen, was ich meine?
- Kann ich selbst Sprüche kreieren, um meinen Stoff besser merkbar zu machen?
- Vielleicht möchte ich der Gruppe ja schon den einen oder anderen Spruch an die Hand geben.

Variationen leiten sich hauptsächlich aus den Sozialformen ab.

✚ Kreative Auflockerung, oft genug mit Humor. – Die Gruppe kreiert ihre eigenen Merkhilfen auch für schwierigen Stoff.

— Keine spezifischen Schwierigkeiten, außer Einfallslosigkeit.

15.26 Schreibtischschublade

✍ Eine Schreibtischschublade enthält eine Auswahl von Schriftstücken, die sich im Laufe der Zeit ansammeln. Der Dozent stellt seine „Schublade" zur Verfügung. Der Inhalt soll so ausgewählt werden, dass er zumindest teilweise in Verbindung mit den Inhalten des Kurses steht. Die Aufgabe der Teilnehmer besteht darin, zu erkennen, welche Dinge im Zusammenhang mit dem Kurs wichtig sind, um sie mit entsprechenden Strategien zu bearbeiten. Eventuell gibt der Dozent dazu eine Leitfrage vor.

☺ Für Einzel- oder Gruppenarbeit.

✓ Transfer von bereits angeeignetem Stoff. Für Selbstlernphasen.

❖
- Was kommt alles in die imaginäre Schublade?
- Wo möchte ich Schwerpunkte setzen?
- Wie erhöhe ich die Motivation zur Mitarbeit?
- Möchte ich auch lustige Inhalte einfügen?

❐
- Das Material wird breiter gefächert: Bücher, Buchauszüge, Original-Literatur, Zeichnungen, Bilder, CDs, Videos etc.
- Das Material kann auch als Vorbereitung im Vorfeld versandt werden.
- Das Material stellt nur Dinge dar, die in die Lernstufe „kann" fallen. Hier wird diese Methode für die Beschäftigung der schnelleren Teilnehmer eingesetzt.

✚ Die Teilnehmer setzen sich mit Hilfe der Materialien mit der Thematik auseinander. Wichtig ist es, dass die Teilnehmer wissen, dass sie sich hier nicht nur mit den Inhalten auseinandersetzen, sondern parallel dazu auch Strategien entwickeln sollen, wie sie mit den Materialien umgehen und wie sie weiter mit den anderen daran arbeiten.

— Das Material soll genügend Auswahl bieten, aber es soll nicht zu weit von der eigentlichen Thematik wegführen. Bei zu weit gefächertem Material besteht die Gefahr, dass sich die Teilnehmer verzetteln.

15.27 Markt der Möglichkeiten

✍ Nachdem in Gruppen gearbeitet wurde, werden die Arbeitsergebnisse auf einem „Markt" vorgestellt. Die Gruppenmitglieder betreuen abwechselnd ihren Info-Stand. Alle Teilnehmer gehen über den Markt, informieren sich über die Ergebnisse der anderen Gruppen und können lockere, zwanglose Gespräche führen. Vor Beginn des Marktes sollte der Dozent alle Gruppen befragen, ob sie für eine gewisse Zeit die Aufmerksamkeit aller anderen benötigen, um etwas vorzuführen. Diesen Gruppen steht dann Zeit im Plenum zur Verfügung. Es ist wichtig, die Gruppen darauf hinzuweisen, dass sie ihre Plakate etc. nicht noch einmal beschreiben, sondern nur solche Erläuterungen geben, die der gezeigten Darstellung nicht zu entnehmen sind und von anderen Teilnehmern gewünscht werden.

☺ Alle Kleingruppen gleichzeitig.

✓ Aufbereitung von größeren Stoffmengen.

✚ Breite Wiederholung und Vertiefung des Stoffes ist möglich, ohne dass ein zu hoher Leistungsdruck aufkommt.

— In zu kleinen Räumen wirkt diese Methode beengend. Eine weitere Gefahr besteht darin, dass die Gruppen die Gestaltung des Marktes als Wettbewerb empfinden und sich damit unnötig unter Leistungsdruck setzen. Hoher Zeitaufwand.

15.28 Wandernde Zettel

✍ Die Teilnehmer finden sich in kleinen Gruppen zu drei bis fünf Personen zusammen. Jeder hat ein leeres Blatt vor sich. Jeder schreibt einen Aspekt zu einem Thema auf. Dann wandert der Zettel zum Nachbarn zur Linken. Dieser muss einen weiteren Aspekt auf das Blatt schreiben, der bisher noch nicht drauf steht. Das Blatt wandert so lange weiter, bis niemandem mehr etwas einfällt. Anschließend werden die Aspekte vorgelesen.

☺ Kleingruppen zu drei bis fünf Personen.

✓ Wiederholung von Stoff oder Einstieg über Assoziationen, Aufzählung von Fakten. In der Gruppe kommen mehr Aspekte zusammen, als wenn jeder für sich allein etwas aufschreibt.

- Wie viele Aspekte zum Thema sind zu erwarten?
- Wie muss die Aufgabenstellung lauten, damit möglichst viele Aspekte zusammenkommen?

- Wettspiel: Die Gruppe mit den meisten Aspekten gewinnt. (Der Dozent und die übrigen Teilnehmer müssen beim Vorlesen darauf achten, dass wirklich keine Aspekte doppelt auf einem Blatt stehen.)

✚ Braucht nur wenig Zeit. Obwohl jeder für sich selbst schreibt, kommt ein Gruppenergebnis zustande mit manchmal sehr vielen Ideen. – Es entsteht eine sportliche Atmosphäre.

— Themen, bei denen nicht viele verschiedene Aspekte zu finden sind, eignen sich nicht. Bei Teilnehmern, denen nicht so schnell etwas einfällt, „stauen" sich die Zettel. Ggf. Regel einführen, dass der, bei dem sich mehr als drei Zettel stauen, ausscheidet. Deshalb ist die Gruppengröße ideal bei vier Personen.

15.29 Kartenkarussell

✍ Mindestens zwei Gruppen zu zwei bis fünf Personen bilden. Jede Gruppe erhält vier bis sechs Karten mit Fragen zum Thema, deren Antwort eine kurze Erläuterung erfordert. Die Gruppen unterhalten sich über die richtigen Antworten und notieren sie auf der Rückseite der Karte. Nach einiger Zeit wandern die Karten zur nächsten Gruppe, welche die Antworten überprüft und ergänzt. Am Schluss wandern alle Karten denselben Weg zurück, so dass jeder die Korrekturen sieht. Schließlich sammelt der Dozent alle Karten ein und prüft nochmal kritisch, ggf. kurze Nachbesprechung.

☺ Gruppenarbeit.

✓ Wiederholung von Zusammenhängen und Praxisfragen.

- Welche Zusammenhänge sollen die Teilnehmer aktiv reproduzieren können?
- Sind die Fragen so gestellt, dass man in wenigen Sätzen die Antworten formulieren kann?
- Sind die Fragen so auf die Gruppen verteilt, dass die Bearbeitung etwa die gleiche Zeit beansprucht?

❐ Als Einzelarbeit, wobei jeder pro Runde nur maximal zwei Karten erhält, damit hohes Tempo entsteht.

✚ Hohe Interaktivität, Dozent erhält einen guten Eindruck vom Lernstand der Gruppe.

— Wenn die ganze Gruppe etwas falsch verstanden hat, werden die Fehler im Laufe der Runden nicht gegenseitig korrigiert, hier kann der Dozent nur am Schluss richtigstellen.

15.30 Logbuch

✍ Die Teilnehmer erhalten am Anfang der Fortbildung ein Logbuch, in das sie Eintragungen vornehmen. Dieses Logbuch ist ein leeres Oktavheft. Der Teilnehmer notiert sich die wichtigsten Aspekte aus dem Unterricht, persönliche Anmerkungen, die er behalten möchte, Tipps etc. Das Logbuch soll ihn über den gesamten Verlauf des Unterrichts begleiten.

☺ Einzelarbeit.

✓ Den gesamten Verlauf des Lernens, kann auch später selbstständig weitergeführt werden.

Welche Dinge soll der Teilnehmer auf jeden Fall notieren? Diese am besten bereits im Leitfaden notieren.

❐
- Das Heft gibt bereits Strukturen vor, die vom Teilnehmer auszufüllen sind.
- Am Ende des Tages/der Lerneinheit wird regelmäßig Zeit für Stillarbeit mit dem Logbuch eingeräumt, vgl. auch Austausch von Mitschriften.

✚ Gedächtnisstütze für Lerninhalte. Andauernde Lernzielkontrolle (Selbstevaluation). Intensive Reflexion über vorgegebene Fragestellungen.

— Schreibfaule Teilnehmer oder Teilnehmer, die damit negative Erlebnisse verbinden, haben keinen Nutzen.

15.31 Feuerzangenbowle

✍ Frei nach dem Physiklehrer aus dem Film „Feuerzangenbowle" („Wat is ene Dampfmaschin'? Da stellen wir ons mal janz domm…") tut der Dozent so, als sei er völlig unvoreingenommen. Die Teilnehmer werden gebeten, einen Sachverhalt so darzustellen, wie sie ihn bisher verstanden haben. Der Dozent stellt sich ahnungslos, interpretiert Antworten falsch oder überspitzt Aussagen. Seine Fragen gehen immer tiefer, je weiter die Gruppe oder der Teilnehmer die Fragen schon beantwortet hat. Auf diese Weise werden Fehler und Missverständnisse schnell offenbar und humorvoll aufgefangen. Natürlich muss jetzt jemand dem „Lehrer" auf die Sprünge helfen und es ihm richtig erklären.

☺ Plenum oder Einzelbefragung.

✓ Zur Klarstellung und Evaluation von Grundwissen. Wiederholung komplizierter Inhalte, bei denen es um Verständnis von Zusammenhängen geht.

❓
- Welche Fragen sind „muss" welche „soll" oder „kann"?
- Zu welchem Sachverhalt werden die Teilnehmer aufgefordert, eine Wiederholungsdarstellung zu geben?
- Wo lehrt mich meine Erfahrung, dass häufig falsche Darstellungen kommen und wie führe ich den Faden dann weiter?

❒ Ein Teilnehmer übernimmt die Rolle des „Lehrers".

✚ Hier kann bei jedem Teilnehmer beliebig tief in die Materie eingestiegen werden. Sofortiges Feedback an die Teilnehmer, klare Ausdrucksweise wird trainiert. Dozent erhält Feedback über die Fähigkeit der Teilnehmer, Verknüpfungen und Erklärungen zu geben.

— Manche Teilnehmer fühlen sich bei Minderwissen bloßgestellt, wenn in der Gruppe abgefragt wird. Nur für Dozenten mit einem guten Schuss spontanem Humor, Wortwitz und bei gutem, herzlichen Kontakt zur Gruppe – sonst kann das Ganze verbissen und sarkastisch oder gar bloßstellend wirken.

15.32 Logikketten

Ein Sachverhalt wird in logische oder inhaltlich aufeinanderfolgende Teilaspekte gegliedert. Jeder Aspekt wird auf ein Kärtchen geschrieben. Jeder Gruppe bzw. jeder Teilnehmer erhält einen Satz Kärtchen. Anschließend sollen die Teilnehmer einzeln, gemeinsam bzw. in Kleingruppen an einer Pinnwand die Aspekte in eine logische Ordnung bringen (unterstützt durch Pfeile oder andere Symbole, die die Beziehung zwischen den Aspekten herstellen). Am Ende werden die Gruppenergebnisse miteinander verglichen und korrigiert (vgl. auch Feuerzangenbowle S. 177).

Einzel- und Gruppenarbeit.

Inhalte, bei denen Aspekte in einem logischen Netzwerk oder einer bestimmten Reihenfolge zueinander in Beziehung gebracht werden sollen. Der Inhalt sollte komplex sein, um die Teilnehmer herauszufordern. Geeignet zur Wiederholung oder Neuerarbeitung von Logikketten, im letzteren Fall mithilfe von unterstützendem Lehrtext.

- Welche Aspekte sollen vorgegeben werden?
- Wie sieht idealerweise die fertige Darstellung aus?
- Welche schematischen Darstellungen aus Büchern können mir als Anregung zur Vorbereitung dienen?

- Die Teilnehmer sammeln zunächst die Aspekte auf einzelnen Kärtchen.
- Die Kärtchen werden offen verstreut in die Mitte eines Stuhlkreises gelegt. Je ein Teilnehmer darf ein Kärtchen nehmen, an die Pinnwand heften und dazu eine kurze Erläuterung geben. Nach und nach entsteht gemeinsam das Netz oder die Kette.
- Jedem Teilnehmer in der Gruppe wird ein Kärtchen zugelost, das er dann zuordnen muss.
- Statt die Karten an die Pinnwand zu heften, können sich die Teilnehmer auch im Raum aufstellen (jeder Teilnehmer mit einem Kärtchen und die Beziehung zueinander ggf. durch Schnüre o. ä. markieren).

Hohe Interaktivität. Das Verstehen steht im Vordergrund. Das logische Erklären wird geübt.

Zu einfache oder zu komplexe oder abstrakte Inhalte sind ungeeignet.

15.33 Der große Preis

✍ Jeder kennt noch die Sendung „Der große Preis“ mit Wim Thoelke. Sie ist die Urmutter aller Quizshows. Es gibt eine Pinnwand, auf der sich fünf bis sieben Kategorien mit Fragen befinden. Zu jeder Kategorie können bis zu 10 Fragen vorhanden sein. Die optimale Zahl der Fragen ist abhängig von der Gruppengröße. Die Fragen befinden sich auf Moderationskarten. Sie sind nicht zu sehen. Auf der Rückseite befinden sich Punktangaben. Bewährt haben sich Werte von 50 bis 600 Punkten. Sie sollten den Fragen nach Schwierigkeit zugeordnet sein. (Leichte Frage 50 Punkte, schwere Frage 600 Punkte.) Für die Teilnehmer sind nur die Punktzahlen zu lesen. Die Teilnehmer oder Kleingruppen wählen nacheinander Fragen aus und bekommen bei einer richtigen Antwort die Punktzahl gutgeschrieben. Ist die Antwort falsch, so wird die Frage an den nächsten Teilnehmer (bzw. Gruppe) weitergegeben, solange bis sie richtig beantwortet wird. Die Reihenfolge der Wahl für die nächste Frage wird davon nicht beeinflusst. Der Teilnehmer oder die Gruppe mit den meisten Punkten wird prämiert.

☺ Im Plenum, Kleingruppen oder Einzelteilnehmer.

✓ Themen vertiefen und Wissensevaluation.

❓ Welches sind die wichtigen Botschaften?

❐
- Zusätzliche Karten einfügen: „Glückskarte“ (300 Punkte frei und noch mal fragen), „Aktionskarte“ (alle Teilnehmer müssen etwas tun oder eine Aufgabe zusammen lösen).
- Bei falschen Antworten werden die Punkte wieder abgezogen (nicht unter 0 Punkte).
- Jede richtige Frage wird mit einem Einzelpreis belohnt.
- Die Teilnehmer stellen die Karten selber her.
- Als „Jeopardy“ spielen: Die Teilnehmer müssen zu vorgegebenen Antworten die Fragen formulieren.
- Scherzfragen zur Auflockerung einbauen.

✚ Bei diesen spielerischen Abfragen fühlen sich die Teilnehmer meist sehr wohl. Es kommt mehr „Spieldruck“ als Leistungsdruck auf. Jedem wird klar, was er kann und was nachgearbeitet werden muss.

— Die geforderten Antworten dürfen nur kurz sein, sonst wird das Spiel zäh. Bei freier Auswahl der Fragen beginnen die Teilnehmer oft mit den schwierigen Fragen, um viele Punkte zu machen. Dem kann durch die Variation begegnet werden, dass bei falschen Antworten die Punkte wieder abgezogen werden.

15.34 Trivial Pursuit und andere Quizspiele

✍ Man nehme einen Spielplan des Spiels „Trivial Pursuit“. Dann entwickle man für alle sechs Fragefarben eigene Fragen. Pro Typ sind mindestens 20 Fragen sinnvoll. Die Spielregeln entsprechen denen des Originalspiels. Der erste Teilnehmer oder die erste Gruppe, die alle sechs Steine zusammen hat, wird prämiert.

☺ Einzel oder Kleingruppe (nicht mehr als drei Teilnehmer).

✓ Wissensabfrage, Festigung von Wissen.

❓
- Wie sollen die Kategorien sinnvollerweise aussehen?
- Welche Fragen müssen auf jeden Fall vorhanden sein?

❐
- Teilnehmer erstellen Fragen selber.
- Brettspielquiz für zwei: Ein einfaches Gesellschaftsspiel für zwei Personen (z. B. Mühle, Vier gewinnt, Reversi, Halma) wird gespielt. Einen Stein setzen oder einen Zug ausführen darf aber nur, wer zuvor eine Frage richtig beantwortet hat. Evtl. das Spiel zunächst normal anlaufen lassen und z. B. erst nach dem 5. Zug mit dem Quiz beginnen. So gewinnt nicht unbedingt derjenige, der die klügeren Züge setzt, sondern der mehr Fragen beantwortet.
- Jerusalem-Quiz: Das Spiel leitet sich vom Kinderspiel „Die Reise nach Jerusalem“ ab. Es werden Stühle jeweils um 180° gegeneinander verdreht in einer Reihe aufgestellt. Die Zahl der Stühle ist um einen geringer als die Zahl der Mitspieler. Musik ertönt von einem Radio o. ä. Die Teilnehmer wandern im Rhythmus der Musik um die Stühle. Plötzlich wird die Musik abgedreht, jeder muss sich sofort auf einen Stuhl setzen. Ein Teilnehmer bleibt im „Kampf“ um die Stühle übrig. Er kann im Spiel bleiben, indem er eine Quizfrage aus einem Lostopf richtig beantwortet. Ist die Frage falsch beantwortet, scheidet der Spieler endgültig aus. Ein Stuhl wird entfernt und eine neue Runde beginnt. Das Spiel endet mit einem Sieger, nämlich dem Teilnehmer, der als letzter übrig bleibt. Nicht geeignet für körperlich gehandicapte Teilnehmer.

✚ Es wird den Teilnehmer spielerisch selber sehr schnell klar, wo ihre Defizite liegen.

– Die Fragen dürfen nicht zu schwierig sein. Es baut sich sonst statt Spielelust Spielefrust auf. Bei zu wenigen Fragen wird das Spiel schnell langweilig. Die Spiele sollen zeitlich im Rahmen bleiben und max. 20 min dauern, sonst wird es ermüdend. Die Gruppenatmosphäre muss auf Spiel eingestimmt sein, das Ganze darf nicht verbissen betrachtet werden.

15.35 Wissens-Mau-Mau

✍ Ein Stapel mit Spielkarten (Blankokarten im Handel erhältlich) ist vorbereitet mit je einem Begriff, einer Aussage, Abkürzung o. ä. Der Kartenstapel sollte ca. 50 bis 60 Karten haben, Begriffe wiederholen sich je nach Wichtigkeit. Auch Joker sollten enthalten sein. Drei bis fünf Spieler bilden eine Spielergruppe, jeder bekommt 6 oder 7 Karten zugelost. Der Rest der Karten kommt auf einen Stapel. Davon wird die erste Karte aufgedeckt. Nun versuchen die Spieler reihum Karten abzulegen; gewonnen hat, wer als erster keine Karte mehr hat. Dabei darf nur dann eine Karte abgelegt werden, wenn sie inhaltlich zur vorherigen Karte passt (z. B. die Erklärung für eine Abkürzung enthält). Der Spieler muss beim Ablegen den Zusammenhang erklären. Passt keine Karte, so muss man eine neue vom Stapel ziehen. Sie darf dann auch gleich eingesetzt werden. Wer nur noch eine Karte auf der Hand hat, ruft „mau" zu Warnung an die anderen und „mau-mau", wenn er die letzte Karte ablegt.

☺ Kleingruppen zu drei bis fünf Personen, ggf. auch zu zweit.

✓ Zum Wiederholen von Zusammenhängen, Fachbegriffen, Abkürzungen.

❖
- Welche Sammlung von Begriffen, Zusammenhängen steht in einer Verbindung zueinander?
- Welcher Begriff ist besonders wichtig oder hat viele Verknüpfungsmöglichkeiten?
- Wo sind mögliche „Sackgassen?

❐
- Das Spiel kann aufgelockert werden, indem zusätzlich auf den Karten Symbole für Sonderaktionen angebracht sind, die für den nächsten Spieler gelten, z. B.: „+1" = „ziehe eine Karte zusätzlich", „T" = „Tausche eine Karte (mit dem Nachbarspieler oder vom Stapel)", „0" = „Setze eine Runde aus" u. ä.
- Das Spiel kann erleichtert werden, wenn zusätzlich Farbpunkte auf den Karten sind. Dann darf man auch eine Karte ablegen, wenn zwar der Begriff nicht passt, jedoch die eigene Karte denselben Farbpunkt hat.

- Analog der Spielregel von Uno kann auf Tempo gespielt werden: Man darf Karten dazwischen werfen, sobald man eine passende hat, unabhängig davon, wer gerade „dran" ist. Nur sinnvoll, wenn die Zusammenhänge im Kopf richtig abgespeichert sind und es wirklich auf Tempo ankommt.
- Es können auch Bilder statt oder zusätzlich zu Begriffen auf den Karten sein.

✚ Alle sind aktiv, es kommen spielerisch viele Wiederholungen vor. Gut für Inhalte, die schlicht „gepaukt" werden müssen und schnell parat sein sollen. Wissen wird nicht nur linear abgerufen, sondern in zufälliger Reihenfolge. Geringer Zeitbedarf in der Durchführung.

— Das Kartenspiel muss gut austariert sein, dass genug Tempo herrscht und möglichst keine logischen Sackgassen entstehen, deshalb ist der Vorbereitungsaufwand hoch.

15.36 Fortsetzungsgeschichte

✍ Die Teilnehmer stehen im Kreis. Der Dozent beginnt eine Geschichte, die sich auf das Unterrichtsthema bezieht: Eine fiktive Fallbeschreibung, ein historischer Zusammenhang, eine Beschreibung eines Ablaufs oder Vorgangs. Was passiert dann? Der Dozent wirft einem Teilnehmer einen Ball zu. Dieser Teilnehmer muss die Geschichte fortsetzen. Wenn er einen Aspekt angefügt hat, wirft er den Ball wieder einem anderen zu usw., bis die Geschichte fertig ist.

☺ Plenum.

✓ Zusammenhänge, die in einer zeitlichen oder logischen Abfolge stehen oder mit etwas Phantasie ergänzt werden können.

❖
- Welche Teile des Unterrichtsstoffs können als Sequenz mündlich dargestellt werden?
- Gibt es genügend Aspekte für die Fortsetzungsgeschichte, dass möglichst alle Teilnehmer mindestens einmal drankommen?

❐ Die Geschichte wird gleichzeitig aufgeschrieben.

✚ Phantasie und Spontaneität werden gefordert. Alle müssen mitdenken, denn sie könnten ja als nächster drankommen. Humor lässt sich einbringen.

— Großer geistiger Tiefgang ist bei dieser spontanen Übung nicht zu erwarten. Legen Sie die Aufgabe daher mehr darauf an, Phantasie und Logik zu trainieren.

15.37 Kreuzworträtsel

✍ Jeder Teilnehmer bekommt ein Kreuzworträtsel mit Fragen zum erarbeiteten Themenumfeld. Das Rätsel ist zu lösen.

☺ Einzel- oder Partnerarbeit.

✓ Üben und Vertiefen von Fachbegriffen.

❖ Der Dozent muss sich ein entsprechendes Programm besorgen, mit dem man ein Kreuzworträtsel erstellen kann. Die Fragen und Antworten müssen genau geplant werden, sonst gibt es zu wenige Kreuzungspunkte.

❐ Gitterrätsel, Wortsuchrätsel, Silbenrätsel, „Um die Ecke gedacht", Scrabble.

✚ Der Kopf qualmt und die Teilnehmer denken sehr intensiv über das Thema nach. Dabei entsteht kein Leistungsdruck.

— Es lassen sich nur einzelne Worte als Antwort einbauen.

15.38 Mönchsgesang

✍ Die Teilnehmer gehen bei leiser Musik langsam im Kreis und lesen dabei wiederholend einen Text. Er wird von allen gleich murmelnd vor sich hin gesprochen. Bei wichtigen Passagen wenden sie sich an eine gedachte Person, die in der Mitte des Kreises ist und sprechen sehr betont den Inhalt aus.

☺ Gruppe.

✓ Vertiefen von Inhalten am Ende einer Lerneinheit. Texte, die auswendig gelernt werden müssen.

❖
- Was muss auswendig gewusst werden?
- Soll etwas vorgegeben werden, oder erstellen die Teilnehmer den Inhalt selber?

❐ • Der Text wird in ein rhythmisches Gedicht überführt und gemeinsam im Chor gesprochen.
• Der Inhalt wird zu einem Rap verarbeitet.

✚ Das rhythmische Gehen und Sprechen vertieft den Lerninhalt.
Spaß, wenn die Gruppenatmosphäre locker ist.

— Die Teilnehmer kommen sich dabei eventuell lächerlich vor, wenn man keine spielerische Atmosphäre schafft.

15.39 Wissensbazar

✍ Zentrale Begriffe werden auf einzelne Karten geschrieben und gemischt. Jeder Teilnehmer erhält per Zufall ein bis zwei Kärtchen (je nach Größe der Gruppe). Wer zu seinem Begriff etwas sagen kann oder will, behält sie. Wer nicht zufrieden ist oder den Inhalt nicht erklären kann, versucht mit anderen Teilnehmern zu tauschen. Wer nicht mehr tauschen will, setzt sich an seinen Platz und legt die Karten vor sich. Einer der Teilnehmer beginnt seinen Begriff zu erklären. Ein nächster Teilnehmer, dessen Karte dazu passt, macht weiter.

☺ Plenum (max. 25 Personen).

✓ Aktivierung der Teilnehmer, Kontrolle ohne Angst.

❓ Welche Fragen müssen hier dabei sein?

✚ Durch Tausch steigt die Motivation und es blamiert sich niemand. Hohe Interaktivität.

— Wer nach dem Tausch immer noch keine richtige Antwort geben kann, blamiert sich doch.

15.40 Brief an mich

✍ Die Teilnehmer werden gebeten, einen Brief an sich (mit der Überschrift: „Mein liebes Ich“) zu schreiben, der Antworten zu folgenden drei Fragen enthält: Was aus dieser Maßnahme hat mich besonders beeindruckt? Was habe ich vermisst, was fehlte mir? Was werde ich innerhalb des nächsten halben Jahres für mich umsetzen, verändern? Der Brief wird unterschrieben und in den Umschlag gesteckt. Der Umschlag wird von den Teilnehmern an sich selbst adressiert und vom Dozenten eingesammelt.

☺ Einzelarbeit.

✓ Abschlussevaluation, Erinnerung an wichtige Dinge.

❐ Wir bieten den Teilnehmern an, den Umschlag zu verschließen oder ihn offen zu lassen als Signal für den Dozenten, die Rückmeldungen zu lesen.

✚ Die Überlegungen mit den drei Fragen erleichtern eine abschließende Blitzlicht-Runde. Das Versenden gibt einen Impuls, das Erlebte und Gelernte nicht ganz zu vergessen.

— Die Teilnehmer schreiben sich oft nur Belanglosigkeiten. Der Dozent sollte darauf einwirken, dass hier etwas wirklich Erinnernswertes niedergeschrieben wird.

15.41 Live-Interview

✍ Das Interview entspricht in etwa der Methode „Einem Partner erklären" (vgl. S. 151). Der Dozent stellt den Teilnehmern eine Aufgabe, die es erfordert, einen Zusammenhang zu erklären. Innerhalb der Gruppe sollen sich spontan Paare bilden. Ein Teilnehmer ist der Interviewer, der andere stellt sich diesen Fragen. Dabei kann der Befragte versuchen, sich aus dem Geschehen „herauszumogeln", die Aufgabe des Interviewers ist es, alle gewünschten Informationen zu bekommen. Nach dem Interview gibt der zuhörende Partner ein Feedback über das, was er haben wollte, was er verstanden hat und korrigiert eventuelle Fehler (sofern sie ihm aufgefallen sind).

☺ Partnerarbeit mit wechselnden Partnern.

✓ Themen, bei denen es nicht vordergründig um Wissen, sondern mehr um Verständnis von Zusammenhängen geht. Themen, welche die Teilnehmer aktiv beherrschen müssen.

❖ • Welchen Zusammenhang sollen die Teilnehmer wiedergeben können?

- Worauf will ich als Dozent achten, wenn ich zuhöre, wie sich die Teilnehmer etwas gegenseitig erklären und sich Feedback geben?
- Welche Interviewfragen kann ich als Hilfestellung vorgeben?

❐
- Die Teilnehmer werden explizit aufgefordert, während ihrer Erklärung auch Skizzen zu machen.
- Falls in der beruflichen Situation eine Visualisierung nicht möglich ist (z. B. bei telefonischen Kundenkontakten), kann man die Teilnehmer während der Erklärung Rücken an Rücken setzen.
- Die Interviews werden vor dem Plenum gemacht. Ein oder mehrere Teilnehmer schlüpfen in die Rolle von Experten (Professoren, Gutachter…) (Experteninterview S. 125). Ein oder mehrere andere Teilnehmer führen ein Interview mit diesem Experten. Die übrigen Teilnehmer sind Zuschauer, evtl. können diese ebenfalls ihre Fragen anschließen. – Die Übung sollte Vorbereitungszeit einplanen, in der sich die Experten überlegen, welche Fragen zum Thema kommen könnten und was sie antworten würden. Die Reporter müssen sich ihrerseits ein Konzept für ihre Fragen überlegen.
- Nach Ende des Interviews verlassen alle ihre Rollen und es werden im Plenum die gewonnenen Erkenntnisse diskutiert und notiert.

✚ Hohe Aktivität der Teilnehmer. – Der Dozent bekommt Rückmeldung, was wirklich verstanden wurde. – Spontan ohne Vorbereitung durchführbare Methode.

— Wenn beide Partner nur ein unzureichendes Verständnis des Zusammenhangs haben, können sie sich Fehler und Lücken nicht rückmelden.

15.42 Planspiel

✍ Die Teilnehmer bearbeiten eine komplexere Aufgabe, die an der (beruflichen) Wirklichkeit orientiert ist und die mehrere Arbeitsschritte umfasst, z. B. Informationsbeschaffung, Informationsaufarbeitung, Planung und Konzeption bzw. Auswertung, Präsentation. Insbesondere die Konzeption der Aufgabe muss eine Herausforderung bieten, damit die Fallstudie Kontur gewinnt und nicht nur eine erweiterte Aufbereitung von Information wird. Eine Aufgabe wird dann zur Fallstudie, wenn möglichst viele realitätsnahe Randbedingungen einfließen. Je nach Zeit, Inhalt und Fähigkeiten der Teilnehmer kann unterschiedlich stark vom Dozenten Hilfestellung gegeben werden. Beispiele für solche Fallstudien könnten sein: Businessplan, Forschungsprojekt, Ausstellung, Messestand, PR- oder Werbekampagne, Marktforschung, Börsenspiel…

☺ Kleingruppen, seltener Einzelarbeit.

✓ Komplexere Aufgaben, die die Anwendung des Wissens und Könnens mit konzeptionellen Aufgaben verbinden und stark auf die Realität bezogen sind, Teambildungsprozesse.

- Welche komplexere Situation müssen die Teilnehmer nach dem Kurs bewältigen?
- Welche Aufgabe könnte eine solche Situation (teilweise) nachbilden?
- Wo bleibt Raum für Kreativität, Planung und Konzeption?
- Welche Hilfsmittel benötigen die Teilnehmer?
- Wie sollen die Ergebnisse umgesetzt und präsentiert werden?
- Welche Erkenntnisse und Erfahrungen sollen die Teilnehmer aus der Fallstudie vornehmlich gewinnen?
- Ist das Ergebnis der Fallstudie direkt in der Realität einsetzbar?
- Wie kann ich gute Ideen tatsächlich den realen Entscheidern vorstellen lassen, so dass manches vielleicht wirklich umgesetzt wird?

❐ Variationen sind vor allem durch die Wahl der konkreten Aufgabenstellung, der Ressourcen und des Rahmens für eine Präsentation möglich. Je stärker fiktiv gearbeitet wird, desto geringer ist der Zeitaufwand. Es empfiehlt sich aber, Planspiele sehr eng mit der beruflichen Wirklichkeit zu verzahnen. – Ein Planspiel kann sogar Hintergrund und „roter Faden“ für einen ganzen Kurs werden.

✚ Sehr realitätsnahes Arbeiten, kreativitätsfördernd, praktischer Nutzen.

— Oft sehr hoher Zeitaufwand für alle Beteiligten.

15.43 Thesenpapier

✍ Eine oder mehrere Thesen werden aufgestellt (vom Dozenten oder den Teilnehmern). Nun werden alle Argumente und Fakten pro und kontra zusammengetragen. Die Argumente werden schriftlich festgehalten, in einer Tabelle (Wandzeitung, Arbeitsblatt…) oder grafisch (z. B. Waage, Kraftpfeile). Danach kann man in eine Debatte (vgl. Pro und Kontra) einsteigen.

☺ Alle Sozialformen sind möglich.

✓ Vorbereitung einer Diskussionsrunde; zur Strukturierung nach der Aufnahme komplexerer neuer Inhalte.

- Welche Thesen (ruhig auch zugespitzt formuliert) sollen bearbeitet werden?
- Gibt das Thema so viel her, dass man interessante Sammlungen von Argumenten und Fakten erarbeiten kann?

- Die Variationen liegen hauptsächlich darin, wer wie die Thesen aufstellt (Dozent, Gruppe, Einzelne), wie die Argumente gesammelt, bearbeitet und visualisiert werden.
- Gegensätzliche Thesen werden in schriftlicher Form in zwei Ecken des Raumes aufgehängt. Die Teilnehmer müssen nun wörtlich Stellung beziehen: Wo fühle ich mich mehr hingezogen? Danach berät man über die Argumente, die man für seine Position hat und tauscht sie mit der anderen Gruppe aus.

+ Zuspitzung führt oftmals zu großer Klarheit.

– Zu simple Thesen bilden keine Reiz für die Teilnehmer. – Die Fakten müssen allesamt bekannt sein, damit diese Übung fruchtbar wird.

15.44 Positionen einnehmen

Der Dozent stellt sich in die Mitte des Raumes und nennt eine These zum Thema. Je nachdem, ob die Teilnehmer mit der These einverstanden sind oder anderer Meinung sind, stellen sie sich näher oder weiter vom Dozenten entfernt auf. Einige Teilnehmer sagen kurz, warum sie sich an der jeweiligen Stelle aufgestellt haben. Die Übung soll in 5 bis 10 Runden ablaufen.

☺ Plenum, ideal mindestens ab acht Personen.

✓ Schneller Überblick über das Meinungsklima in der Gruppe.

Welche Thesen/Aussagen möchte ich der Gruppe vorlegen?

Auch Aussagen, die mit „richtig“ oder „falsch“ zu bewerten sind, eignen sich für die Übung. Wer die Aussage für richtig hält, stellt sich an die eine Wand, wer sie für falsch hält, an die gegenüberliegende Wand. Unentschiedene bleiben in der Mitte des Raumes. Leute, die noch spät die Gruppe wechseln, werden kurz befragt, was sie zum Meinungsumschwung veranlasst hat.

✚ Sehr geringer Zeitbedarf im Unterricht. Aktivität – auch körperlich – für alle.

— Zu einseitige Thesen nehmen der Übung den Reiz, der gerade in der Kontroverse und Meinungsbildung besteht. – Einige Teilnehmer neigen dazu, einem Herdentrieb zu folgen.

15.45 Kleiner Mann im Ohr

✍ Der Dozent nennt das Thema. Die Teilnehmer bilden Paare (ein Diskutant, ein kleiner Mann im Ohr). Die Paare bereiten sich auf die Diskussion vor. Der Diskutant sitzt seinem Pendant gegenüber auf einem Stuhl, die „kleinen Männer" hocken daneben. Bei der Diskussion leisten die „kleinen Männer im Ohr" ihren Diskutanten Argumentationshilfe (Ohrflüstern).

☺ Paararbeit, eventuell als Dreiergruppe mit zwei „Männern im Ohr".

✓ Nach neuem Lernstoff mit kontroversem Inhalt.

❖
- Wie müssen die Paare zusammengesetzt sein, um einen optimalen Effekt zu erzielen?
- Welche Fragestellung bringt das Lernziel am besten in die Diskussion ein?

❐ Mit Wechsel der Positionen: Dazu gibt der Helfer dem Diskutanten ein Zeichen.

✚ Teilnehmer wiederholen ein erarbeitetes Lerngebiet. Aktivierung schwächerer, zurückhaltender Teilnehmer. Sicherheit für schwächere Teilnehmer. Dozent hat Rückmeldung über den Lernerfolg

— Wenn die Paare sich aus vorwiegend schwachen und vorwiegend starken Teilnehmern zusammensetzen, bleibt der positive Effekt dieser Methode aus.

15.46 Kaffeeklatsch

✍ Alle Teilnehmer erhalten die Möglichkeit, sich mit anderen Teilnehmern zwanglos in Paaren oder Kleingruppen über das Erfahrene auszutauschen. Dies kann auch mit dem Ziel erfolgen, Fragen an das Plenum oder an den Dozenten zu entwickeln.

☺ Kleingruppen von zwei bis fünf Personen.

✓ Nach einer Phase der Informationsaufnahme oder nach einer Phase intensiver Einzelarbeit.

✚ Im Gespräch kann das Aufgenommene gleich verarbeitet werden. Verständnisschwierigkeiten werden von den anderen Teilnehmern behoben. Der Mut, Fragen zu stellen wächst, wenn bemerkt wird, dass andere Teilnehmer ähnliche oder gleiche Fragen haben. Wird häufig mit dem Kaffeeklatsch gearbeitet, wird insgesamt weniger „geschwätzt". Denn hier erhalten alle Teilnehmer die gleiche Chance, Seitengespräche zu führen.

— Die Gruppe findet kein Ende oder gleitet in Privatgespräche ab.

15.47 Lösung verhindern

✍ Die Teilnehmer sollen über die Lösung zu einem (komplexeren) Problem nachdenken, um den Umgang mit dem gelernten Faktenwissen zu üben. Statt nach möglichen Lösungen zu suchen, ist der Gedankengang manchmal einfacher, wenn provokant gefragt wird: „Was muss ich tun, um die Lösung garantiert zu verhindern?" (Z. B. „Was muss ich tun, damit die Maschine garantiert nicht funktioniert?" – „Wie sollte man mit der Therapie umgehen, um den Patienten möglichst nicht zu heilen?" – „Was sollten wir unternehmen, um es der Konkurrenz möglichst leicht zu machen in der Argumentation?"). Die Vorschläge werden in Brainstorm- oder Brainwriting-Technik möglichst zahlreich gesammelt. Anschließend werden die „Negativlösungen" in „Positivlösungen" umgedreht um dann die Lösungen für die eigentliche – positiv gemeinte – Frage zu erhalten. Selbstverständlich kann man dann noch ergänzen.

☺ Alle Sozialformen sind möglich.

✓ Für Transfer von Fakten, Bearbeitung von Fallstudien, komplexere Zusammenhänge.

- Wie lautet die eigentliche positiv formulierte Frage?
- Wie kehre ich sie dann möglichst absurd in ihr Gegenteil?
- Welche Antworten fallen mir dann selbst ein?
- Führen sie – positiv umformuliert – zum gewünschten Ergebnis? Oder muss ich die „Negativfrage“ noch mal umändern?

+ Diese bekannte Kreativitätstechnik setzt Ideen frei und weitet den Blick. Es kann hemmungsloser phantasiert werden als bei der Suche nach „richtigen“ Antworten – und das macht auf jeden Fall mehr Spaß.

– Diese Umkehr im Denken – die ja zugegebenermaßen auch ein kleiner Umweg ist – fällt manchem nicht so leicht, so dass doch zuerst „positive“ Antworten auf „positive“ Fragen gegeben werden. Diese sollen sich die Teilnehmer still auf einen Zettel notieren, so dass sie nicht verloren gehen und ggf. am Schluss ergänzt werden können.

Wie Sie den Lernfortschritt bewerten 16

In manchen Fällen ist es erforderlich und sinnvoll spezielle Evaluationsmethoden einzusetzen, um den Lernstand der Teilnehmer zu überprüfen. Die Liste dieser spezifischen Methoden ist jedoch nicht sehr lang. Wir möchten Sie vielmehr anregen, die Methoden aus Kap. 5 auch als Evaluationsmethoden einzusetzen und weiterzuentwickeln.

16.1 Netz der Erkenntnis

✍ Das Netz der Erkenntnis ist eine mehrdimensionale Abfragemethode zur Evaluation (vgl. Abb. 16.1). Es wird entweder zu Beginn oder am Ende einer Reflexionsphase eingesetzt. Bitte bewerten Sie mit einem Kreuzchen in jedem Segment anhand der Fragen. Je näher das Kreuzchen an der Mitte des Netzes gesetzt wird, desto positiver ist ihre Bewertung. Nummerieren Sie außerdem die acht Kreissegmente nach ihrer Relevanz (1 = wichtigstes Thema, 8 = unwichtigstes Thema).

☺ Einzelarbeit.

✓ Im Anschluss an eine Unterrichtsstunde oder Lerneinheit. Das Netz kann verschiedene Bereiche gleichzeitig reflektieren (z. B.: persönlicher Lernerfolg, spezielles Wissen, Gestaltung des Unterrichts, Befinden …). Eine wichtige Einsatzmöglichkeit ist der spontane Einsatz in einer Unterrichtseinheit. Hat der Dozent das Gefühl, seine Teilnehmer haben Probleme, so kann er das hier gut abfragen. Die Teilnehmer wissen meist, woran es liegt, es fällt ihnen jedoch oft schwer, dies offen zu äußern.

J. Meyerhoff, C. Brühl, *Fachwissen lebendig vermitteln*,
DOI 10.1007/978-3-658-09625-0_16

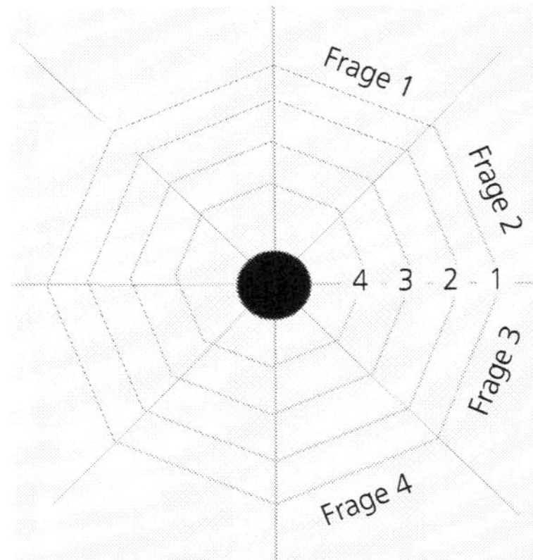

Abb. 16.1 Evaluation mit einer Netzgrafik. Eine komplexe Evaluation kann mithilfe einer Netzgrafik visualisiert werden

- Wie müssen die Fragen genau formuliert sein, die ich den Teilnehmern stelle?
- Wie sind die Enden der Skala definiert?

- Zur Selbstbeurteilung für jeden Teilnehmer einzeln.
- Die Teilnehmer bewerten sich selbst auf einer Skala: Es wird ein Klebepunkt auf einer vorbereiteten Skala eines Flipchartpapiers geklebt. Die Teilnehmer verteilen sich im Raum zwischen den Wänden. Eine Wand heißt: „Fühle mich sehr unsicher", die andere Wand „fühle mich sehr sicher". Alle halten gleichzeitig auf eine Moderationsfrage zwischen 0 und 10 Finger hoch, je nachdem wie sie sich auf der Skala fühlen.

Das Netz gehört zu den indirekten Feedback-Methoden. Der Dozent kann deshalb Defizite in der Gestaltung oder dem Verständnis des Unterrichts aufdecken.

Damit der Dozent glaubwürdig bleibt, müssen aus dem Ergebnis Konsequenzen für den weiteren Unterricht folgen.

16.2 Simulation

Die Simulation ist eine Art Rollenspiel. Die Gruppe begibt sich in eine typische zum Unterricht passende Situation aus der Realität eines Gruppenmitglieds. Dieser Teilnehmer soll eine typische Situation erleben oder durchleben. Dieser Teilnehmer ist die Protagonistin oder der Protagonist. Es muss genau beschrieben sein: Wer ist die Zielgruppe? Wie lautet das Thema? Was sind die zusätzlichen Bedingungen? Andere Personen, die an der Simulation teilnehmen, benötigen genaue Beschreibungen für ihre Aufgabe. Dem Dozenten fällt die Aufgabe zu, genau auf die Einhaltung der Ablaufregeln und Rahmenbedingungen zu achten. Die Regeln sollten zur Erinnerung für alle sichtbar auf Flipchart festgehalten werden. Das Ziel einer Simulation ist, das eigene Verhalten und Wissen bewusst wahrzunehmen und zu evaluieren.

☺ Einzeln oder Arbeitsgruppe.

✓ Durchprobieren von Alltagssituationen, möglichst realistische Umsetzung von Erlerntem. Testen von Wissen im wirklichen Einsatz.

❖
- Was genau kennzeichnet die Situation des Teilnehmers? Es muss genau beschrieben werden, was den Teilnehmer erwartet (Zielgruppe, Thema, Bedingungen). Alle weiteren beteiligten Personen müssen genau instruiert werden.
- Wie kann ich eine möglichst realitätsnahe Situation schaffen?
- Kann ich den Teilnehmer in seiner Arbeitswirklichkeit beobachten?
- Welche Beobachtungsmerkmale und -kriterien lege ich zugrunde?
- Wie dokumentiere ich die Beobachtungen (vgl. Beobachtungsbogen)?
- Können noch andere Personen außer mir selbst in den Beobachtungsprozess einbezogen werden?
- Kann/Will ich die Selbsteinschätzung des Teilnehmers über seine Leistung abfragen?

❐
- Ein Teilnehmer beschreibt selber eine bestimmte Situation und kann evtl. Ideen ausprobieren.
- Wenn alle Teilnehmer sich sehr gut mit dem Umfeld auskennen, kann jeder seine Rolle selber beschreiben bzw. schriftlich festhalten.

✚ Alltagsnahe Möglichkeit, Wissen anzuwenden.

— Auf das Einhalten der Regeln ist sehr rigide zu achten. Die Methode kann sehr aufwändig in der Vorbereitung sein.

16.3 Test

Die Teilnehmer erhalten Aufgabenstellungen zur schriftlichen Beantwortung. Der Dozent hat eine Musterlösung vorbereitet und vorher festgelegt, welche Aufgabe wie bewertet wird. Die Auswertung kann nach Prozent der erreichbaren Punkte erfolgen. Im Wesentlichen können zwei Testtypen verwendet werden:

1. Aufgaben mit Freitext in Form offener Fragen, d. h. die Teilnehmer müssen aktiv nach Antworten suchen.
2. Multiple Choice: Aus mehreren Antwortmöglichkeiten sind eine oder mehrere anzukreuzen.

☺ Einzelarbeit, selten Partnerarbeit.

✓ Prüfungsvorbereitung, Zwischenevaluierung. Umstände, die die hohe Objektivierbarkeit abrufbaren bzw. verknüpfbaren Wissens erfordern.

- Welche Testfragen zeigen auf, ob der Kern des Lehrstoffes gewusst und verstanden wurde?
- Inwieweit verlangen die Testaufgaben Kenntnisse, die in gleicher oder ähnlicher Form im beruflichen Alltag benötigt werden?
- Welche Antworten auf die Fragen werden erwartet?
- Ist im Unterricht die Antwort bzw. der Weg dorthin zuvor so erarbeitet worden, dass die Aufgabe lösbar erscheint?
- Kann die Art der Aufgabenstellung zwischen verschiedenen Leistungsstufen differenzieren, sofern dies erforderlich ist?
- Welche Auswirkung wird der Test auf das Lernklima haben?

- Statt in Einzelarbeit können die Teilnehmer in Partnerarbeit die Lösungen suchen.
- Nicht der Dozent korrigiert die Tests, sondern die Teilnehmer selbst, nachdem die Tests unter den Teilnehmern ausgetauscht wurden. Der Dozent sagt an, was erwartet wurde und wie die Punkte zu verteilen sind: hoher Lerneffekt direkt nach dem Test!
- Statt angekündigt nach längerer Vorbereitungszeit wird der Test unmittelbar im Anschluss an eine Lerneinheit geschrieben. So entsteht eine gute Rückmeldung an den Dozenten, was direkt in der Lerneinheit vermittelt werden konnte.
- Ein Spickzettel darf mitverwendet werden (vgl. S. 162).
- Teilnehmer erstellen den Test selbst.

✚ Hohe Objektivierbarkeit der abrufbaren Kenntnisse und der Fähigkeit zu Verknüpfungen. Ansporn für die Teilnehmer, sich detailliert mit einem Stoff auseinanderzusetzen. Auch stillere Teilnehmer können ihre Qualitäten zur Geltung bringen.

— Ein Test gibt nur ausschnittweise ein Bild über die Kenntnisse der Teilnehmer wieder. – Erinnern die Gesamtumstände der Testabnahme an die Schule oder wird damit das Gefühl erzeugt, unter Druck zu stehen, kann sich dies auf das Lernklima und die Gruppendynamik ungünstig auswirken.

16.4 Torte der Erinnerung

✍ Die Teilnehmer sitzen im Kreis. In der Mitte liegt ein Kreis aus Papier, der wie eine Torte in Segmente aufgeteilt ist. In diesen Segmenten stehen Begriffe und Symbole, die sich auf den vergangenen Unterricht beziehen. Am Rand liegen leere Karten. Sie können auf der Rückseite mit denselben Begriffen und Symbolen versehen sein. Der Dozent bittet die Teilnehmer, sich an Ereignisse, Inhalte, Situationen usw. aus dem Unterricht zu erinnern, die sie mit den Symbolen verbinden. Sie sollen diese Erinnerungen einzeln auf den dazu passenden Karten kurz notieren. Reihenfolge und Anzahl der Karten sind egal. Dann erläutert je ein Teilnehmer seine Inhalte, wobei er die Karten zeigt. Anschließend legt er die Karte in das passende Kreissegment. Möglichkeiten der Erläuterung: Jeder Teilnehmer berichtet zu allen Karten in einem Kurzvortrag. Der nächste Teilnehmer schließt sich an und ordnet die Karten nach Möglichkeit zu. Der Dozent bittet die Teilnehmer darum, sich nur zu einem der Kreissegmente zu äußern. Der Austausch vollzieht sich spontan. Ein Teilnehmer beginnt. Der Nächste schließt sich spontan an, bis alle fertig sind. Das Ergebnis ist in jedem Fall eine strukturierte Sammlung von Wissen und Erfahrungen aus der Gruppe. Die Torte stellt keine systematische Evaluation dar. Es ist eine sehr lebendige und manchmal lustige Methode, Erinnerungen und Wissen zu visualisieren.

☺ Plenum.

✓ Nach größeren Themengebieten zur Vertiefung und Evaluation.

❖ Die Bezeichnungen der Kreissegmente geben die Abfragebereiche vor. Sie sind daher den Stoffgebieten anzupassen und genau zu überlegen.

❐ Zum Einstieg in einen Unterricht, hier werden Vorerfahrungen abgefragt.

✚ Auf spielerische Weise wird das Wissen der gesamten Gruppe aufgezeigt. Der Dozent sieht genau, wo der Schwerpunkt der Erinnerungen liegt.

— Bei „blinden Stellen“ bietet die Methode keine Möglichkeit, an dieser Stelle nachzuarbeiten. Das muss später passieren.

16.5 Rote Karte

✍ Den Teilnehmern stehen während der gesamten Fortbildung Karten mit unterschiedlicher Bedeutung zur Verfügung, die ihren Wunsch nach einer Veränderung des Ablaufs ausdrücken sollen. Diese Karten können zu jeder Zeit benutzt werden. Der Dozent sollte den Tagungsverlauf unterbrechen, um mit der Gruppe auf die jeweilige Karte zu reagieren.

☺ Einzelne Teilnehmer.

✓ Besonders geeignet für Spontanabfragen oder spontane Signale. Es stört aber den Unterrichtsfluss weniger als die Wortäußerung der Teilnehmer. Außerdem können mehrere Teilnehmer gleichzeitig Signale geben.

✚ Abfrage von Verstehen und Befinden.

— Sofortige Rückmeldung von Schwierigkeiten.

16.6 Lügentext und Lückentext

✍ Eigentlich sind diese beiden Methoden nur eine bestimmte Ausführung eines Tests. Der Dozent gibt Texte vor. An bestimmten Stellen sind Fehler oder Lücken eingefügt. Der Teilnehmer soll erkennen, wo die Fehler liegen und vorhandene Lücken ausfüllen.

☺ Einzel- oder Kleingruppenarbeit.

✓ Evaluation von Sachverhalten, Abfrage von „Muss“-Inhalten.

❓ Der Dozent muss sich besonders prüfen, ob die Lücken wirklich eindeutig gefüllt werden müssen, oder ob auch andere Lösungen möglich sind. Auch in Lügensequenzen muss die Formulierung genau getroffen werden. Das wird umso schwieriger, je „subtiler" die Lüge ist.

- Als Wettbewerb zwischen Gruppen
- Die Teilnehmer die Texte selber erstellen lassen

Die Teilnehmer denken nochmals sehr intensiv über Zusammenhänge nach. Neben der Evaluation findet also auch noch eine Festigung des Wissens statt.

Bei zu großen Lücken wird es für die Teilnehmer zu schwierig. Hier ist eine Freitextfrage besser geeignet. Zu „große" Lügen können die Teilnehmer zu weit vom Thema abbringen.

16.7 Gestufte Lernzielkontrolle

Zunächst überprüft der Teilnehmer sich selbst. Dazu beantwortet er Fragen oder überprüft, ob er ein formuliertes Lernziel erreicht hat. Ist dies der Fall, dann trägt er einen Haken in der Spalte „selbst" ein. Wenn das nicht der Fall ist, muss sich der Teilnehmer darum kümmern, weitere Information, Erklärungen etc. zu bekommen. Er kann dazu den Dozenten oder einen anderen Teilnehmer ansprechen. Das muss er so lange tun, bis eine positive Selbsteinschätzung gegeben ist. Dann ersucht er einen anderen Teilnehmer, die Selbsteinschätzung zu überprüfen. Das kann z. B. mit den Methoden „Interview" (vgl. S. 132) oder „Einem Partner erklären" (vgl. S. 151) passieren. Findet der andere Teilnehmer diese Erklärung ausreichend, trägt er seinen Namen ein und hakt diese Frage in der neuen Spalte ab. Zum Schluss überprüft der Dozent, wer welche Lernziele erreicht hat.

Beispiel für eine gestufte Lernzielkontrolle

Name: ______________________________

Fragestellung	*Geprüft*	*Datum/Unterschrift*	+	+/-	-
Welche besonderen Eigenschaften	Selbst	____________	☐	☐	☐
haben Wildschweine?	Dozent	____________	☐	☐	☐

☺ Einzel-, Partnerarbeit.

✓ Selbstevaluation und Fremdevaluation.

❖
- Wie viele Fragen möchte ich in den Bogen eintragen?
- Welche Fragen sind am sinnvollsten?

✚ Der Erfolg hängt davon ab, ob es dem Dozenten gelungen ist, eine positive und von Vertrauen geprägte Atmosphäre im Kurs zu schaffen. Nur so können Ergebnisse erzielt werden, die die Gruppe voranbringen.

— Am Anfang nicht zu viele Fragen einsetzen, das kann die Teilnehmer frustrieren.

16.8 Selbstbeurteilung/Fremdbeurteilung

✍ Es werden von den Teilnehmern Themenbereiche (z. B. Tätigkeiten im Unterricht, Erklären – Wissen – Fachchinesisch) zusammengestellt oder der Dozent gibt Inhalte vor, durch Visualisieren. Die Teilnehmer werden gefragt, für wie wichtig sie die Inhalte halten. Damit ergibt sich eine individuelle Wertung der Themen und Inhalte. Diese wird diskutiert und die Entscheidungen werden von den Teilnehmern begründet. Anschließend wird abgefragt, für wie gut sich die Teilnehmer in diesen Themen halten. Für wie gut halten sie die Gruppe? Auch hier eine kurze Auswertung zu den Einzelwertungen und der Gesamtwertung.

☺ Plenum.

✓ Selbsteinschätzung und Gruppeneinschätzung durch die Teilnehmer selber.

❖ Zu welchen Aspekten sollen sich die Teilnehmer bewerten?

❒
- Alle Fragestellungen einzeln abfragen und auswerten.
- Technisches System (TED) zur Abfrage einsetzen. Hier lässt sich sogar eine statistische Auswertung machen.

✚ Die Teilnehmer können anonym sich selber und die Gruppe werten. Sie sehen sehr schnell, wo sie im Verhältnis zur Lerngruppe stehen.

— Die Ehrlichkeit der Teilnehmer muss hoch sein und ihre Selbsteinschätzung realistisch.

16.9 Kofferpacken

✍ Alle Teilnehmer sitzen im Kreis um zwei geöffnete Koffer, die in der Mitte des Raumes stehen. Der Dozent erklärt die Situation: Der Unterricht ist zu Ende. Die Koffer werden gepackt (für heute oder bei Kursende). Der Dozent bittet die Teilnehmer alles aufzuschreiben, was sie an Erkenntnissen, Anregungen, Wünschen aus diesem Seminar mit nach Hause nehmen. Diese Karten legen die Teilnehmer in den einen Koffer.

Der andere Koffer ist für Kritik an diesem Seminar gedacht. Dazu schreiben die Teilnehmer auf, was ihnen besonders gut gefallen hat, welche ihrer Erwartungen nicht erfüllt wurden, was sie vermisst haben und was sie anders machen würden.

Es soll nur ein Stichwort pro Karte verwendet werden. Wenn alle Karten im Koffer sind oder die vorher vereinbarte Zeit abgelaufen ist, werden die Koffer ausgepackt. Dabei sollte der Koffer mit den Erkenntnissen und Wünschen zuerst begutachtet werden.

☺ Einzelarbeit, anschließend Plenum.

✓ Erkunden, was die Teilnehmer an Erkenntnissen, Erfahrungen, etc. mitnehmen. Gesamtreflexion eines Unterrichts. Bewertung des Unterrichts.

? Welche Beispiele gibt es, was alles in den Koffer gepackt werden kann?

❐
- Es werden nur symbolische Koffer verwendet.
- Es wird nur ein Koffer gepackt: In diesem Fall sammeln die Teilnehmer nur, was sie selbst mit nach Hause nehmen wollen.
- Das Kofferpacken in der kurzen Variante: nur mündlich zur Unterrichtseinheit oder zum Tag.
- Zusätzlich steht ein Papierkorb zur Verfügung für Überflüssiges, Ärgerliches, Veraltetes…

✚ Es wird in einer ruhigen Atmosphäre über das Seminar nachgedacht.

— Feedbackregeln sind einzuhalten.

16.10 Beobachtungsbogen

✍ Während einer Übung füllt der Beobachter (das kann der Dozent, aber auch andere Teilnehmer sein) einen strukturierten Bogen aus, der Beobachtungsmerkmale enthält. Der Bogen enthält entweder offene Fragen, wie z. B.:

Das hat mir gefallen…
Das würde ich ändern…
Das ist mir sonst noch aufgefallen…
Das wurde klar gesagt/das wurde nur angedeutet…
Das hat klar gefehlt…

Oder der Bogen enthält als Checkliste konkrete Beobachtungsmerkmale und Kästchen zum Ankreuzen: Merkmal war… vorhanden… nicht vorhanden… teilweise vorhanden. Raum für Anmerkungen sollte möglich sein. Die Bogen können Grundlage für ein Feedback an die Teilnehmer sein.

☺ Alle Sozialformen sind möglich.

✓ Übungen, in denen beobachtbares Verhalten zutage tritt.

❓
- Welche Kriterien lege ich zugrunde?
- Wähle ich Freitext oder die Checkliste? Kompromisse?
- Inwieweit differenziert der Bogen zwischen essentiellen Merkmalen und weniger entscheidenden?
- Ist der Beobachter in der Lage, mit dem Bogen richtig umzugehen?
- Soll der Beobachtungsbogen dem Teilnehmer transparent gemacht werden?

❐
- Statt den Bogen während der Übung auszufüllen, kann er auch unmittelbar danach verwendet werden (Feedbackbogen).
- Der Bogen wird auch dem Übenden vorgelegt, um eine Selbsteinschätzung vorzunehmen.

✚ Strukturierte und nachvollziehbare Auswertung. Transparenz über das Verfahren. Vergleichbarkeit der Ergebnisse bei mehreren Beobachtern.

— Zu komplizierte Bogen lenken von der Beobachtung ab. – Zu viele Vorgaben können den Blick für andere, ebenfalls wesentliche Merkmale verstellen.

17 Schlussbemerkung

Als Trainer, Ausbilder und Dozent ist man in vielen Situationen allein. Auch wenn ein Seminar im Team geplant wird, ist es eher die Regel als die Ausnahme, dass der Unterricht bzw. das Seminar von einem einzigen Dozenten durchgeführt wird. So erging es auch uns lange Jahre, obwohl es mehrere Kollegen in der Abteilung gab, die im Prinzip dieselbe Aufgabe wie wir hatten. Niemand von uns wusste so genau, wie es der andere macht.

Als wir uns zum ersten Mal intensiv im Trainerkollegium darüber austauschten, mit welchen Methoden wir – jeder in seinem Unterricht – üblicherweise arbeiten, beherrschten zwei Stimmungen unsere Gruppe: Euphorie über die Fülle der Methoden, die da zusammenkam und zugleich fast Resignation: „Wie soll ich all die tollen Ideen in meinen Unterricht einbauen?" Der einfachste Rat, den wir geben können, lautet:

- Durchlaufen Sie eine Evolution, nicht eine Revolution.

Fangen Sie mit den Methoden an, die Sie spontan begeistern. Manche brauchen nicht viel Vorbereitung und auch wenig Zeit in der Durchführung. Prüfen Sie die Reaktion der Teilnehmer. Meist ist schon allein die Variation vom üblichen Unterrichtstrott wie eine Befreiung, die Sie mit positiven Reaktionen gedankt bekommen. Streuen Sie nach und nach mehr „ungewöhnliche" Methoden ein, die auch für Sie ein Experiment sind. Prüfen Sie, was geklappt hat und was nicht und entwickeln Sie die jeweilige Methode zu ihrem ureigensten Werkzeug.

Wenn sich mit der Zeit Ihr Methoden-Repertoire auf diese Weise erweitert hat, werden Sie auch automatisch den Wunsch bekommen, Ihr gesamtes Unterrichtskonzept unter die Lupe zu nehmen. Wir haben in unserer Arbeit festgestellt, dass

J. Meyerhoff, C. Brühl, *Fachwissen lebendig vermitteln*,
DOI 10.1007/978-3-658-09625-0_17

die Arbeit nach der Methode des Konzeptkreises (Teil 1) zunächst eine selbstauferlegte Pflichtübung sein mag. Mit der Zeit wurde auch hier jeder Schritt selbstverständlich und uns ein inneres Bedürfnis, denn der Unterricht wurde stimmiger und letztlich erfolgreicher.

Wir haben oft erlebt, dass man Teilnehmer (mit für uns manchmal einfachen Mitteln) richtig glücklich machen kann. Es freut einen Trainer, wenn Teilnehmer sagen:

- „Ich habe hier zum ersten Mal ein Seminar gemacht, bei dem ich nicht auf die Uhr geschaut habe."
- „Ich musste ja richtig arbeiten – aber es hat sehr, sehr viel Spaß gemacht."
- „Wo nehmen Sie bloß immer Ihre Ideen her?"
- „Toll, wie Sie es geschafft haben, jedem etwas zu bieten, obwohl wir so unterschiedliche Vorkenntnisse hatten."

Einmal sagte ein Teilnehmer, der schon mehrere Schulungen mitgemacht hatte: „Es war wie immer richtig gut – aber ich habe auch nichts anderes erwartet."

Wir wünschen unseren Lesern nun viel Freude und Erfolg in der Umsetzung neuer Ideen – gleich, ob Sie „nur" einzelne Methoden übernehmen oder Ihr Unterrichtskonzept vollständig überarbeiten.

Weiterführende Literatur

Besser, Ralf (2004). Transfer: Damit Seminare Früchte tragen. Beltz, Weinheim
Biech, Elaine (2008). Kurse und Seminare erfolgreich durchführen für Dummies. Wiley-VCH, Weinheim
Gugel, Günther (2011). 2000 Methoden für Schule und Lehrerbildung: Das Große Methoden-Manual für aktivierenden Unterricht. Beltz, Weinheim
Hugenschmidt, Bettina, und Technau, Anne (2009). Methoden schnell zur Hand. Klett, Stuttgart
Klippert, Heinz (2012). Methoden-Training. Beltz, Weinheim
Kohls, Christian (2011). Mein SMART Board. KIDS interactive, Erfurt
Mattes, Wolfgang (2011). Methoden für den Unterricht, Schöningh, Paderborn
Meier, Dave (2004). Accelerated Learning – Handbuch zum schnellen und effektiven Lernen in Gruppen. Managerseminare Verlags GmbH, Bonn
Meyer, Hilbert (2000). UnterrichtsMethoden I: Theorieband. Cornelsen, Berlin
Monnet, Claudia (2005). Turbo-Workshops: AL- Accelerated Lerning zum Nachmachen. Managerseminare Verlags GmbH, Bonn
Peterßen, Wilhelm H. (2009). Kleines Methoden-Lexikon. Oldenbourg, München
Rachow, Axel (Hrsg.) (2002). Spielbar II. Managerseminare Verlags GmbH, Bonn
Rachow, Axel (Hrsg.) (2009/2012). Spielbar I-III. Managerseminare Verlags GmbH, Bonn
Rae, Leslie (1999). Using Evaluation in Training and Development. Kogan Page Ltd., London
Reddin, William J. (1994). Using Tests to improve Training. Prentice Hall, Englewood Cliffs
Rose, Colin; Gill, Mary J; Monnet, Claudia; Linker, Wolfgang J. (1999). AL-Trainings- und Entwicklungsprogramm: MASTER-haft trainieren. ALS-Verlag
Schräder-Naef, Regula (2001). Lerntraining für Erwachsene. Beltz, Weinheim
Seifert, Josef W. (2011). Visualisieren. Präsentieren. Moderieren. Gabal, Offenbach
Wallenwein, Gudrun F. (2011). Der Punkt auf dem i. Beltz, Weinheim
Weidenmann, Bernd (2008). Handbuch Active Training. Beltz, Weinheim
Weidenmann, Bernd (2011). Erfolgreiche Kurse und Seminare. Professionelles Lernen mit Erwachsenen. Beltz, Weinheim
Weidenmann, Bernd (2015). 100 Tipps & Tricks für Pinnwand und Flipchart. Beltz, Weinheim

J. Meyerhoff, C. Brühl, *Fachwissen lebendig vermitteln*,
DOI 10.1007/978-3-658-09625-0

Sachverzeichnis

J. Meyerhoff, C. Brühl, *Fachwissen lebendig vermitteln*,
DOI 10.1007/978-3-658-09625-0

Printed in Poland
by Amazon Fulfillment
Poland Sp. z o.o., Wrocław

75154513R00132